Sigrid-Maria Größing

Tragödien im Hause Habsburg

UEBERREUTER

Meiner Familie gewidmet

ISBN 3-8000-3870-6
ISBN 978-3-8000-3870-1

Covergestaltung: Thomas Esterer, www.bueroesterer.at
Coverfoto: Gemälde von Marie Antoinette

Druck: Druckerei Theiss GmbH, A-9431 St. Stefan i. L.
1 3 5 7 6 4 2

Ueberreuter im Internet: www.ueberreuter.at

Inhalt

Vorwort

Die zahlreichen und vielfältigen Tragödien, die sich in der langen Geschichte der Habsburger ereigneten, ließen sich kaum vermeiden. Dabei werden manche Lebensschicksale aus heutiger Sicht vielleicht tragischer angesehen, als sie von den betroffenen Personen zur gegebenen Zeit und unter den damaligen Umständen empfunden wurden. Erziehung und Freiheitsbewusstsein haben sich im Laufe der Zeit grundlegend geändert. Menschen unterschiedlichen Alters, die miteinander verheiratet wurden, ohne dass sie sich jemals zuvor im Leben gesehen hatten, empfanden ihr Schicksal wahrscheinlich anders als wir es heute nachvollziehen können. Und trotzdem gab es menschliche Tragödien zuhauf, von denen einige bereits Stoff meiner Bücher »Schatten über Habsburg«, »Mord im Hause Habsburg« und »Kronprinz Rudolf – Freigeist-Herzensbrecher-Psychopath« waren. Daher wird der Leser des vorliegenden Buches weder ein Kapitel über die Ermordung der österreichischen Kaiserin Elisabeth, noch über den Freitod des Kronprinzen Rudolf in Mayerling und auch nicht über Leben und Sterben des Thronfolgers Franz Ferdinand und dessen Gemahlin Sophie Chotek finden, da ich diese folgenschweren Tragödien in den oben genannten Büchern ausführlich behandelt habe.

Im vorliegenden Buch sollen die Lebenswege und das tragische Ende Marie Antoinettes, der jüngsten Tochter Maria Theresias, Maximilians von Mexiko, Leopoldines von Brasilien, der genialen Tochter von Kaiser Franz I., sowie das Schicksal des glücklosen letzten habsburgischen Kaisers Karl I. aufgezeigt werden.

Staatspolitische Überlegungen, die sich keineswegs mit den privaten Vorstellungen und Wünschen eines jungen Mädchens deckten, waren der Hintergrund für die Verheiratung der jüngsten Tochter Maria Theresias nach Frankreich, wobei selbst die in vielem weit blickende Herrscherin die sich anbahnende Katastrophe in ihrem vollen Ausmaß nicht voraussehen konnte.

Die Tragödie des unglücklichen Kaisers Maximilian von Mexiko war schon eher berechenbar und hätte sich verhindern lassen. Aber der Bruder Kaiser Franz Josephs, der in Europa das tatenlose Dasein eines österreichischen Erzherzogs hätte führen müssen, erlag den Verlockungen, ein politisch erfülltes Leben jenseits des Ozeans zu finden. Diese Illusion bezahlte er mit dem Tod.

Kein glückliches Leben war auch der Tochter von Kaiser Franz I. beschieden. Leopoldine, ein gebildetes, talentiertes und hochmotiviertes junges Mädchen, das mit einem ungewöhnlichen politischen Spürsinn ausgestattet war, wurde auf Anraten des Kanzlers Fürst Metternich von ihrem Vater nach Brasilien verheiratet. Diese Ehe wurde für Leopoldine zur Katastrophe, die junge Frau sollte an der Seite ihres brutalen Ehemannes nicht einmal 30 Jahre alt werden. Und dennoch lebt die Habsburgerin im Gedächtnis der Brasilianer als Gründerin des Staates Brasilien bis heute fort, Leopoldine gilt als »Mutter Brasiliens«.

Als nach dem Tod von Kaiser Franz Joseph Karl als letzter Habsburger den Thron bestieg, kam mit ihm ein Mann an die Regierung, dem man gute Absichten nicht absprechen kann, der aber zu einem Zeitpunkt Kaiser wurde, wie er ungünstiger nicht hätte sein können. Der Tod hatte bis dahin Regie geführt, denn auch der Vorausschauendste hätte bei der Geburt des jungen Karl niemals prophezeien können, dass der Sohn von Erzherzog Otto, dem Neffen Kaiser Franz Josephs, dereinst die Krone tragen würde. Es musste sich zuerst die Katastrophe von Mayerling ereignen, der Vater von Karl einen frühen Tod sterben und die Schüsse von Sarajewo fallen, bis Karl mitten im Ersten Weltkrieg den Thron besteigen konnte, den er nicht zu halten vermochte. Obwohl die Monarchie durch die Nachkriegsregelungen zu Grabe getragen wurde, verzichtete Kaiser Karl dennoch nicht auf den Thron, was für ihn zur persönlichen Katastrophe werden sollte.

Großgmain, im Mai 2006 Sigrid-Maria Größing

Einleitung

Wenn auch einst über den weiten Gebieten, die zum Macht- und Einflussbereich der Habsburger gehörten, die Sonne nicht unterging, so lag über dieser Herrscherfamilie doch oftmals ein langer Schatten. Ursachen für die dunklen Kapitel in der Geschichte der Habsburger waren zeitweise die politischen Gegebenheiten, manchmal die Zeitumstände, aber auch Gesetze, die die Familie selbst erließ und die zu menschlichen Katastrophen führten. Vor allem das Gesetz der Primogenitur, das die Erbfolge dem Erstgeborenen zusprach, aber auch die strenge Einhaltung der standesgemäßen Hochzeiten, die zu Eheschließungen innerhalb der allernächsten Verwandtschaft führte, sollte sich im Laufe der Jahrhunderte verhängnisvoll auswirken. Debilität und Degeneration waren die Folge. Dazu kam, dass man sich nicht entschließen konnte, die weibliche Erbfolge zu akzeptieren, die Kaiser Karl VI. durch die »Pragmatische Sanktion« gesetzlich verankert wissen wollte. Daneben trug das »Spanische Hofzeremoniell« zu mancher Tragödie bei, dessen strikte Einhaltung die Angehörigen der Herrscherfamilie in ein starres Korsett presste und keinen menschlichen Spielraum ließ. Auf den Thron durch die Gnade Gottes berufen sollte der Kaiser, oder in Spanien der König, seine weltabgehobene Position den Untertanen jederzeit demonstrieren. Das strenge Reglement erlaubte dem Herrscher keine menschlichen Reaktionen.

Die Tragödien im Hause Habsburg begannen sehr früh, als Johann Parricida, der Neffe des regierenden Königs Albrecht I., im Jahre 1308 den Oheim ermordete, da er sich erbmäßig hintangesetzt fühlte. Dies geschah zu einem Zeitpunkt, der nicht ungünstiger hätte sein können, denn die Herrschaft der Habsburger in Österreich hatte erst begonnen und war in keiner Hinsicht gefestigt. Die Folgen der Tat konnten nicht ausbleiben, denn in den nächsten Jahrzehnten traten Herrscher aus anderen Häusern auf den Plan, wie Ludwig der Bayer, der 1322 nach der siegreichen Schlacht bei Mühldorf seinen habsburgischen Gegenspieler Friedrich den Schönen gefangen nahm und ins Gefängnis warf.

Es dauerte lange, bis unter Friedrich III., der seine Herrschaft eigentlich nur einem Zufall zu verdanken hatte, die Macht an die Habsburger, jetzt für Jahrhunderte, zurückkehrte. Dieser seltsame, undurchschaubare Kaiser, der letzte in Rom gekrönte, begründete durch seine Heirat mit Eleonore von Portugal die zukünftige Macht des Hauses. Sein begabter Sohn Maximilian erweiterte das bestehende Reich durch seine Heirat mit Maria von Burgund, die als einzige Tochter Karls des Kühnen die reichen flandrischen Gebiete mit in die Ehe brachte, auf die der französische König ebenfalls ein Auge geworfen hatte. Langwierige Kriege mit dem französischen Nachbarn waren für die habsburgischen Herrscher die Folge. Auch das persönliche Schicksal Maximilians gestaltete sich tragisch, denn seine geliebte Gemahlin verunglückte nur wenige Jahre nach der Eheschließung tödlich. Der Kaiser heiratete noch einmal, aber es war nur die reiche Mitgift Bianca Maria Sforzas von Mailand, die ihn zu diesem Schritt bewog, die junge Frau interessierte ihn nicht. Bianca Maria starb völlig vereinsamt an »gebrochenem Herzen«.
Die Heiratspolitik, die Maximilian in den nächsten Jahren betrieb, indem er seinen Sohn Philipp den Schönen mit Johanna der Wahnsinnigen und seine Tochter Margarete mit dem Infanten von Spanien verheiratete, brachte den Habsburgern zwar nach dem Tode Juans Spanien mit seinen sämtlichen Besitzungen diesseits und jenseits des Ozeans ein, aber auch schwere psychische Erkrankungen, die sich in der spanischen Familie schon vor Generationen bemerkbar gemacht hatten und die sich in der Folgezeit durch die Eheschließungen innerhalb der Familie noch verstärkten. Frisches Blut kam selten in die Habsburgerdynastie.
Schon zur Zeit Kaiser Karls V. zeigte es sich, wie unendlich schwierig es war, ein Weltreich zu regieren. An allen Ecken und Enden machte sich Unzufriedenheit über die Fremdherrschaft breit, sodass der Kaiser allein kaum mehr in der Lage war, die politischen Zwistigkeiten und den religiösen Zerfall, der durch die Thesen Luthers hervorgerufen worden war, in den Griff zu bekommen. Die Franzosen, aber auch die Türken ließen Karl V. nicht zur Ruhe kommen, resignierend zog er sich nach seiner Abdankung 1556 ins Kloster San Jeronimo de Yuste zurück. Die menschlichen Tragödien innerhalb der Familie spielten sich in dieser Zeit allerdings am Rande ab:

Maria, die Schwester Karls, die mit Ludwig, dem König von Ungarn und Böhmen, verheiratet gewesen war, verlor ihren Mann schon sehr früh nach der Schlacht bei Mohács im Jahr 1526. Sie blieb ein Leben lang Witwe. Auch das Schicksal der übrigen Schwestern war beklagenswert, denn der kaiserliche Bruder hatte sie wie Schachfiguren überall in Europa verteilt, um möglichst großen Einfluss zu gewinnen. Wie es im Inneren der jungen Mädchen aussah, als sie noch als halbe Kinder an lieblose Männer, die manchmal sogar Feinde gewesen waren, wie der französische König Franz I., verheiratet wurden, fragte niemand.

Als Kaiser Karl V. die Ehe seines erst sechzehnjährigen Sohnes Philipp mit dessen portugiesischer Cousine Maria Manuela arrangierte, hatte er wahrscheinlich vor allem den Erwerb Portugals im Auge. Nach den damaligen medizinischen Erkenntnissen konnte er freilich nicht ahnen, dass der Sohn aus dieser Verbindung schwerstens geschädigt war, der Enkel des Kaisers Don Carlos war geistig und körperlich behindert.

Noch gab es aber Hoffnung im Hause Habsburg, denn Karls Bruder Ferdinand heiratete eine gesunde junge Frau, Anna, die nach dem Tod ihres Bruders Ludwig Böhmen und Ungarn mit in die Ehe brachte. Und dieser Ferdinand sollte nach dem Willen des Kaisers einen Teil des Reiches regieren, was im Vertrag von Brüssel 1522 schriftlich vereinbart wurde. Auf diese Weise bestand die Aussicht, das beinah unüberschaubare Reich mit den zahlreichen Völkern und Kulturen in Zukunft im Sinne der habsburgischen Vorstellungen zu beherrschen. Der enge persönliche Kontakt innerhalb der beiden Linien blieb allerdings nach wie vor bestehen und wurde durch immer wiederkehrende Hochzeiten bewahrt. Denn für die katholische Habsburgerfamilie fanden sich auch wenig standesgemäße Bräute oder Ehekandidaten in Europa. Mit den Franzosen war man die längste Zeit über verfeindet, die Engländer hatten sich unter Heinrich VIII. von der katholischen Kirche abgewandt, die russischen Prinzessinnen hingen der russisch-orthodoxen Kirche an und die Skandinavier waren Protestanten. Und die Türken kamen ohnedies niemals in Betracht.

Wenn auch die Türken Kaiser Ferdinand im Laufe seiner Regierungsjahre große Schwierigkeiten bereiteten, so fand er doch in seiner

großen Familie Ruhe und Glück genauso wie sein Sohn und Nachfolger Maximilian II., während dessen sechs Söhnen das Schicksal nicht wohl gesonnen war. So konnten der unvermählte Kaiser Rudolf und dessen Bruder Matthias, der ebenfalls kinderlos starb, den schrecklichen Religionskrieg, der schließlich 30 Jahre dauern sollte, nicht verhindern.
Verhängnisvoll wirkte sich die Inzucht vor allem in Spanien aus. Im Jahre 1700 starb der letzte spanische Habsburger, König Karl II., mit nur 39 Jahren in geistiger Umnachtung. Der Ahnenschwund innerhalb der Familie war erschreckend gewesen.
Aber auch bei den österreichischen Habsburgern gab es Probleme in der Erbfolge, als Kaiser Karl VI. im Laufe seiner Ehe nur ein einziger Sohn geboren worden war, der schon im Kleinkindesalter starb, sodass sich eine politische Tragödie auch für diesen Zweig der Familie anbahnte. Obwohl der Kaiser immer noch auf einen Sohn als Erben gehofft hatte, war er politisch weitsichtig genug gewesen, 1713 durch die »Pragmatische Sanktion« die weibliche Erbfolge im Hause Habsburg möglich zu machen. Dies sollte sich als Segen für die österreichischen Länder herausstellen. Denn keine andere als seine politisch begabte Tochter übernahm nach großen Schwierigkeiten, die man ihr von Seiten der europäischen Mächte gemacht hatte, die Herrschaft. Durch ihre Reformen in allen Lebensbereichen konnten sie und ihr genialer Sohn Joseph II. ähnliche staatsgefährdende Unruhen wie in Frankreich verhindern. Obwohl sich Maria Theresia an der Seite ihres kaiserlichen Gemahls trotz ihrer vielfältigen politischen Verpflichtungen persönlich der Erziehung ihrer zahlreichen Kinder widmete, opferte sie doch die meisten ihrer Söhne und Töchter ihren politischen Ideen, indem sie diese in ganz Europa verheiratete. Das persönliche Glück ihrer Kinder war für die Herrscherin von untergeordneter Bedeutung. Daher konnte es nicht ausbleiben, dass sich Tragödien an allen Ecken und Enden anbahnten, wobei Maria Theresia freilich nicht ahnen konnte, dass ihre jüngste Tochter Maria Antonia als französische Königin Marie Antoinette dereinst das Schafott besteigen würde.
Nach dem relativ kurzen Intermezzo ihrer beiden Söhne Joseph II. und Leopold II., die die geistigen Fähigkeiten ihrer Mutter geerbt hatten, zeigte es sich aufs Neue, wie verhängnisvoll die Familienge-

setze sein konnten. Denn auf Grund der Primogenitur, wonach der älteste Sohn der Familie die Kaiserkrone erbte, wurde der schwache, wankelmütige und in politischer Hinsicht unzureichend interessierte älteste Sohn von Leopold dessen Nachfolger als Kaiser. Und dies zu einer Zeit, die von revolutionären Ideen getragen war. Ein starker Kaiser wäre auf dem Habsburger-Thron vonnöten gewesen, der einem Napoleon wirkungsvoll hätte entgegentreten können. Und unter den zahlreichen Söhnen Leopolds befanden sich tatsächlich geistig hoch stehende, politisch weit blickende Männer, wie Erzherzog Johann, der den wirtschaftlichen Aufschwung in der Steiermark bewirkte, oder Erzherzog Carl, der über Napoleon bei Aspern siegte. Aber beide hatten keine Chancen auf den Kaiserthron, sie waren Nachgeborene. Nicht der Fähige, der Tüchtige kam in der Habsburger-Familie an die Macht, sondern der Erstgeborene, wie das Reglement es befahl.

War der »gute Kaiser« Franz ein schwacher Herrscher in seiner Zeit, der seinem Kanzler Klemens Fürst Metternich in jeder Hinsicht freie Hand ließ, so war sein Nachfolger, sein schwer kranker Sohn Ferdinand eine Katastrophe. Die Epilepsie, an der Ferdinand von Jugend auf litt, war eine Folge zu naher verwandtschaftlicher Beziehungen zwischen seinem Vater Franz und dessen zweiter Ehefrau, die seine Cousine war. Diesmal aber erkannte man selbst innerhalb der Familie, dass eine Lösung des Problems gefunden werden musste. Ferdinand selbst fasste den Entschluss, zugunsten seines Neffen, des erst 18-jährigen Franz Joseph, im Jahre 1848 abzudanken.

Hatte man in dem jungen Franz Joseph einen Mann zum Kaiser erkoren, von dem man hoffte, er würde die Monarchie in moderner Weise regieren und vielleicht auch reformieren, so zeigte es sich schon nach kurzer Zeit, dass er wohl von seiner ehrgeizigen Mutter Sophie zum Kaiser erzogen war, dass ihm aber jegliche zukunftsorientierte liberale Einstellung fehlte. Als begeisterter Militarist und korrekter Arbeiter sah er sich als erster Beamter in seinem Staat, der es sich zur Lebensaufgabe gemacht hatte, das riesige Reich vom Schreibtisch aus zu lenken, ohne Emotionen und ohne Visionen. Daher fanden modern denkende Menschen neben ihm keinen Platz, weder sein Bruder Maximilian, der schließlich in Mexiko einem traurigen Schicksal entgegenging, noch sein hochintelligenter Sohn Rudolf, dessen vielseitige Ambitionen vom kaiserlichen Vater als Spintisiere-reien abgetan wurden und der resignierend in die Zukunft blickend im Freitod die einzige Möglichkeit sah, sich vom riesigen Schatten seines Vaters zu befreien. Der Schreibtischtäter Franz Joseph war auf Grund seiner in althergebrachten Traditionen verankerten Einstellung nicht in der Lage, die rasche allumfassende Entwicklung, die sich in der zweiten Hälfte des 19. Jahrhunderts anbahnte, mitzumachen, er verstand weder die Signale der Zeit noch seine eigene Ehefrau Elisabeth, für die ein Leben am streng konservativen Kaiserhof in Wien schon sehr bald zur Qual geworden war. Auf seine Arbeit konzentriert, bemerkte Franz Joseph nicht die Tragödien, die sich um ihn rundherum anbahnten. Seine Kontakte mit den Familienmitgliedern beschränkten sich auf das Nötigste. Auf ihren langen, weiten Reisen war Elisabeth eine Suchende, die erst Ruhe fand, als sich ihr Schicksal in Genf erfüllte. Ein Anarchist erstach sie mit einer Feile im September 1898.

Die Tragödien im Hause Habsburg waren allerdings mit dem Tod der Kaiserin noch nicht vollständig: erst die Schüsse auf den Neffen Franz Josephs, auf den Thronfolger Franz Ferdinand, und dessen Gemahlin Sophie Chotek beschlossen den tragischen Reigen.

Als der uralte Kaiser die Kriegserklärung an Serbien unterzeichnete, war ihm wahrscheinlich nicht bewusst, dass er damit das Ende der jahrhundertelangen Monarchie besiegelte. Denn seinem Nachfolger, seinem Großneffen Karl, war es im Jahr 1916, mitten im Ersten Weltkrieg, nicht mehr möglich, eine Änderung der Situation für das Kaiserreich herbeizuführen. Die republikanischen Tendenzen, die sich in ganz Europa breit gemacht hatten, waren auch in Österreich-Ungarn nicht mehr aufzuhalten. Und da er selbst Kaiser mit Leib und Seele war, der einen Auftrag Gottes zu erfüllen hatte, war es für Karl undenkbar, die Verzichtserklärung auf den Thron zu unterzeichnen, so wie dies die Vertreter der neu entstandenen Republik Österreich und auch die der Entente-Mächte von ihm gefordert hatten. Die letzte Tragödie im Hause Habsburg nahm dadurch ihren Verlauf: Da Karl als Kaiser nicht zurückgetreten war, verweigerten die Siegermächte jegliche finanzielle Unterstützung, sodass der letzte Habsburger auf dem Kaiserthron beinah in völliger Armut fern der Heimat auf der Insel Madeira an einer Lungenentzündung verstarb.

Eine Habsburgerin auf dem Schafott

MARIE ANTOINETTE

»Gott hat Sie mit so viel Grazie, Güte und Sanftmut gesegnet, daß jedermann Sie lieben muß« …
Diese liebevoll aufmunternden Worte schrieb keine Geringere als Maria Theresia, Erzherzogin von Österreich, gekrönte Königin von Böhmen und Ungarn, Gemahlin des römisch-deutschen Kaisers Franz Stephan von Lothringen an ihre ferne Tochter Maria Antonia nach Frankreich, obwohl sie mit Lob und Anerkennung ihren Kindern gegenüber eher zurückhaltend war und sich nicht scheute, die Fehler ihrer Söhne und Töchter mit großer Strenge zu tadeln.
Maria Theresia war für die Zeit, in der sie lebte, eine Bilderbuchmutter, die sich trotz der vielfältigen Pflichten, mit denen sie tagtäglich konfrontiert war, um jedes einzelne ihrer Kinder kümmerte. Sie selbst war in der beneidenswerten Lage gewesen, eine unbeschwerte Jugendzeit in einer intakten Familie verleben zu dürfen, und es war ihr vergönnt gewesen, den Mann ihrer Träume zu heiraten, allen Widerständen zum Trotz. Eine glückliche Familie war für sie der Ruhepol, den sie in den wirren Zeiten nach dem plötzlichen Tod ihres Vaters, Kaiser Karls VI., dringend benötigte, der ihr die Kraft verliehen hatte, als unerfahrene junge Frau die Staatsgeschäfte in dem großen Reich zu übernehmen und ihrem preußischen Widersacher König Friedrich II. die Stirn zu bieten.
Aber das, was sie selber als lebensnotwendig empfand, einen Ehepartner zu haben, der sie mit Liebe und Zuneigung umgab, dies verweigerte sie ihren Nachkommen. Sie opferte ihre zahlreichen Töchter den Geboten der Vernunft, dem Wohle des Staates. Die Kinder, die sie in schöner Regelmäßigkeit zur Welt gebracht hatte, sah sie als politisches Kapital an, das es bestmöglich einzusetzen galt. Mit ihnen konnte man die Politik der Zukunft bestimmen, denn verwandtschaftliche Beziehungen schienen für Maria Theresia immer noch stabiler zu sein als alle Friedensverträge und Nichtangriffspakte.

Deshalb sah sie sich schon früh in Europa um, in welche Ehebetten sie ihre Söhne und Töchter legen konnte, und dabei war es für sie vollkommen unmaßgeblich, was ihre Kinder über die geplanten Heiratsprojekte dachten. Der Wunsch der Kaiserin war einzig und allein maßgebend, da halfen keine Tränen und keine Trauer über verlorene heimliche Liebeleien.
Die Mutter führte ein strenges Regiment am Wiener Hof, dem sich alle Familienmitglieder, selbst der eigene Mann, zu beugen hatten. Obwohl Maria Theresia ihren »Franzl« bis über dessen Tod hinaus abgöttisch liebte, war sie es, die in jeder Situation den Ton angab. Sie bestimmte den Tagesablauf ihrer Kinder, sie wählte die Ajos und Ajas, die Erzieher ihrer Söhne und Töchter aus und ließ sich von diesen genau Bericht erstatten, wie jedes ihrer Kinder den Tag verbracht hatte. Es grenzt beinahe an ein Wunder, dass sie trotz der vielfältigen Aufgaben, die sie selbst jeden Tag zu bewältigen hatte, noch die Zeit für viele private Dinge aufbrachte. Aber sie hatte im Laufe der Jahre ein System entwickelt, das es ihr ermöglichte, alles, was auf sie zukam und an sie herangetragen wurde, bestmöglich zu erledigen.
Hätte ihre jüngste Tochter Maria Antonia nur ein klein wenig vom konsequenten, verantwortungsbewussten Wesen ihrer Mutter geerbt, ihr Schicksal wäre wahrscheinlich ganz anders verlaufen. Aber schon von Jugend auf war sie gewöhnt, sich ihren Pflichten zu entziehen, wo sie nur konnte, obwohl sie sich genauso wie ihre Geschwister einem systematischen Tagesablauf unterziehen sollte. Schon bald hatte sie entdeckt, dass sie durch ihren Charme und ihr liebenswürdiges Wesen ihre Erzieher und Lehrer überlisten konnte, sodass sie immer nur ein Minimum an Aufgaben zu erfüllen hatte. Selbst ihre sonst so strenge Mutter vermochte sie dann und wann um den Finger zu wickeln, obwohl sich Maria Theresia eingestehen musste, dass dies sicherlich nicht zum Vorteil der Tochter sein würde.
Antonia oder Tonerl, wie sie von den Geschwistern liebevoll gerufen wurde, war es dadurch möglich, eine heitere Kinderzeit inmitten der pflichtstarrenden Welt zu verbringen, sich im süßen Nichtstun zu üben und nur das Allernötigste zu lernen, denn auch ihre Erzieherin Marie Judith Gräfin Brandis ließ bei ihrem Schützling so manches Mal die Zügel etwas zu locker.
So wie es Maria Theresia auch bei den älteren Kindern gehandhabt

hatte, wurden die besten Lehrer für die jüngste Tochter ausgesucht, die das verspielte Kind mit seiner Unstetigkeit und Unkonzentriertheit beinahe zur Verzweiflung brachte. Trotz aller Bemühungen war es nicht möglich, Antonia etwas mehr Ernst einzureden, und alles, was sie an Wissen erwarb, war eine Halbbildung, die zahlreiche Lücken aufwies. Vielleicht war dies ein Erbteil ihres Vaters, der Zeit seines Lebens keine Sprache richtig schreiben oder sprechen konnte und dessen Briefe, die in einem lustigen Kauderwelsch aus Deutsch, Französisch und Italienisch abgefasst waren, von seiner eigenen Frau korrigiert wurden.

Für die Kaiserin stand die religiöse Erziehung ihrer Kinder an allererster Stelle. Der katholische Glaube war für Maria Theresia die absolute Stütze für den Menschen in dieser Welt. Und diesen tiefen Glauben wollte sie auch ihren Kindern weitergeben, wobei sie vor allem bei ihrem skeptischen Sohn und Nachfolger Joseph II. auf heftigen Widerstand stieß und ihn beinahe zum Atheisten machte. Aber auch Antonia wollte sich nicht durch die Gebote der Kirche in ihrem Leben einschränken lassen, immer wieder fand sie einen Weg, wie sie die vorgeschriebenen Andachten und Messen oder den Empfang der Sakramente umgehen konnte.

Vieles, was Maria Theresia ihren Kindern abverlangte, war nach heutigen Gesichtspunkten modern, vor allem die persönliche Hygiene, auf die sie ganz besonderen Wert legte. Tägliche Waschungen sowie die intensive Pflege der Zähne gehörten genauso wie die regelmäßigen Kontrollen durch ihren Leibarzt van Swieten zum allgemeinen Gesundheitsprogramm. Und trotzdem konnte sie nicht verhindern, dass einige ihrer 16 Kinder den Schwarzen Pocken zum Opfer fielen.

Für Antonia war die Gewöhnung an regelmäßige hygienische Pflege ihres Körpers wahrscheinlich für die Zukunft von großer Wichtigkeit. Denn später, am französischen Königshof, sollte sie erfahren, dass man keineswegs Wert auf persönliche Sauberkeit legte. Anstatt Seife und sauberes Wasser zu benutzen, besprühte man lieber den ganzen Leib mit kostbaren Parfums und bestäubte ihn mit wohlriechendem Puder, das natürlich nach einiger Zeit seine Wirkung einbüßte.

Wie für alle ihre Kinder hatte die Kaiserin auch für Antonia einen allseits bekannten Musiklehrer ausgesucht, keinen Geringeren als

Christoph Willibald Gluck. Er war wahrscheinlich mit den Erfolgen seiner Schülerin zufrieden, wenn er sich auch etwas mehr Fleiß zu der vorhandenen musikalischen Begabung gewünscht hätte. Für eine kleine Erzherzogin spielte Antonia immerhin ganz brav die Stücke auf dem Spinett, die Gluck für sie vorbereitet hatte.
Wahrscheinlich wäre das tändelnde Leben, das das heranwachsende Mädchen führte, noch eine Zeit lang weitergegangen, wäre nicht überraschenderweise eine Anfrage des französischen Hofes in Wien eingetroffen, ob nicht die junge Maria Antonia für den Enkel des Königs von Frankreich Ludwig XV. die passende Gemahlin wäre.
Diese Nachricht erregte am Wiener Hof das allergrößte Aufsehen, denn jahrhundertelang waren die Beziehungen der Habsburger zu Frankreich äußerst problematisch bis schwierig gewesen, man hatte zahlreiche Kriege gegeneinander geführt und auf diplomatischem Wege immer nur halbe Lösungen erzielt, die oftmals wieder der willkommene Anlass zu neuen Auseinandersetzungen waren. Jetzt schien für Maria Theresia endlich die Möglichkeit durch die Initiative Ludwigs XV. gegeben zu sein, einen Schlussstrich unter die habsburgisch-bourbonische Rivalität zu ziehen. Schon vor etlichen Jahren hatte sich dieses Tauwetter zwischen Wien und Paris seltsamerweise durch die Aktivitäten der damaligen Mätresse en titre, der berühmt berüchtigten Madame de Pompadour, angekündigt, die Maria Theresia trotz ihrer strengen Moralvorstellungen schätzte. Vielleicht auch deshalb, weil der von ihr so gehasste Preußenkönig Friedrich II. gerade diese kunstsinnige Frau, wo er nur konnte, in den Schmutz zog.
König Ludwig XV. suchte eine Gemahlin für seinen Enkel, den Dauphin, der den gleichen Namen trug wie er, der aber keineswegs seinem Großvater glich, ja ihm nicht einmal ähnelte. Ludwig XV., dem schon sehr früh vom Volk der Beinamen »der Vielgeliebte« verliehen worden war, galt als schöner Mann, dem die Frauen allen Alters zu Füßen lagen und dessen Amouren nicht mehr zu zählen waren. Er genoss das Leben, das ihm als König von Frankreich alles bot, was man sich vorstellen konnte, in vollen Zügen und überließ die »ermüdenden« Regierungsgeschäfte weniger seinen Ministern als seinen jeweiligen Mätressen. Zwei Damen, die in der Gunst des Königs an vorderster Stelle lagen, waren Madame Pompadour und später, nach

deren frühen Tod Madame Dubarry. Aber während die Pompadour – wenn auch um viel Geld – Kunst und Kultur förderte, warf die Dubarry ein Vermögen, das aus den Ersparnissen der kleinen Leute bestand, sinnlos zum Fenster hinaus. Den König kümmerte es weder, woher das Geld kam, noch in welcher Weise es verschwendet wurde. Er hatte keinen Kontakt mit dem Volk, er lebte in einer Welt, in der es keine Beziehungen zum einfachen Mann gab. Auf der Suche nach immer neuen Genüssen und Abwechslungen konnte ihm jeder Minister alles einreden und somit in die eigene Tasche arbeiten.
Das französische Volk, aber vor allem die Bauern waren bettelarm und wurden nicht nur durch den hohen Adel, sondern auch von der Kirche bis zum letzten Sous ausgepresst. Und während man am Königshof von Versailles nicht mehr wusste, was man noch alles an exquisiten Genüssen ausfindig machen sollte, wusste der einfache Mann kaum, wie er seinen Hunger stillen sollte. Was der Sonnenkönig Ludwig XIV. vorgelebt hatte, das imitierte in überreichem Ausmaß sein Enkel Ludwig XV. Und hatte man dem Sarg Ludwigs XIV. schon Steine nachgeworfen, so verfluchte man nun, zunächst noch im Geheimen, den »Vielgeliebten« und seine Günstlinge. Das Fass der Unzufriedenheit war noch nicht randvoll, aber es war abzusehen, wann es überlaufen würde. Dass dabei ein völlig Unschuldiger unter die Räder des Aufstandes kommen würde, sah weder Ludwig XV. voraus, noch hätte ihn dies wahrscheinlich allzu sehr bewegt.
Der Enkel, für den der Großvater am Wiener Kaiserhof durch seine Diplomaten vorstellig geworden war, war ein zurückhaltender, schüchterner junger Mann, der so gar nicht an den luxuriösen französischen Königshof passte. Durch den frühen Tod seines Vaters und des älteren Bruders, der ganz anders als er geartet war und dessen Naturell eher dem des Großvaters glich, wurde er beinahe über Nacht mit elf Jahren in die Rolle des Thronfolgers gepresst. Er würde einmal eine Aufgabe zu übernehmen haben, die in der damaligen politischen Situation nicht schwieriger hätte sein können.
Man verabsäumte es sträflich, den heranwachsenden Knaben entsprechend vorzubereiten und ihn ausgiebig zu schulen. So hatte er niemals die Möglichkeit, zukunftsorientierte Konzepte zu studieren, wobei es allerdings fraglich ist, ob sich der Jüngling überhaupt für die politischen und sozialen Zustände im Lande interessierte, denn

der wenig attraktive Knabe zeigte sich durch sein eigenbrötlerisches Wesen allem gegenüber abweisend, was man ihm darzulegen suchte. Es gab nur zwei Interessen im Leben Ludwigs: die Jagd und handwerkliche Tätigkeiten. Schon in jungen Jahren, aber auch später als König von Frankreich legte er selbst immer wieder zur großen Überraschung seiner Umgebung mit Hand an, wenn Not am Mann war. Als er einmal an einer Baustelle vorbeikam, ließ er die Kutsche anhalten, mischte sich unter die Maurer und arbeitete beinahe bis zur Erschöpfung beim Bau des neuen Hauses mit.

Der junge Ludwig war weder zum König von Frankreich geboren, noch für dieses Amt prädestiniert. In ihm zeigte sich die ganze Tragik des Erbkönigtums, eine Verpflichtung, die ein Mensch durch seine hohe Geburt auf sich nehmen musste, der er nicht gewachsen war und die er – hätte es eine Möglichkeit für ihn gegeben – begeistert abgeschüttelt hätte. Aber aus den starren Gesetzen der Tradition auszubrechen war für einen Menschen wie Ludwig XVI. unmöglich, er hatte schon, kaum dass er die Kinderschuhe abgestreift hatte, eine Last auf sich zu nehmen, die ihn schließlich erdrücken sollte. Freilich konnte niemand zu der Zeit, als sein Großvater für ihn auf Brautschau ging, auch nur im Entferntesten ahnen, wie tragisch sich sein Schicksal einmal gestalten würde.

Nachdem die Antwort aus Wien für den französischen König durchaus positiv ausgefallen war, übersandte man ein Medaillon des jungen Mannes an die zukünftige Braut. Wahrscheinlich wusste auch Maria Theresia, dass der Enkel des schönen Ludwigs XV. beileibe kein Adonis wie sein Großvater war. Es hatte sich längst bis Wien durchgesprochen, dass der eher linkische Ludwig etwas kurzsichtig in die Welt blinzelte, wenngleich er auf dem Bild durchaus attraktiv wirkte. Aber die Kunst der Maler wurde jahrhundertelang in Anspruch genommen, wenn es galt, Heiratskandidaten möglichst geschönt abzubilden.

Die junge Maria Antonia allerdings konnte man tatsächlich so darstellen, wie sie wirklich war: Ein reizendes Geschöpf, zierlich, mit strahlend blauen Augen, ein bisschen klein vielleicht, aber mit ihren 14 Jahren würde sie sicherlich noch etwas wachsen und voller werden, sodass sie auch in den überreichen Roben mit ihren abgrundtiefen Dekolletees attraktiv wirken würde.

Szene aus dem Ballett »Il trionfo d'amore« in Schönbrunn am 25. 1. 1765. Erzherzogin Maria Antonia (Marie Antoinette) und ihre Brüder Ferdinand Karl und Maximilian Franz.

König Ludwig XV. allerdings interessierte sich nur für eines an seiner zukünftigen »Enkelin«: Er wollte von seinem Vertrauten Bouret wissen, wie es um den Busen der jungen Frau bestellt war. Als der so indiskret Befragte beinahe verlegen stammelte, dass Antoinette ein hübsches Gesicht und besonders schöne Auge hätte, wurde der König beinahe unwillig, denn für ihn zählten schöne Brüste mehr als alle anderen Attribute bei den Damen.
Es dauerte nicht allzu lange, da war der Heiratspakt zwischen dem zukünftigen König von Frankreich und der österreichischen Erzherzogin in allen Details besprochen und von beiden Seiten unterzeich-

net. Es war ein Staatsakt wie jeder andere, der keinen Raum für zwischenmenschliche Überlegungen offen ließ, der über die Köpfe der beiden jungen Menschen hinweg geschlossen wurde, ob man sich sympathisch war oder sich verabscheute, ob man miteinander leben wollte oder konnte, das interessierte weder den Großvater Ludwigs noch die Mutter Maria Antonias.
Es war dem unbeschwerten Naturell Maria Antonias, die fortan in Frankreich Marie Antoinette heißen sollte, zuzuschreiben, dass sie sich wahrscheinlich wenig Gedanken über ihre Zukunft in Frankreich machte. Was ihr einigermaßen ungelegen kam, war der Ernst, den man plötzlich von ihr verlangte, dass vor allem die Mutter die Kontrollen ihres Wissens verschärfte und ihr mehr als allen ihrer Geschwistern tagtäglich gute Ratschläge gab. Dabei wäre sie liebend gern weiter in den kleinen Theaterstücken aufgetreten, die ihr jüngerer Bruder und sie zur Erheiterung der Familie bis jetzt so erfolgreich gespielt hatten. Jedes Mal anders verkleidet konnte sie in alle möglichen Rollen schlüpfen, etwas, was sie von klein auf bevorzugt hatte. Das Einzige, was sie in ihrem neuen Lernprogramm begeisterte, war der Tanzunterricht. Die Kaiserin hatte einen berühmten französischen Tanzmeister engagiert, der ihr nicht nur die üblichen Tanzschritte beibringen sollte, sondern auch darauf achtete, dass sich die junge Braut einen fast schwebenden Gang aneignete. Darauf legte man am französischen Hof neben vielen anderen Dingen ganz besonderen Wert, ein leichter Gang war die Grundvoraussetzung für ein elegantes Auftreten.
Natürlich wurden nun die Lektionen in der französischen Sprache intensiver und zahlreicher, stundenlang hatte »Tonerl« französische Vokabeln zu repetieren und die richtige Aussprache zu üben. Damit alles auch seine Richtigkeit hatte, ließ die Kaiserin einen Mann von ausgezeichnetem Ruf aus Paris kommen, Abbé Vermond, der die zukünftige Königin von Frankreich entsprechend ausbilden sollte. Er hatte es keineswegs leicht mit dem jungen Mädchen, dessen Kopf ganz woanders stand, als bei den französischen Adelsregistern oder der Geografie ihres zukünftigen Landes. Aber auch den Abbé verzauberte sie durch ihren Charme, sodass er über so manchen Fehler hinwegsah und einen begeisterten Bericht über die junge Braut nach Paris sandte.

Maria Theresia, die Mutter Marie Antoinettes, in Witwentracht um 1776 im Kreis ihrer Kinder.

Maria Theresia kannte natürlich die wenig ernste Art ihrer Tochter ganz genau, und da sie wusste, dass auch Vermond ihr in der kurzen Zeit, die bis zur Hochzeit blieb, nicht mehr alles eintrichtern konnte, was für sie als zukünftige Königin von Frankreich notwendig gewesen wäre, ließ sie das Bett der Tochter in ihr eigenes Schlafgemach stellen, um ihr wenigstens unter vier Augen vor dem Einschlafen noch einige Verhaltensmaßregeln mit auf den Weg zu geben. Dabei wurde wahrscheinlich von Gott und der Welt gesprochen, das brisante Thema der sexuellen Aufklärung jedoch nicht einmal gestreift. So wie alle anderen jungen Mädchen der Zeit stieg die junge Tochter der Kaiserin völlig unaufgeklärt ins spitzenbesetzte Ehebett. Aber so sehr Maria Theresia über die Heirat ihrer Tochter mit dem jungen Dauphin von Frankreich erfreut war – endlich schien eine Änderung der politischen Konstellationen in Europa in Sicht –, ahnte sie vielleicht doch, dass viele Gefahren auf ihre unreife Tochter in der Schlangengrube des französischen Hofes lauerten und dass Marie Antoinette, würde sie nicht Tag und Nacht wachsam sein, vieles falsch machen konnte. Die junge Braut hörte sich, schläfrig wie sie war, die Ratschläge ihrer Mutter nur mit einem halben Ohr an, der Ernst des Lebens hatte für sie noch lange nicht begonnen, was sollte sie sich jetzt schon den Kopf zerbrechen! Ihr Leben würde sich sicherlich einmal ganz anders gestalten als das der kaiserlichen Mutter. Wozu sollte sie sich jetzt in Wien Gedanken über ihr Schicksal machen?

Noch lebte sie im Kreise der Familie, man traf sich am Abend zu einem gemütlichen Plausch in den Räumen der Kaiserin, jedes der Geschwister hatte etwas anderes zu berichten, man spielte Karten, lachte und scherzte. Es war beinahe ein bürgerliches Leben, das am Wiener Kaiserhof herrschte, wobei der gutmütige Vater oftmals eine ausgleichende Rolle zu spielen hatte, da die Kaiserin ihre Kinder streng im Griff hatte. Die Mutter war die oberste Respektsperson, und wenn sie auch ihren Söhnen und Töchtern viel Liebe entgegenbrachte, so schien es doch, als würden sich alle insgeheim vor ihr fürchten. Dies sprach ihre sehr geliebte Schwiegertochter Isabella von Parma in einem Brief an ihre Schwägerin Marie Christine aus, wenn sie schrieb:

»Du kennst ja ihre Weise, ihre Kinder zu lieben, jederzeit ist eine Art Misstrauen und anscheinender Kälte darein gemischt … Was ihre Kinder betrifft, so liebt die Kaiserin sie, doch geht sie von einem falschen Grundsatz aus, der in allzu großer Strenge besteht.«

Auch Marie Antoinette empfand das Verhalten der Mutter so. Sie liebte die Kaiserin, hatte aber ein Leben lang nicht nur Respekt vor ihr, sondern auch eine gewisse Furcht. Sie schrieb 1774: »Ich liebe die Kaiserin, aber ich fürchte sie sogar aus der Ferne. Selbst wenn ich ihr schreibe, fühle ich mich ihr gegenüber nicht ungezwungen.«

Das Leben der Kaisertochter wäre sicherlich anders verlaufen, hätte sie sich tatsächlich die Ratschläge der Mutter zu Herzen genommen, denn Maria Theresia blieb auch nach der Hochzeit Marie Antoinettes mit der Tochter in enger brieflicher Verbindung und unterließ es nie, die leichtlebige junge Frau zwar in mütterlicher Weise, aber doch mit erhobenen Zeigefinger zu ermahnen. Dabei hatte sie natürlich von den Verlockungen am französischen Hofe, denen ihre Tochter tagtäglich ausgesetzt war, viel zu wenig Ahnung, als dass sie tatsächlich auf die Situation Marie Antoinettes hätte konkret eingehen können.

Nachdem alle offiziellen Dokumente unterzeichnet, die Apanagen und andere finanzielle Absicherungen der jungen Braut festgelegt waren, wurden die Hochzeitsvorbereitungen in Wien getroffen. Die Aussteuer der Kaisertochter übertraf alles bisher Dagewesene, auch Ludwig XV. stattete seinen Enkel über die Maßen reich aus. Es war wie ein Wettstreit, wer mehr zu bieten hatte, die Kaiserin oder der König von Frankreich.

Wie es damals üblich war, fand die Hochzeit Marie Antoinettes in der Augustinerkirche in Wien statt. Die entzückende Braut wurde anstelle ihres fernen Bräutigams am 19. April 1770 von ihrem Bruder Erzherzog Ferdinand bei dieser Eheschließung »per procurationem«, die der Habsburger-Tradition seit Jahrhunderten entsprach, zum Altar geführt. Ihr »Ja-Wort«, das sie zwar nicht ihrem eigentlichen Bräutigam gab, sondern nur einem Stellvertreter, machte sie zur zukünftigen Königin von Frankreich.

Das, was auf den offiziellen Festakt folgte, war so richtig nach dem Geschmack des jungen Mädchens. Umjubelt von der Wiener Bevölkerung fuhr sie durch die Straßen ihrer Heimatstadt, war umschwärmter Mittelpunkt auf den Bällen, die ihr zu Ehren in Schloss Schönbrunn gegeben wurden, und genoss die letzten Tage in Wien in vollen Zügen. Denn der Abschied nahte viel zu schnell. Nachdem die überreiche Aussteuer in den Kutschen verstaut worden war, hieß es für das junge Mädchen, sich von allem zu trennen, was ihm bisher lieb und teuer gewesen war. Tränenüberströmt umarmte sie die Eltern und Geschwister, vielleicht ahnte sie, dass sie die Mutter niemals wiedersehen würde. Denn Maria Theresia war durch ihre vielen Aufgaben und Pflichten so in Anspruch genommen, dass sie es, wo sie konnte, vermied, eine längere Reise zu unternehmen. Und Frankreich war weit!

Besorgt wie die Kaiserin war, wenn sie an die Zukunft ihrer Kinder dachte, gab sie auch ihrer jüngsten Tochter Verhaltungsvorschriften mit auf den Lebensweg, die sie jeden Monat lesen sollte. Am 21. April, für den Tag der Abreise, hatte sie folgendes zusammengestellt:

»Beim Aufwachen werden Sie sofort nach dem Aufstehen kniend Ihr Morgendgebet verrichten und etwas Religiöses lesen … bevor Sie sich mit etwas anderem befaßt oder mit jemandem gesprochen haben. Alles hängt von dem guten Beginn des Tages und der Verfassung ab, in der man ihn beginnt … Das ist ein Punkt, in dem Sie sehr genau sein müssen … Sie werden mir immer mitteilen, welches Buch Sie zur Hand haben … Sie werden sich während des Tages so oft wie möglich frommen Gedanken hingeben … Wie sehr ich auch wünsche, daß Sie sich mit dem Gebet und guter Lektüre befassen, so wenig möchte ich, daß Sie etwas anderes einführen oder zu tun versuchen, als was in Frankreich Sitte ist … Sie sollen sich im Gegenteil unbedingt dem anpassen, was der Hof zu tun gewohnnt ist … Ihr unvergleichlicher Vater besaß diese Eigenschaft in vollendeter Weise …

Übernehmen Sie keine Empfehlung. Hören Sie auf niemanden, wenn Sie in Ruhe leben wollen. Seien Sie nicht neugierig, das ist ein Punkt, den ich besonders bei Ihnen befürchte. Vermeiden Sie jede Art Vertraulichkeit mit kleinen Leuten. Fragen Sie in allen Fällen Herrn und Frau von Noailles (Generalfeldmarschall Graf Philipp von Noailles war französischer Bevollmächtigter bei der Übernahme Marie Antoinettes und seine Frau ihre Obersthofmeisterin, Anm. d. Verf.) und verlangen Sie es sogar, was Sie tun sollen, da Sie Ausländerin sind und der Nation unbedingt gefallen wollen; verlangen Sie, daß sie Ihnen aufrichtig sagen, ob es irgendetwas in Ihrem Benehmen, in Ihren Reden oder in anderen Punkten zu korrigieren gibt. Antworten Sie jedermann freundlich, mit Anmut und Würde: wenn Sie wollen, vermögen Sie es. Man muß auch abzuschlagen verstehen … Wenn Sie wollen, können Sie, um die Sache energischer zu gestalten, hinzufügen: ›Die Kaiserin, meine Mutter, hat mir ausdrücklich verboten, irgendeine Empfehlung zu übernehmen.‹ Schämen Sie sich nicht, jedermann um Rat zu fragen, und machen Sie nichts nach Ihrem Kopf … Zerreißen sie meine Briefe, was mir ermöglichen wird, Ihnen offener zu schreiben; ich werde dasselbe mit Ihren Briefen tun …«

Es dauerte etliche Tage, bis sich der Hochzeitszug der französischen Grenze näherte. Auf einer kleinen Insel im Rhein, nahe der Stadt Kehl, war in aller Eile ein beinahe schaurig anzusehender Bau errichtet worden, den man notdürftig mit geschmacklosen Tapisserien ausgestattet hatte. Die düsteren Kapitel der Mythologie, die hier dargestellt wurden, entsetzten nicht nur die junge Braut, auch kein Geringerer als der junge Johann Wolfgang von Goethe, der durch einen Zufall als Student in Straßburg die Räume besichtigen konnte, schrieb:
»Zur Linken des Thrones sah man die mit dem grausamsten Tod ringende Braut (Kreusa, Anm. d. Verf.), zur Rechten entsetzte sich der Vater über die ermordeten Kinder zu seinen Füßen (Jason), während die Furie (Medea) auf dem Drachenwagen in die Lüfte zog. Ein Mißgriff wie dieser brachte mich ganz aus der Fassung. Was! Rief ich aus, ohne mich um die Umstehenden zu kümmern, ist es erlaubt, einer jungen Königin das Beispiel der gräßlichsten Hochzeit, die vielleicht jemals vollzogen worden, bei dem ersten Schritt in ihr Land so unbesonnen vor Augen zu bringen! Ist es doch nicht anders, als hätte man dieser schönen und, wie man hört, lebenslustigen Dame, das abscheulichste Gespenst bis an die Grenze entgegengeschickt!«
Es schien, als wären die bedeutendsten Augenblicke im Leben Marie Antoinettes von irgendwelchen schicksalhaften Kräften beeinflusst worden. Denn bei ihrer Geburt, der schwersten, die die Kaiserin erlebt hatte, hatte die Erde im fernen Lissabon gebebt, was tausenden Menschen das Leben gekostet hatte. Der König und die Königin von Portugal, die als Taufpaten des Kindes fungieren sollten, waren ratlos gewesen, wie sie der Katastrophe begegnen sollten. Und jetzt, als die junge Braut zum ersten Mal ein französisches Haus betrat, leuchteten ihr diese grässlichen Bilder entgegen.
Im Allgemeinen war es bei der Übergabe der Braut an der Landesgrenze üblich, dass die junge Frau die Kleider wechselte, um zu dokumentieren, dass sie jetzt ganz und gar die Vergangenheit hinter sich gelassen hatte. Marie Antoinette blieb wenigstens von dieser deprimierenden Zeremonie verschont. Ihr neues Heimatland betrat sie an der Seite des Gesandten König Ludwigs XV., des Grafen von Noailles, dessen Gemahlin zur Ehrendame der frischgebackenen Dauphine ernannt worden war. Tränenüberströmt ließ die Kaisertochter

die ihr vertrauten und lieb gewordenen Personen ihrer Kindheit zurück und schritt – nachdem sich der erste Schmerz gelegt hatte, einer wie es schien – hoffnungsfrohen Zukunft entgegen.
Natürlich war Marie Antoinette vor allem auf ihren Gemahl neugierig, der an der Seite seines schönen Großvaters ihre Ankunft mehr notgedrungen als freudig erwartete. Denn im Gegensatz zu König Ludwig XV. hatte er weder mit Frauen Erfahrung noch interessierte er sich über die Maßen für sie. Er war verheiratet worden, dagegen konnte er sich nicht wehren, aber wie es mit seiner Braut weitergehen sollte, davon hatte der junge Mann nur sehr wenig Ahnung. Er hoffte nur, von Marie Antoinette nicht allzu sehr in Beschlag genommen zu werden, damit er weiterhin ungestört seinen Hobbys nachgehen konnte.
Im Wald von Compiègne, einem Schicksalsort in der Geschichte, sollte Marie Antoinette sowohl ihren Gemahl als auch dessen Großvater kennen lernen. Als die prachtvoll verzierte Kutsche anhielt, die der französische König an die Grenze gesandt hatte, und die Türen geöffnet wurden, sprang Marie Antoinette aus dem Wagen und eilte leichtfüßig auf den König zu, um vor ihm in einem tiefen Hofknicks zu versinken. Ludwig XV. hatte mit einem kurzen Kennerblick das schöne Mädchen gemustert und war begeistert. Charmant hob er Marie Antoinette auf und drückte sie an sich. Was für ein Glück für seinen Enkel, so ein entzückendes Wesen im Arm halten zu können! Der stand aber verlegen abseits und wusste nicht so recht, was er tun sollte. Als seine Braut auf ihn zukam, drückte er ihr – bis über beide Ohren verlegen –, einen flüchtigen Kuss auf die Wange.
So hatte sich Marie Antoinette niemals ihren Bräutigam vorgestellt! Wenn er auch nicht als schöner Jüngling beschrieben worden war, so hatte sie doch gehofft, dass er wenigstens gesprächig und liebenswürdig sein würde. Aber weder Witz noch Charme konnte sie bei ihm feststellen, er wich ihr auch in den folgenden Tagen aus, wo er nur konnte. Wahrscheinlich sah der junge Mann dem eigentlichen Tag der Hochzeit mit Schaudern entgegen, an dem er seinen Pflichten als Ehemann nachkommen sollte.
Marie Antoinette wirkte kindlich naiv, als sie in ihrem zu tief ausgeschnittenen weißen Brokatkleid an der Seite ihres frisch angetrauten Ehemannes die Kirche verließ. Viele der eleganten Damen des Hofes

König Ludwig XVI. von Frankreich.

Erzherzogin Marie Antoinette.

hatten die kleine Österreicherin mit Argusaugen betrachtet und natürlich das eine oder andere auszusetzen gehabt. Sie war zu klein, ein wenig bäurisch gekleidet und in dem hübschen Gesicht, über das auch die ärgsten Kritiker nicht hinwegsehen konnten, erblickte man mit einiger Mühe da und dort eine Pockennarbe, die zu wenig überschminkt war. Alles in allem aber konnte der Dauphin zufrieden sein, das stand schon bald für alle Hochzeitgäste fest.
Beinahe entsetzt hingegen war man über den prächtig herausstaffier-

ten Bräutigam, dessen Kleidung allein 12.322 Livres gekostet hatte, eine unvorstellbare Summe. Völlig verkrampft und mit zusammengebissenen Lippen ließ er die Trauungszeremonie über sich ergehen, so als handle es sich um eine lästige Angelegenheit, die er schnell hinter sich bringen wollte.

Es war das Fest der Feste, das nun im Schloss von Versailles folgte. Tausende von Schaulustigen säumten die Straßen und Wege und ließen es sich nicht nehmen, trotz des schweren Unwetters, das in den Nachmittagsstunden des 16. Mai 1770 über Versailles niederging, hier auszuharren, um einen Blick auf das junge Paar zu werfen.

König Ludwig XV. hatte alles aufgeboten, was im luxuriösen Frankreich anlässlich großer Feste aufzubieten war. Keiner der Angehörigen der französischen Hocharistokratie fehlte im festlich beleuchteten Prunksaal im Schlosse von Versailles. Sie bildeten in ihren kostbar schimmernden mit glitzernden Edelsteinen versehenen Roben, den richtigen Rahmen für das junge Brautpaar, das zusammen mit der Königsfamilie, den drei unvermählten Töchtern des Königs und den beiden Brüdern des Bräutigams, sowie einer Hand voll auserwählter Gäste, vor aller Augen das aus vielen Gängen bestehende Festmahl einnahm.

Alles, was die junge Marie Antoinette an ihrem Hochzeitstag erlebte, war so ganz anders für sie, als sie es am Wiener Hof im Kreise ihrer Familie gewohnt war. Alles um sie herum muss ihr wie ein riesiges Spektakel vorgekommen sein, ihre eigene Hochzeit schien ihr wie eine Theateraufführung, in der sie die Hauptrolle zu spielen hatte. Und da sie sich schon von frühester Kindheit an für das Theater begeistern konnte, genoss sie auch diese Vorstellung, die das Leben für sie bereit gehalten hatte, in vollen Zügen. Sie war zu unreif und zu unerfahren, dass sie die Gefahren erkennen konnte, die sich hier am gleißenden französischen Hof für sie auftaten, sie sah die Fußangeln nicht, in die sie immer wieder hineintappen sollte, bis sie sich wie Klammern um ihre Füße schlossen.

Es gab kein wirkliches Leben am Hofe von Versailles, alles, was sich abspielte, war Zeremonie. Der einzig Normale in dieser Welt des Scheins war ihr angetrauter Gemahl, der junge Ludwig. Ihm war das Leben, das er zu führen gezwungen war, unangenehm, beinahe zuwider. In seiner einfachen Art suchte er nicht diese hohle Art der

Zerstreuung, ihm hätte es genügt, wenn die Hochzeit nur halb so prunkvoll ausgefallen wäre. Dann hätte wahrscheinlich auch nicht halb Europa in ihrer beider Ehebett geschaut, um dann überall auszuposaunen, dass der junge Mann nicht fähig war, die Ehe zu vollziehen. Denn alles, was sich hinter verschlossenen Türen abspielte, blieb kein Geheimnis, die Spitzel lagen auf der Lauer und berichteten haarklein, was sich oder vielmehr nicht im Schlafgemach der beiden jungen unerfahrenen Leute abgespielt hatte.

Die jungen Eheleute hatten einen denkbar schlechten Start in ihre gemeinsame Zukunft, obwohl einer dem anderen nicht unsympathisch war. Es erstaunte wahrscheinlich alle, dass Marie Antoinette von Anfang an Ludwig eine gewisse Zuneigung entgegenbrachte, da sie trotz ihrer Jugend seine charakterlichen Qualitäten schon bald erkannte. Ihrem Traummann allerdings sollte sie erst später begegnen.

Ihrer Mutter, der Kaiserin aus Wien, berichtete sie am 9. Juli 1770 über ihr neues Leben:

»Der König hat tausend Freundlichkeiten für mich und ich liebe ihn zärtlich, doch tut er einem wegen seiner Schwäche für Madame Dubarry leid, die das dümmste und impertinenteste Geschöpf ist, das man sich vorstellen kann. Sie hat jeden Abend mit uns in Marly gespielt und hat sich zweimal neben mir befunden; doch hat sie mit mir nicht gesprochen und ich habe nicht gerade versucht, mit ihr ein Gespräch anzuknüpfen; wenn es aber nötig war, habe ich doch zu ihr gesprochen.«

Diese Zeilen erstaunen, da sich Marie Antoinette in der Zukunft standhaft weigerte, mit der Mätresse des Königs wenigstens ein paar Worte zu wechseln, worüber Ludwig XV. äußerst indigniert war. Erst als Maria Theresia vom Verhalten der Tochter der Dubarry gegenüber nähere Details erfuhr, befahl sie Marie Antoinette, dieser unmöglichen Situation ein Ende zu machen. Nicht der Dubarry oder ihrer Anhängerschar sollte sie eine Freude bereiten, sondern einzig und allein Ludwig XV. Die Kaiserin formulierte ihre Vorstellungen folgendermaßen:

»Sie haben die Dubarry nicht anders zu kennen und anzusehen als eine am Hofe und zur Gesellschaft des Königs zugelassene Dame ... irgendein gleichgültiges Wort, ein freundlicher Blick, nicht der

Dame, sondern Ihrem Großvater, Ihrem Gebieter und Wohltäter zuliebe!« Maria Theresia erreichte durch ihr ständiges Einwirken auf ihre Tochter letztlich doch, dass Marie Antoinette eines Tages über ihren Schatten sprang und beinahe wie zufällig die belanglosen Worte an die Mätresse des Königs richtete: »Es sind heute viele Leute in Versailles!« Ludwig XV. war über diesen banalen Satz fast zu Tränen gerührt. Hatte die »Enkelin« doch dadurch öffentlich zu erkennen gegeben, dass die Dubarry für sie in Zukunft keine Unperson mehr war, so glaubte der französische König wenigstens. Dass sich Ludwig grundlegend getäuscht hatte, konnte er freilich nicht ahnen, denn nie mehr richtete Maria Antoinette auch nur eine einzige Silbe an die verhasste Frau.

Es waren vor allem die drei Töchter des Königs, die 38-jährige Madame Adelaide, ihre Schwester Madame Victoire, die ein Jahr jünger war, und die dritte im Bunde Madame Sophie, die die junge Frau gegen Madame Dubarry eingenommen hatten. Alle drei waren unvermählt und sahen ihre Aufgabe darin, Intrigen bei allen Gelegenheiten zu spinnen, selbst innerhalb der eigenen engsten Familie. Daher machten sie natürlich vor der jungen, unerfahrenen Österreicherin nicht Halt, die sich immer wieder vertrauensselig an die »Tanten« wandte, ihnen alles glaubte, was sie von sich gaben, und ihre doppelzüngigen Ratschläge befolgte, die sie unter dem Deckmantel des Wohlmeinens erteilten.

Natürlich hatte die Mutter im fernen Wien durch ihren Informanten, den österreichischen Botschafter Mercy-Argenteau, der ihrer Tochter mit Rat und Tat in Frankreich zur Seite stehen sollte, längst erfahren, welche Rolle die drei »Tanten« im Leben der jungen Frau spielten. Voll Sorge warnte sie die gutgläubige junge Frau beinahe in jedem ihrer Briefe, nicht »in beschämender Weise Leuten, die Sie unterjocht haben, gefällig zu sein, Leuten, die sie als Kind behandeln und Ihnen Reiten zu Pferd, auf Eseln, mit Kindern und Hunden ermöglichen! Das sind die wichtigsten Gründe, die Sie eher an diese Leute als an Ihren Gebieter binden, die Sie auf die Dauer lächerlich machen und Ihnen die Liebe und Achtung entziehen werden. Sie haben einen so guten Anfang gemacht. Ihre Figur, Ihr Urteil sind immer richtig und bestens, wenn sie nicht von anderen beeinflusst werden. Lassen Sie sich von Mercy führen. Welches andere Interesse hätten ich und er als nur Ihr Glück und das Wohl des Staates? Lösen Sie sich los von den gegenteiligen Vorbildern: Ihnen kommt es nach dem König zu, den Ton anzugeben, und Sie sollen sich nicht wie ein Kind führen lassen, wenn Sie sprechen wollen.«

Aber trotz der ständigen Ermahnungen durch die Mutter lief Marie Antoinette beinahe vom ersten Tag ihrer Anwesenheit in Frankreich an ins offene Messer, das nicht nur die »Tanten« gegen sie geschliffen hatten, sondern auch ihre beiden Schwager, die Brüder Ludwigs, der Graf von Provence und Graf von Artois. Die junge Frau konnte nicht erkennen, dass die lustigen und charmanten Brüder ihres eher einsilbigen Gemahls es von Anfang an darauf abgesehen hatten, ihr zu schaden. Denn sie rechneten sich selber Chancen auf den Thron aus, nachdem allgemein bekannt worden war, dass der Bruder nicht imstande war, Nachkommen zu zeugen. Was sie damals bei ihrem Ränkespiel freilich nicht wissen konnten, war, dass sie durch ein launiges Schicksal nach den Wirren der Revolution und der napoleonischen Kriege ohnedies tatsächlich einer nach dem anderen den französischen Thron besteigen sollten, als Ludwig XVIII. und nach dessen Tod sein Bruder als Karl X.

Nachdem die Festmusik in Versailles verhallt war und auch in Paris der Alltag wieder eingekehrt war, fand die Dauphine endlich Zeit, ihrer Mutter über ihr neues Leben ausführlich zu berichten, das mit so viel Prunk, aber auch mit vielen Tränen begonnen hatte. Denn in Paris hatte ein riesiges Abschlussfest am 30. Mai stattgefunden, wobei der König das Volk zu Musik und Tanz, aber auch zu einem Gratismahl eingeladen hatte. Auf seine Order hin waren riesige Mengen von Brot und Wein zur Place Louis Quinze, der heutigen Place da la Concorde, geschafft worden. Die Stimmung hätte nicht besser sein können, es wurde ausgelassen getanzt und gelacht und so mancher kräftige Schluck auf das Wohl des jungen Paares getrunken. Niemand konnte ahnen, dass das Fest in einem gewaltigen Unglück enden würde. Man hatte es nämlich verabsäumt, die einfachsten Vorsichtsmaßnahmen zu treffen, denn rund um den Platz befanden sich riesige Baugruben, die weder gesichert noch abgedeckt waren. Im Trubel der Festesfreude, die noch durch Feuerwerkskörper angeheizt wurde, kam es plötzlich zur Katastrophe. Einige Männer und Frauen erschreckten sich über die Detonationen der Raketen und stoben kopflos auseinander. In ihrer Panik übersahen sie die Baugruben und stürzten hinein. Ein schreckliches Chaos war die Folge, das damit endete, dass man 139 Tote und mehrere hunderte Verletzte zu beklagen hatte. Verflogen war die Hochstimmung, zurück blieben Trauer, Tränen und die Wut des Volkes auf die Schuldigen: Marie Antoinette, die Dauphine, die »Autrichienne«, eine junge Frau wurde ganz plötzlich als Sündenbock hingestellt, derentwegen die Veranstaltung zustande gekommen war. Hätte der junge Ludwig nicht sie, eine Österreicherin, geheiratet, wäre der Pariser Bevölkerung viel Leid erspart geblieben! Der Himmel hatte ein Zeichen gegeben, es würde kein Segen auf der Verbindung des Hauses Bourbon mit dem Haus Habsburg liegen!

Von diesen Vorgängen in Paris erfuhr Marie Antoinette freilich nicht allzu viel, denn die Informationen, die sie erhielt, waren gefiltert. Was allerdings hätte das vierzehnjährige Mädchen in dieser unvorhersehbaren Situation tun sollen? Sie hatte ja den Boden von Paris noch nicht einmal betreten und hatte keine Ahnung davon, was sich hinter den Kulissen gegen sie zusammenbraute.

Inmitten der neuen Umgebung, die sie aufzusaugen begann und die ihr kaum Zeit ließ, eigene Gedanken zu fassen, schrieb sie voller Heimweh an ihre Mutter in Wien am 12. Juli 1770:

»Ich kann nicht sagen, wie sehr ich von der Güte gerührt war, die mir Eure Majestät in Ihren Briefen zeigen; und ich schwöre Ihnen, daß ich noch keinen Ihrer teueren Briefe ohne Tränen des Bedauerns in den Augen empfangen habe, weil ich von einer so zärtlichen und guten Mutter getrennt bin; und obwohl ich mich hier sehr wohl fühle, würde ich doch heiß wünschen, zurückzukehren, um wenigstens für einen Augenblick meine teuere und geliebte Familie zu sehen.«

Der Tagesablauf war, wie es damals üblich war, minutiös für den Dauphin und die Dauphine eingeteilt. »Ich will Ihnen also sagen«, schrieb sie an Maria Theresia, »daß ich um zehn oder neun oder neuneinhalb Uhr aufstehe. Nachdem ich mich angekleidet habe, sage ich mein Morgengebet. Dann frühstücke ich und gehe darauf zu meinen Tanten, wo ich gewöhnlich den König finde (Ludwig XV. nahm in den Appartements seiner Töchter gewöhnlich am Vormittag den Kaffee ein, Anm. d. Verf.).

Das dauert bis zehneinhalb Uhr. Darauf, um elf Uhr, gehe ich mich frisieren. Mittags ruft man den Hofstaat und nun kann jedermann eintreten, ausgenommen jene, die nicht zum Adel gehören. Ich lege mein Rouge auf und wasche meine Hände vor allen Leuten. Hierauf entfernen sich die Herren, die Damen bleiben, und ich kleide mich vor ihnen an. Um zwölf Uhr ist die Messe. Wenn der König in Versailles ist, gehe ich mit ihm, meinem Gemahl und meinen Tanten zur Messe. Ist er nicht da, gehe ich allein mit dem Dauphin, aber immer zur gleichen Stunde. Nach der Messe dinieren wir beide vor den Leuten. Aber das ist um halb zwei Uhr zu Ende, denn wir essen beide sehr schnell. Nachher gehe ich zum Dauphin. Wenn er etwas zu tun hat, gehe ich in mein Appartement zurück und lese, schreibe oder arbeite. Ich mache nämlich ein Wams für den König, mit dem ich nicht weiterkomme. Ich hoffe aber, daß es mit Gottes Hilfe in einigen Jahren fertig sein wird. Um drei Uhr gehe ich nochmals zu meinen Tanten, wohin der König zu dieser Stunde kommt; um vier Uhr kommt der Abbé zu mir, jeden Tag um fünf der Klavierlehrer oder der Gesangslehrer bis sechs Uhr. Um halb sieben gehe ich fast immer zu meinen Tanten, falls ich nicht spazieren gehe. Sie müssen wissen, daß mein Gemahl fast immer mit mir zu den Tanten geht. Von sieben Uhr bis neun spielt man. Wenn es aber schön ist, gehe ich zu einem Spaziergang aus, und dann findet das Spiel nicht bei mir, sondern bei den Tanten statt. Um neun Uhr soupieren wir. Wenn der König nicht da ist, kommen die Tanten zu mir soupieren. Wenn der König aber anwesend ist, gehen wir nach dem Abendessen zu ihnen. Wir erwarten den König, der gewöhnlich um drei Viertel elf Uhr kommt. Ich aber lege mich unterdessen auf ein großes Kanapee und schlafe bis zur Ankunft des Königs. Wenn er aber nicht da ist, gehen wir um elf Uhr schlafen. Das ist unser ganzer Tag. Über das, was wir an Sonn- und Feiertagen machen, behalte ich mir vor, Ihnen ein anderes Mal zu berichten …«

Wahrscheinlich war Maria Theresia nicht sehr glücklich, als sie diesen Brief erhielt, zeigte er doch, dass die Tochter sich den ganzen Tag über mit unwesentlichen Dingen beschäftigte, die für eine zukünftige Königin von Frankreich keineswegs bedeutungsvoll waren. Kein Wort schrieb Marie Antoinette, dass sie für ihre zukünftige Aufgabe in irgendeiner Weise vorbereitet wurde, alles, womit sie den lieben langen Tag verbrachte, waren mehr oder weniger Tändeleien.

Die kaiserliche Mutter konnte nicht genug Briefe an ihren Vertrauten Mercy nach Frankreich absenden, in denen sie ihn inständig bat, der verspielten Tochter doch etwas mehr Ernst beizubringen. Dass die dauernden Ermahnungen Mercys nicht im Sinne der jungen Frau waren, wusste Maria Theresia nur zu gut, aber besser eine vorübergehend verstimmte Marie Antoinette als eine Tochter, die ein Leben lang unglücklich wurde. Das war die klare Vorstellung der besorgten Mutter. Freilich versuchte sie immer wieder in ihren Briefen ihre berechtigten Tadel etwas abzumildern, ohne allerdings weiterhin konsequent eine Änderung des Verhaltens der Tochter zu fordern. Am 30. September 1771 formulierte sie dies so:
»... Nehmen Sie das, was ich Ihnen gesagt habe, nicht als üble Laune oder Gezänk. Erblicken Sie darin den stärksten Beweis meiner Liebe und Anteilnahme, dass ich es unternehme, Ihnen all das mit so viel Energie vor Augen zu führen; denn ich sehe Sie in großer Abhängigkeit und Sie haben es nötig, daß man Sie schnellstens und mit Gewalt aus ihr befreit, wenn man noch auf eine Besserung hoffen kann. Meine Ratschläge, die des Abbés, von dem ich niemals sprechen höre, und jene von Mercy, haben nichts genützt, haben Sie vor Unannehmlichkeiten nicht bewahren können ... Ich verlange nicht von Ihnen, daß Sie mit der Gesellschaft brechen, mit der Sie verkehren. Gott beschütze mich davor! Aber ich will, daß Sie eher bei Mercy Rat einholen als bei jenen anderen, daß Sie ihn öfter sehen, daß Sie mit ihm über alles sprechen und daß Sie nichts darüber, was er Ihnen sagen wird, den anderen berichten; und daß Sie aus eigenem Antrieb zu handeln beginnen. Übertriebene Gefälligkeiten sind Erniedrigungen oder Zeichen von Schwäche. Man muß seine Rolle zu spielen verstehen, wenn man geachtet werden will ... Wenn Sie sich treiben lassen, sehe ich großes Unglück für Sie voraus: nichts als Klatschereien und kleine Kabalen, die Ihr Leben unglücklich machen werden. Ich will dem vorbeugen und beschwöre Sie, die Weisungen einer Mutter zu befolgen, die die Welt kennt ...«
Aber auch das Verhältnis der beiden jungen Eheleute zueinander bereitete der Kaiserin ernsthafte Sorgen. Obwohl schon einige Monate verstrichen waren, war Ludwig immer noch nicht in der Lage, die Ehe zu vollziehen. Anfangs hatte man angenommen, dass der junge Ehemann einfach viel zu schüchtern war, um sich seiner Frau in

entsprechender Weise im Ehebett zu nähern, dann aber waren Indiskretionen bis nach Wien durchgedrungen, dass er durchaus Interesse an normalen körperlichen Beziehungen hätte, wenn ihn nicht eine geringfügige anatomische Anomalie davon abhielte. Obwohl ein diesbezüglicher kurzer operativer Eingriff selbst für die damalige Zeit nicht mit Komplikationen verbunden war, sollte es Jahre dauern, bis sich der Dauphin auf dringendes Zureden seines Schwagers Joseph II., der unter einem Pseudonym eigens nach Paris gereist war, zu diesem kleinen Schnitt entschloss.
Wie ein Lauffeuer verbreiteten sich die Klatsch- und Tratschgeschichten aus dem Schlafgemach des zukünftigen Königs von Frankreich über ganz Europa. Ausgerechnet dem Enkel des »Vielgeliebten« musste so etwas passieren! Aber so sehr man sich diese Pikanterie auf der Zunge zergehen ließ, so wenig Bedeutung maß die eigentlich Betroffene zunächst dieser Angelegenheit bei. Marie Antoinette war zur Zeit ihrer Hochzeit ganze 14 Jahre jung und unerfahren, für sie bedeutete das Unvermögen ihres ungeschickten Ehemannes noch keine Tragik, obwohl sie in ihren Briefen an ihre Mutter diesen heiklen Punkt zur Sprache brachte. Vor allem als ihr Maria Theresia nach der Hochzeit ihres Bruders Ferdinand im Geheimen mitgeteilt hatte, dass der Bruder nicht nur von seiner Braut entzückt war, sondern sie auch schon in der ersten Nacht zu seiner Frau gemacht hatte. Marie Antoinette schrieb daraufhin der Mutter, nachdem sie einen Brief von Ferdinand erhalten hatte:
»Der Brief meines Bruders hat mir eine Freude gemacht, die ich nicht schildern kann. Es scheint mir, daß ich ihn deshalb noch mehr liebe. Er wird sicherlich ein guter Gatte sein, der seine Frau glücklich machen wird. Ich glaube, nicht schlecht gehandelt zu haben, als ich, der ersten Regung folgend, das kleine Geheimnis dem Herrn Dauphin anvertraute! Mein Ton war zwar nicht vorwurfsvoll, aber er wurde dennoch ein wenig verlegen. Ich habe immer gute Hoffnung. Er liebt mich sehr und tut, was ich will, und wird alles beenden, wenn er weniger Hemmungen haben wird.«
Zunächst begnügte sich Marie Antoinette mit der ungeschickten Zärtlichkeit ihres jungen Ehemannes. Dann aber entdeckte sie, dass man sie in Gesellschaft zu hofieren begann, nicht nur als Dauphine von Frankreich, sondern vor allem als entzückende junge Frau. Die

galanten französischen Kavaliere umgarnten sie mit ihrem Charme und ihrer Bewunderung auf Schritt und Tritt. Und sie hätte kein junges Mädchen sein müssen, das an einen eher langweiligen Mann verheiratet worden war, hätte sie sich nicht in dieser Verehrung gesonnt. Als Mittelpunkt der »Jeunesse dorée« genoss sie das leichte Leben in vollen Zügen und schon bald gab es kaum ein Fest in einem der prachtvollen Schlösser, dem nicht Marie Antoinette durch ihre Anwesenheit den eigentlichen Glanz verlieh. In immer gewagteren Kleidern tanzte sie ganze Nächte durch oder versuchte ihr Glück an den Spieltischen. Aber Fortuna zeigte sich ihr gegenüber äußerst launisch – die junge Frau verlor manchmal in ein paar Stunden ein Vermögen.
All dies blieb kein Geheimnis und in kürzester Zeit begannen Gerüchte zu kursieren, die nicht nur besagten, dass die »Autrichienne« Nacht für Nacht jenes Geld verspielte, das man dem hungernden Volk abgenommen hatte, sondern auch, dass sie ihrem jungen Ehemann nicht nur einmal Hörner aufgesetzt hatte. Man konnte sich nämlich bei Gott nicht vorstellen, dass die schöne junge Frau sich tatsächlich damit begnügte, im Bett ihres Mannes wie eine Nonne zu schlafen.
Natürlich hatte Mercy die Kaiserin in Wien über das verschwenderische Leben ihrer Tochter eingehend informiert. Voll Sorge hatte Maria Theresia diese Berichte entgegengenommen und eindringlich Marie Antoinette ermahnt, ihren Feinden keinen Gesprächsstoff für neue Gerüchte zu liefern. Sie schrieb: »Wenn man einmal dieses Gleichgewicht verloren hat, kann man es nicht mehr oder nur mit viel Anstrengung wiedererlangen; und dazu neigen Sie nicht sehr, wie ich glaube, weil Sie sehr Ihre Bequemlichkeit lieben.«
Was Marie Antoinette in ihrer jugendlichen Unbekümmertheit nicht erkannte oder erkennen konnte, war die Tatsache, dass sie die Liebe des französischen Volkes schon verloren hatte, bevor sie sie erringen konnte.
Daran änderte sich auch nichts, als sie vor der festgesetzten Zeit König Ludwig XV. bat, die Erlaubnis zum Einzug in Paris zu geben. Denn offiziell war das Thronfolgerpaar den Parisern noch nicht präsentiert worden. Freilich hatte Marie Antoinette bei ihrem Mann durchgesetzt, dass sie heimlich kostümiert in Paris den Opernball

besuchten und sich dort etwas umsahen. Die Maskerade gelang, man erkannte sie nicht und so war es ihnen möglich, einen Abend wirklich inkognito zu verbringen.
Vielleicht wäre es Marie Antoinette im Laufe der Jahre durch ihr reizendes Äußeres und ihren sprichwörtlichen Charme gelungen, das Herz der Pariser zu erobern, hätten sich nicht die politischen Zustände so stark verändert, dass sich alles Herkömmliche von heute auf morgen umwälzte. Denn König Ludwig XV., immer noch ein attraktiver Mann, erkrankte ganz plötzlich an den Pocken. Die Krankheit hatte ihn in so einem Ausmaß befallen, dass die herbeigerufenen Ärzte nicht die geringste Chance auf Rettung sahen. Der »Vielgeliebte« verfaulte buchstäblich bei lebendigem Leibe, ohne Linderung seiner Schmerzen, da es niemand wagte, dem sich auflösenden königlichen Körper nahe zu kommen. Sein Tod 1774 machte seinen erst 18-jährigen Enkel beinahe über Nacht zum König von Frankreich. Beinahe entsetzt hatte der junge Ludwig ausgerufen, als man ihm die Nachricht vom Ableben seines Großvaters überbrachte: »O Gott, beschütze uns, wir sind ja noch viel zu jung, um zu regieren!« Ludwig XVI. übernahm die Krone seiner Vorfahren in einer Zeit, in der auch ein älterer, besser geschulter Mensch nicht gewusst hätte, wo er anfangen und wo er aufhören sollte. Der Staat war schon lange bankrott, einige hundert Angehörige des Hochadels beuteten das millionenstarke Volk bis auf den letzten Sous aus und auch die Kirche kannte keine christliche Nächstenliebe und forderte von den Bauern beinahe den letzten Strohhalm. Der Korruption waren Tür und Tor geöffnet, die Günstlingswirtschaft bei Hofe trieb bizarre Blüten. Dazu kam der unselige Krieg mit England in den Kolonien in Amerika, der nur mit einer Niederlage Frankreichs enden konnte.
Die Lage für den jungen König war schon am Tag der Krönung in Reims hoffnungslos. Und obwohl er die löbliche Absicht hatte, alles daran zu setzen, der Ungerechtigkeit und Ungleichheit die landauf, landab herrschten, einen Riegel vorzuschieben, hätte es beinahe göttlicher Eingebung bedurft, um eine allseits zufrieden stellende Lösung dieser völlig verfahrenen Situation des Staates zu finden.
Mit Ludwig XVI. war ein Mann auf den Thron gelangt, der für das bezahlen musste, was seine Vorfahren in ihrem Machtrausch und

in ihrer Vergnügungssucht angerichtet hatten. Ein unschuldiger Biedermann, der als Privatmann ein glückliches Leben hätte führen können, beglich die Zeche, wobei der junge König mit gutem Willen und bestem Wissen und Gewissen sich redlich bemühte, Licht ins aussichtslose Dunkel zu bringen. Aber er war viel zu wenig informiert und geschult worden, um sich in dem Wirrwarr, das ihn umgab, zurechtzufinden. Obwohl er sich kompetente Leute als Berater engagierte, kämpfte er gegen Windmühlen, da nicht nur seine beiden intriganten Brüder jede Möglichkeit nützten, um das leicht glimmende Feuer der allgemeinen Unzufriedenheit systematisch zu schüren, sondern er auch feststellen musste, dass seine Land- und Steuerreformen, die er sofort einleiten ließ, entweder nicht verstanden wurden oder nicht verstanden werden wollten. Alles nämlich, was er anordnen ließ, rief die Ablehnung der Besitzenden, des hohen Adels und der hohen Geistlichkeit hervor und selbst die Bauern und Handwerker sahen mit scheelen Augen auf die neuen Erlässe und zeigten sich ihnen gegenüber argwöhnisch. Wie konnte ein Mann die Armut im Lande lindern wollen, dessen eigene Frau nicht wusste, wie sie die Staatsgelder in ihrer Vergnügungssucht mit vollen Händen zum Fenster hinaus werfen sollte. Und die beiden Brüder des Königs unterstützten sie dabei noch aus vollen Kräften. Außerdem wusste niemand so recht, wie viel französisches Geld über sie ins Ausland floss, namentlich nach Österreich, das den Franzosen trotz des Vertrages von 1756 noch immer suspekt geblieben war. Aber dennoch brach man in dieser Zeit den Stab noch nicht endgültig über der »Autrichienne«, denn ab und zu gab es Situationen, in denen Marie Antoinette es verstand, Sympathien in der Bevölkerung für sich zu erwecken. Am 14. Januar 1776 berichtete sie voller Stolz an Maria Theresia:

»Die Federn und Zungen sagen viele Dinge, doch sind sie nicht so gemeint. Der beste Beweis, daß sie nicht hassen, ist die Tatsache, daß sie bei der geringsten Gelegenheit Gutes sagen und sogar viel mehr Lob spenden, als man verdient. Ich habe eben einen Beweis dafür erhalten. Es hat einen schrecklichen Brand im Palais gegeben, in dem man über die Prozesse in Paris urteilt. Ich sollte am selben Tag in die Oper gehen; ich bin aber nicht hingegangen und habe zweihundert Louis für die dringlichsten Bedürfnisse geschickt. Vom Augenblick des Brandes an haben dann dieselben Leute, die das üble Geschwätz und die Chansons gegen mich wiederholt haben, mich bis in den Himmel gehoben.«

Diese Sympathiekundgebungen für die junge Königin waren jedoch nur kurzfristig, schnell besann man sich wieder darauf, was für ein liederliches Leben sie führte, das dem Volk vor allem durch diverse verunglimpfende Chansons vor Augen geführt wurde. Bis heute ist nicht ganz geklärt, inwieweit der eigene Schwager Graf von Provence an der Verfassung dieser Pamphlete gegen die Schwägerin beteiligt war. Über die Auswirkungen seines hinterhältigen Handelns war er sich wohl selbst nicht im Klaren. Marie Antoinette vertraute ihm lange Zeit, doch allmählich gingen auch ihr die Augen über dessen dubiosen Charakter auf. In einem Brief an ihre Mutter schrieb sie am 12. November 1775:

»Er (Graf von Provence, Anm. d. Verf.) verbindet aber mit einem sehr schwachen Charakter ein schleichendes und manchmal sehr niedriges Benehmen. Er bedient sich bei seinen Geschäften, und um zu Geld zu kommen, kleiner Intrigen, worüber ein anständiger Privatmann erröten würde …«

Wie in so manchem ihrer Briefe ging Marie Antoinette auch in diesem wieder einmal auf ihre unbefriedigende eheliche Situation ein:

»Der König scheint seine Liebe und sein Vertrauen zu mir zu verdoppeln und ich habe in dieser Hinsicht nichts zu wünschen. Wegen des wichtigen Umstandes, der die Liebe meiner teueren Mama beunruhigt, tut es mir sehr Leid, Ihnen nichts Neues mitteilen zu können; die Nachlässigkeit kommt sicherlich nicht von meiner Seite. Ich fühle mehr denn je, wie dieser Umstand für mein Los bedeutsam ist; doch muß meine teuere Mama erkennen, daß meine Lage mißlich ist und ich keine anderen Mittel als Geduld und Sanftmut habe. (Ich habe noch immer guten Grund zur Hoffnung, denn der König schläft gewohnheitsmäßig bei mir.)« Und um ihre besorgte Mutter zu beruhigen, fügte sie noch hinzu, daß sie, könnte sie zwischen den drei Brüdern, dem Grafen von Provence, dem Grafen von Artois und Ludwig wählen, sie trotz aller Probleme den wählen würde, »den mir der Himmel beschert hat: sein Charakter ist wahrhaftig, und obgleich er linkisch ist, ist er mir gegenüber von jeder nur möglichen Aufmerksamkeit und Gefälligkeit. (Es ist richtig, daß es genug Gerede über die Operation gegeben hat. Bis jetzt ist aber nichts geschehen und ich bin sehr im Zweifel, ob sich der König dazu entschließt. Unglücklicherweise vermehren noch die Ärzte seine Unentschlossenheit; der meine, ohne sie für notwendig zu halten, glaubt, daß sie sehr nützlich wäre. Der Arzt des Königs, der ein alter Faselhans ist, sagt, daß es ebenso nachteilig wäre, sie durchzuführen, wie es nicht zu tun …

Wir werden dieses Jahr viel weniger Quardrillen und Nachtbälle haben, was jeden Ball weniger ermüdend machen wird … Wir befinden uns in einer Epidemie von satirischen Chansons …

Auch ich bin nicht verschont worden; (man hat mir sehr freigebig beiderlei Neigungen, die für Frauen und Liebhaber, unterstellt.) Obwohl die Bosheiten in diesem Lande genug Gefallen finden, sind diese so platt und von so üblem Ton, daß sie keinen Erfolg haben, weder in der Öffentlichkeit noch in der guten Gesellschaft.«

Wie grundlegend sollte sich Marie Antoinette täuschen! Sie übersah in ihrer Naivität die ersten Anzeichen der Ablehnung durch das französische Volk, sie bemerkte nicht die verschlossenen Gesichter, wenn sie irgendwo auftauchte, und sie registrierte viel zu spät, dass man eigentlich ihre Anwesenheit als störend empfand. Das Volk war ihr zu lange keines Blickes und keiner Aufmerksamkeit wert gewesen! Auch die Kaiserin in Wien galt nicht eigentlich als leutselig, sie hielt immer eine gewisse Distanz, ganz im Gegensatz zu ihrem Sohn und Nachfolger Joseph II., der als echter Volkskaiser in die Geschichte eingehen sollte. Die Abgehobenheit der Mächtigen stellte die junge Marie Antoinette lange zur Schau, so lange, bis man sie mit Gewalt von ihrem Sockel riss! Alle, selbst die Minister, waren für sie nur Männer, die man wie einfache Diener behandeln konnte, denen man mit jeder Geste zeigen konnte, wie wenig Achtung man ihnen entgegenbrachte.

Mit sicherem Instinkt hatte Maria Theresia erkannt, wie wenig echte Menschenkenntnis ihre Tochter besaß. In ihrer Verzweiflung wandte sie sich an ihre beiden Vertrauten Mercy und den Abbé von Vermond: »Ich bin über Ihre Dienste und Anhänglichkeit, die ohne Beispiel sind, sehr gerührt; ich bin es aber auch wegen des Zustandes meiner Tochter, die mit großen Schritten ihrem Untergang entgegeneilt, da sie von niedrigen Schmeichlern umgeben ist, die sie für ihre eigenen Interessen antreiben. Unter diesen Umständen hat meine Tochter Ihre Hilfe nötig ...«

Die warnenden Briefe aus Wien häuften sich und trotzdem vermochte die Kaiserin Marie Antoinettes Lebensstil nicht zu verändern. Am 2. September 1776 erhielt Marie Antoinette wiederum einen besorgten Brief der Mutter:

»... Alle Nachrichten aus Paris melden, daß sie Armbänder um zweihundertfünfzigtausend Livres gekauft, zu diesem Zweck Ihre Einkünfte derangiert und Schulden gemacht haben, daß Sie, um dem abzuhelfen, Ihre Diamanten zu einem sehr niedrigen Preis hergegeben haben und man vermute, daß Sie den König zu so unnützen Ausgaben veranlassen, die seit einiger Zeit von Neuem anwachsen und den Staat in die Notlage bringen, in der er sich befindet. Ich halte diese Berichte für übertrieben, doch habe ich es für notwendig erachtet, Sie über die umlaufenden Gerüchte zu informieren, weil ich Sie so zärtlich liebe. Solche Geschichten durchbohren mein Herz, insbesondere wenn ich an die Zukunft denke ... Ich kenne nur zu sehr diesen Hang zur Verschwendung; ... Verlieren Sie nicht durch solche Frivolitäten das Ansehen, das Sie von Anfang an gewonnen haben; man kennt den König als sehr bescheiden, weshalb die ganze Schuld nur auf Sie fallen würde. Ich möchte eine solche Veränderung nicht überleben ...«

Der Lebenswandel ihrer Tochter beunruhigte die Kaiserin zutiefst: Wahrscheinlich überlegte sie alle möglichen Strategien, um Marie Antoinette aus dieser Gesellschaft herauszuziehen, mit der sie sich umgab:

»... Auf die Dauer wird Ihre Gesundheit allen diesen Rennen und durchwachten Nächten nicht widerstehen; wenn es noch in Gesellschaft des Königs geschähe, würde ich schweigen; aber immer ohne ihn und nur mit der übelsten Pariser Gesellschaft und den jüngsten Leuten, so daß die Königin, die reizende Königin, fast die Älteste von dieser ganzen Kumpanei ist! Wie haben sich diese Gazetten, diese Zeitungen ... verändert! In ihnen ist jetzt nur mehr von Pferderennen, Hasardspielen und durchwachten Nächten die Rede, und zwar solcherart, daß ich sie nicht mehr sehen will; ich kann aber nicht verhindern, daß man mir davon spricht, denn alle Welt ... spricht zu mir über sie und erzählt mir von ihnen.«

Das Hauptanliegen der kaiserlichen Mutter allerdings war nach wie vor der Vollzug der Ehe, denn ohne Lösung des leidigen Bettproblems hatte die Tochter in Frankreich ohnehin keine Zukunft. Mit wehmütigen Gefühlen musste Marie Antoinette erleben, wie ihre Schwägerinnen Kinder zur Welt brachten, während sie sich immer noch vergeblich um ihren Gemahl bemühte. Wie ein Hoffnungsstrahl erschien ihr daher die Nachricht aus Wien, dass ihr Bruder, Kaiser Joseph II., die Absicht hatte, dem französischen Königspaar einen Besuch abzustatten, um mit dem königlichen Schwager die Eheangelegenheit zu besprechen. Alles sollte rein familiär ablaufen, denn Joseph wollte nicht als Kaiser von Österreich nach Frankreich kommen, sondern als Bruder die Schwester besuchen. Er wählte daher das Inkognito eines Grafen von Falkenstein und legte allergrößten Wert darauf, dass ein »großes Empfangsappartement« vermieden wurde. Er wollte sich, wie es seiner aufgeklärten Art entsprach, ein umfassendes Bild von den Zuständen in Frankreich machen und dies erschien ihm nur möglich, wenn er beinahe als Privatmann durch die Lande reiste.
Für die Schwester bedeutete das Wiedersehen mit dem Bruder nicht nur die Erfüllung eines Herzenswunsches, sie hoffte auch, dass Joseph in seiner nüchternen Art ihrem Mann die Notwendigkeit eines Eingriffes klar vor Augen stellen würde. Und sie war sicher, Ludwig würde auf die Argumente des kaiserlichen Schwagers hören.
Joseph II. alias Graf Falkenstein traf am 18. April 1777 in Paris ein. So wie es ihm die Mutter vorgeschlagen hatte, ließ er sich ausführlich von Mercy über die Zustände am französischen Hof Bericht erstatten und hörte mit Entsetzen, wie sehr die Schwester in ein vertändeltes Leben abgeglitten war, das mittlerweile auch durch die Hetzkampagnen des preußischen Königs Friedrich II. an den europäischen Höfen Tagesgespräch geworden war. Dabei musste man nicht allzu viele Lügen hinzufügen, um die Königin in Misskredit zu bringen, denn es war nicht nur in Versailles allgemein bekannt, dass sich Marie Antoinette, obwohl sich die politische Situation immer mehr zuspitzte, nach wie vor mit ungemein liederlichen Personen, unter denen sich auch Engländer befanden, umgab, und das in einer Zeit, in der Frankreich mit England in den Kolonien im Kriegszustand war! Wurde etwa die Königin zur Verräterin der französischen

Interessen, begann man sich schon bald landauf landab zu fragen. Über eine Hintertreppe gelangte der Kaiser in die Gemächer seiner Schwester. Die Geschwister hatten einander Jahre nicht gesehen. Als sie sich plötzlich gegenüberstanden, übermannte beide die Rührung. Herzlich drückte Joseph die kleine Schwester an sich und gestand ihr charmant, dass er, wäre sie nicht seine Schwester, nicht widerstehen könnte, eine so schöne Frau um ihre Hand zu bitten. Heute schon wäre es sein ausdrücklicher Wunsch, dass sie einmal, sollte sie – was das Schicksal verhindern möge – Witwe und kinderlos sein, unbedingt nach Wien an den Kaiserhof zurückkehren müsse.
Es war für Joseph keine leichte Aufgabe, die er übernommen hatte, der Schwester die Leviten zu lesen. Aber nach dem günstigen Introitus, hörte sich Marie Antoinette die Ermahnungen des Bruders in Ruhe an und versprach ihm, in sich zu gehen und vieles abzustellen.
Nachdem der Kaiser sich mit der Schwester ausgesprochen und ihr schriftliche Verhaltensratschläge erteilt hatte, wandte er sich den Problemen seines Schwagers zu. Und Joseph fand den richtigen Ton in dieser delikaten Angelegenheit, denn Ludwig XVI. versprach dem Kaiser in die Hand, die längst fällige Operation durchführen zu lassen. Beruhigt konnte Joseph II. die Schwester und den Hof von Versailles wieder verlassen, obwohl er an seine Mutter folgende Zeilen schrieb:
»Ich habe Versailles mit Schmerz verlassen, weil ich wahrhaftig meiner Schwester zugetan war. Ich habe bei ihr jene Art von Annehmlichkeiten des Lebens gefunden, auf die ich verzichtet habe; doch sehe ich, daß mich die Vorliebe dafür nicht verlassen hat. Sie ist liebenswürdig und charmant; ich habe mit ihr Stunden über Stunden zugebracht, ohne gewahr zu werden, wie sie vergingen. Ihre Rührung bei meiner Abreise war groß, ihre Haltung gut. Ich habe alle Kraft für meine Beine nötig gehabt, um fortzugehen.«
Und alles traf so ein, wie man sich dies am Kaiserhof in Wien und am Hof von Versailles gewünscht hatte. Endlich war Ludwig XVI. in der Lage, die Ehe mit der Frau zu vollziehen, die er schon lange von ganzem Herzen liebte. Aber erst im April 1778 berichtete sie ihrer Mutter, dass nach vielen falschen Hoffnungen, die sie sich gemacht hatte, endlich eine Schwangerschaft eingetreten sei – acht Jahre nach ihrer Eheschließung!
Aber dieses Ereignis kam im Frankreich der damaligen Zeit reichlich

spät. Vor einigen Jahren hätte man sich vielleicht noch über eine Schwangerschaft der reizenden Königin gefreut, aber Marie Antoinette hatte längst alle Karten der Sympathie verspielt. Nicht nur ihre exzessive Lebensweise hatte dazu beigetragen, auch ihre ständige Verbindung mit ihrer habsburgischen Mutter und ihrem Bruder, dem Kaiser, der nach dem Tod des bayerischen Kurfürsten seine Hände nach Bayern ausgestreckt hatte. Frankreich sollte ihm bei seinen politischen Aktionen behilflich sein. Weder die zuständigen Minister noch der König konnten sich für die bayerische Angelegenheit erwärmen. Man befürchtete, dass sich durch eine Annexion dieses Nachbarlandes der Einfluss- und Machtbereich der Habsburger noch mehr vergrößern würde.

Und das war wirklich das Letzte, was man in Europa brauchen konnte. Daher zog auch der preußische König Friedrich II. mit aller Macht gegen diesen Plan zu Felde.

Wahrscheinlich hätte man sich in Frankreich bei weitem in dieser Sache nicht so engagiert, wäre nicht die Vermutung nahe gelegen, dass die Königin ihre Hände im Spiel hatte. Und dieser Vorgang war in den Augen des französischen Volkes absolut verwerflich. Die »Autrichienne« zeigte endlich ihr wahres falsches Gesicht! Es war für Marie Antoinette längst zu spät, sich zu ändern, zu zeigen, dass sie als echte Königin für die Belange des Volkes da sein wollte, dass sie keineswegs die Interessen der Habsburger vertreten würde, sondern die Frankreichs. Niemand glaubte ihr mehr, keiner bedachte sie mit einem freundlichen Lächeln, wenn sie sich zeigte, keine Hand regte sich zur Akklamation, wenn sie durch die Straßen fuhr. Lediglich dem König billigte man noch den guten Willen zu, alles ändern zu wollen. Es war wie ein letzter Kredit, den man ihm einräumen wollte, eine allerletzte Chance, den verfahrenen Karren herumzureißen. Aber Ludwig XVI. war trotz aller Anstrengungen, die er unternahm, nicht der Mann, der dieses Wunder hätte vollbringen können.

Marie Antoinette fühlte zwar die Ablehnung des Volkes, hoffte aber immer noch, durch die Geburt der Kinder – sie hatte als Erstes eine Tochter zur Welt gebracht – die Sympathien des französischen Volkes zurückzugewinnen. Als sie in den 80er-Jahren aber durch eine üble Intrige in die so genannte »Halsbandaffäre« (»l'affaire du collier de la reine«) hineingezogen wurde, erkannte sie viel zu spät, dass sie keine Chancen mehr hatte. Obwohl sie nicht die geringste Ahnung von dem gewaltigen Betrug hatte, der hinter ihrem Rücken stattgefunden hatte, stand sie am Ende in den Augen der Richter als schuldige Auftraggeberin da. Der verantwortliche Kardinal Rohan, der die Gunst der Königin erringen wollte, wanderte zwar in die Bastille, aber auf dem Wege dorthin wurde er von den Massen des Volkes wie ein Held umjubelt.

Die Bastille war zu dieser Zeit eine Art Nobelgefängnis, in das die Gefangenen ihren eigenen Hofstaat mitnahmen, Gastmähler gaben und ein Leben führen konnten, das keinerlei Entbehrungen für sie brachte. Sie war alles andere als eine Zwingburg der Monarchie, die man unter allen Umständen und mit allen Mitteln erstürmen musste. Hätte das Volk von Paris gewusst, wie luxuriös die Appartements der vornehmen Insassen ausgestattet waren, niemals hätte man am 14. Juli 1789 mit Stangen und Spießen bewaffnet versucht, die Tore gewaltsam aufzubrechen, um die drei Gefangenen zu befreien und im Triumph durch Paris zu führen. Aber die Bastille war für den einfachen Franzosen das Symbol der unumschränkten Macht des Königs, das es zu zerstören galt.

Mit dem Sturm auf die Bastille wurde eine neue Epoche in der französischen Geschichte eingeläutet. Und nicht nur für die Franzosen brachen völlig neue Zeiten an, auch in den anderen europäischen Ländern verfolgte man mit Besorgnis die Ereignisse, die sich in Frankreich benahe überschlugen. Denn mit einem Mal waren dem Mann auf der Straße die Augen aufgegangen, von einem Moment auf den anderen wagten es Menschen, die bisher nur geduckt durchs Leben gegangen waren, nicht nur den adeligen Herren ins Auge zu schauen, sondern auch die verschiedenen Dienste und Aufgaben zu verweigern. Von heute auf morgen waren alle Maßstäbe, die jahrhundertealter Tradition folgend gegolten hatten, von Grund auf verändert. Und obwohl der junge König versucht hatte, die teilweise unmenschlichen Zustände, namentlich die der Bauern, zu ändern, registrierte niemand mehr die Anstrengungen, die Ludwig XVI. unternahm. Der König von Frankreich und sein Hof schienen der Bevölkerung das Urübel zu sein, das es zu beseitigen galt, natürlich in Verbindung mit der Abschaffung des Adels und der hohen Geistlichkeit. Der Bürger wurde plötzlich das Maß aller Dinge.

Marie Antoinette, die sich seit der Geburt ihrer Kinder sehr verändert hatte und in ihrer Mutterrolle aufzugehen schien, verfolgte die Zustände in Paris mit zunehmender Sorge. Wo sollte es hinführen, wenn der Mob in den Straßen die Zukunft bestimmen würde, wenn ein Wort des Königs für alle uninteressant geworden war und man kaum mehr ruhig schlafen konnte? Immer mehr suchte sie Verbindung mit konservativen Kräften, um eine Möglichkeit zu schaffen, sich gegen die revolutionären Rädelsführer durchsetzen zu können. Sie hatte Vertraute, auf die sie sich absolut verlassen konnte, zu denen vor allem der schöne Axel von Fersen zählte, ein schwedischer Adeliger, den die Königin schon lange als ihren glühenden Verehrer kannte. Fersen war seit Jahren in Marie Antoinette verliebt, versuchte aber alles, um sie und sich in keiner Weise in Versuchung zu bringen, da er die Aussichtslosigkeit seiner Neigung nur zu genau kannte. Dass Marie Antoinette ihn wahrscheinlich doch erhören würde, was aus einem Brief hervorgeht, der die Zeiten überdauerte, konnte er freilich damals noch nicht ahnen. Über Fersen versuchte die Königin auch die Monarchen des Auslandes über die brisante Lage in Frankreich zu informieren. Dabei hoffte sie, dass man im übrigen Europa nicht tatenlos zusehen würde, wie eine der ältesten Monarchien zu Grabe getragen wurde.

Vielleicht war Marie Antoinette tatsächlich die Einzige am Versailler Hof, die die Gefährlichkeit der Situation wirklich durchschaute. Denn Ludwig XVI. wollte oder konnte nicht glauben, dass seine durchgreifenden Reformen auf so unfruchtbaren Boden fallen sollten. Als ihm die Augen aufgingen, war es für eine Änderung aller Zustände längst zu spät. Denn aus dem zunächst noch lokal begrenzten revolutionären Funken war inzwischen ein hell loderndes Feuer geworden, angeheizt durch den Beschluss der Aufhebung des Feudalsystems durch die Nationalversammlung und durch die »Erklärung der Menschen- und Bürgerrechte« am 26. August 1789. Freiheit, Gleichheit, Brüderlichkeit hießen die neuen Devisen, die es galt, in die Tat umzusetzen.

Die neuen Ideale sollten vor allem der König und seine Familie zu spüren bekommen. Daher ging es nicht an, dass er weiterhin in Versailles gleichsam ein Märchenprinzen-Dasein führte, er musste nach Paris, wo man ihn jederzeit zwingen konnte, weitere Reformen zu

Marie Antoinette mit ihren Kindern im Jahr 1787.

unterschreiben. Die neuen Machthaber in Frankreich, die Anführer der revolutionären Banden, trugen als weithin sichtbares Kennzeichen die rote Phrygenmütze, das Kennzeichen der Jakobiner. Danton, Marat und Desmoulins hatten mit ihren zündenden Reden die besitzlosen Massen und die Fischweiber von Paris aufgewiegelt, die sich mit Piken und Dreschflegeln, Scheren und Mistgabeln bewaffneten, um dem König in Versailles die Hölle heiß zu machen. Unter lautem Gegröle und unflätigem Gekreische brach sich der Mob Bahn durch die wundervollen Gärten und stach jeden Diener gnadenlos nieder, der sich ihm in den Weg stellte. Den König und vor allem die

Königin wollte man endlich in die Hände bekommen. Dabei verhielt man sich Ludwig XVI. gegenüber noch halbwegs menschlich, der aufgebrachte, aufgehetzte Pöbel hatte nämlich nur ein Ziel: Der verhassten »Autrichienne« wollte man das Herz aus dem Leibe reißen! Im allerletzten Moment gelang es Marie Antoinette, unerkannt durch eine Hintertür zu fliehen, um sich in Sicherheit zu bringen.
Unter strenger Bewachung wurde das Königspaar im Triumphzug nach Paris gebracht, wo die Familie Quartier in den Tuilerien nehmen musste, einem Schloss, das dem Herzog von Artois gehört hatte, aber schon seit vielen Jahren nicht mehr modernisiert worden war.
Das Rad der Revolution drehte sich in diesen Monaten der Jahre 1789 und 1790 täglich weiter, und obwohl König Ludwig XVI. sich immer wieder bereit zeigte, Neuerungen anzuerkennen und auch die entsprechenden Dekrete zu unterzeichnen, konnte doch die königliche Familie überdeutlich spüren, dass die Zukunft nicht allzu rosig aussehen würde.
Längst hatte sich Marie Antoinette aus der Öffentlichkeit zurückgezogen, aber je mehr sie jedes Auftreten vor dem Volk vermied, umso mehr tuschelte man hinter ihrem Rücken über ihre angebliche Unmoral. Und immer mehr tauchte bei den einzelnen Versammlungen, die man keineswegs mehr geheim abhielt, die Frage auf, warum man so eine verkommene Königin eigentlich noch in Frankreich dulden sollte. Der König war ein armer Narr, der sich von dieser Frau an der Nase herumführen ließ. Für viele war Ludwig XVI. bemitleidenswert an der Seite dieser modernen »Messalina«.
Obwohl das Leben in den Tuilerien für die königliche Familie halbwegs erträglich war und sich immer noch ein paar Menschen fanden, die es wagten, öffentlich in der Nationalversammlung für den König einzutreten, konnte Marie Antoinette allmählich ihren Mann davon überzeugen, dass eine Flucht an die holländisch-luxemburgische Grenze in der nächsten Zeit unumgänglich werden würde, wollte man sich nicht der Gefahr aussetzen, Freiwild für den Pariser Mob zu werden. Mit dem treuen Freund Axel von Fersen wurde ein genauer Fluchtplan ausgearbeitet, wie die königliche Familie unbemerkt aus Paris und außer Landes gebracht werden sollte. Im selbst gewählten Exil konnte dann der König – umgeben von loyalen Truppen – eine Gegenrevolution vorbereiten.

Am 20. Juni 1791 verließ die königliche Familie im Schutz der Dunkelheit tatsächlich Paris, begleitet von nur einer Hand voll Freunden. Was man bei dem Fluchtplan nicht bedacht hatte, war, dass die Kutsche, die Axel von Fersen aufgetrieben hatte, viel zu auffällig war. In dem kleinen Ort Varennes hielt am 22. Juni 1791 ein Kontrolleur die luxuriöse Kalesche an und erkannte zu seinem übergroßen Erstaunen den König und seine Familie, obwohl alle in bürgerliche Kleidung gehüllt waren. Diese Entdeckung erregte im ganzen Ort ungeheures Aufsehen, der König wurde aus der Kutsche gezerrt und den Leuten unter Schmährufen vorgeführt. Anschließend mussten sich Ludwig XVI., Marie Antoinette und ihre Kinder in einen Wagen zwängen, in dem schon zwei Männer in Uniform saßen. Diese Soldaten hatten zweierlei Aufgaben: Einerseits sollten sie die königliche Familie zurück nach Paris bringen und andererseits waren sie für den Schutz des Königs und seiner Angehörigen zuständig, da die aufgebrachte Menge einige Male drauf und dran war, die Flüchtigen zu lynchen.
Erschöpft, verängstigt und zu Tode deprimiert gelangten die Gefangen zurück nach Paris, wo man sie ab diesem Zeitpunkt Tag und Nacht bewachte. Am 28. Juni schrieb Marie Antoinette nur wenige Zeilen an Axel von Fersen, der alles bis ins kleinste Detail vorbereitet und nur einen winzigen Fehler begangen hatte:
»Seien Sie über uns beruhigt: wir leben. Die Führer der Nationalversammlung scheinen bei ihrem Benehmen Milde walten zu lassen. Sprechen Sie mit meinen Verwandten über die draußen zu unternehmenden Schritte … wenn sie Angst haben, muß man sich mit ihnen verständigen.«
Was Marie Antoinette in ihrer Lage nicht wissen konnte, war, dass die europäischen Mächte, aber auch ihr habsburgischer Bruder Leopold, der nach dem frühen Tod von Joseph II. auf den Kaiserthron gefolgt war, wenig Interesse an der Lage des Königs von Frankreich und seiner Familie hatten.
Beinahe verzweifelt folgte am 29. Juni ein weiterer Brief an Fersen:
»Ich lebe … Wie bin ich Ihrerwegen beunruhigt gewesen und wie beklage ich Sie wegen aller Leiden, die Sie erdulden, weil Sie ohne Nachrichten von uns sind. Der Himmel wird mir erlauben, daß dieser Brief Sie erreicht. Schreiben Sie mir nicht. Das würde uns ge-

fährden; und kommen Sie vor allem unter keinem Vorwand hierher zurück. Man weiß, daß Sie es sind, der uns von hier fortgebracht hat; alles wäre verloren, wenn Sie hier erscheinen würden. Wir werden Tag und Nacht nicht aus den Augen gelassen; das ist mir gleichgültig ... Seien Sie ruhig, es wird mir nichts geschehen. Die Nationalversammlung will uns mit Milde behandeln. Leben Sie wohl! ... Ich werde Ihnen nicht mehr schreiben können.«

Die Schreiben Marie Antoinettes waren in einer komplizierten Chiffre verfasst, deren Entschlüsselung auch Fersen zunächst große Schwierigkeiten bereitete. Und trotz dieser Geheimschrift war die Königin übervorsichtig und teilte dem Freund nur beiläufig mit, wie triste die Situation für sie geworden war. Sie verheimlichte ihm, dass sie gezwungen wurde, sich vor den Wachen an- und auszuziehen und in Anwesenheit von weiteren Bewachern zu Bett zu gehen. Die hämischen Bemerkungen, die von Seiten der Männer fielen, sind nirgendwo überliefert, ließen aber sicherlich das Blut in den Adern der Kaisertochter jedes Mal aufs Neue erstarren. Auch wenn sie ihren Sohn aufsuchen wollte, konnte sie dies nur in Anwesenheit von zwei Offizieren tun.

Es gab nicht mehr viele Lichtblicke im Leben der französischen Königin, das so heiter begonnen hatte. Einzig und allein der Gedanke an Axel von Fersen schien sie aufrechtzuhalten. Am 4. Juli 1791 brachte sie folgende Zeilen – natürlich chiffriert – zu Papier:

»Ich kann Ihnen nur sagen, daß ich Sie liebe, und sogar dazu habe ich kaum Zeit. Ich befinde mich wohlauf. Seien Sie meinetwegen nicht besorgt. Ich möchte nur dasselbe von Ihnen wissen. Schreiben Sie mir chiffriert durch die Post: die Adresse an H. Brown ... Lassen Sie die Adressen durch Ihren Kammerdiener schreiben. Teilen Sie mir mit, an wen ich meine Briefe, die ich Ihnen schreiben könnte, adressieren soll, denn ich kann nicht mehr ohne das leben. Leben Sie wohl, geliebtester und zärtlichster aller Menschen. Ich küsse Sie von ganzem Herzen.«

Und während Marie Antoinette versuchte, alle Demütigungen, die ihr angetan wurden, zu ertragen, wandte sich der König mit einem verzweifelten Brief an seinen kaiserlichen Schwager in Wien, in dem er den letzten Rettungsanker sah:

»Jedermann kennt die Liebe des Königs zu seinen Völkern und

die großmütige Art seines Verhaltens bei der Einberufung der Generalstände … Die Güte und Hochherzigkeit des Königs sind mit Beleidigungen sonder Zahl gegen ihn und seine Familie, mit der Gefangenschaft, in der man ihn seit fast zwei Jahren hält, vergolten worden. Der König hatte sich in alle persönlichen Opfer, die man von ihm forderte, gefügt und bereit gefunden, alle Leiden des Zustandes, in dem er gehalten wurde, zu ertragen, weil er hoffte, dass aus den Arbeiten der Repräsentanten der Nation das Glück des Königreiches entstehen und er für seine Leiden durch das Allgemeinwohl getröstet würde. Da er aber jetzt … sieht, wie jede Art von Regierung zerstört ist … hat der König den Entschluss gefasst, eine letzte Anstrengung zu machen, um seine Freiheit zurückzugewinnen und sich den Franzosen anzuschließen, die wirklich das Wohl ihres Vaterlandes wünschen; aber die Umtriebe der Aufrührer haben seinen Plan zum Scheitern gebracht; er ist nochmals verhaftet und wird Gefangener in Paris bleiben. Der König hat beschlossen, in Europa den Zustand, in dem er sich befindet, bekannt zu machen; indem er seinen Kummer dem Kaiser, seinem Schwager, anvertraut, zweifelt er nicht daran, dass er alle Maßnahmen ergreift, die ihm sein großmütiges Herz gebieten wird, um dem König und dem Königreich von Frankreich zu Hilfe zu kommen.«

Natürlich waren Marie Antoinette die Vorstellungen ihres Mannes genau bekannt, denn sie informierte auch Axel von Fersen über die Schritte, die Ludwig XVI. unternommen hatte. Auch sie hoffte auf eine Intervention der ausländischen Mächte, aber nicht durch den Einmarsch eines starken Heeres, sondern auf diplomatischem Wege. Wie immer sich das Königspaar dies bei den zunehmend chaotischen Verhältnissen vorstellte, wird nirgends erwähnt. Wahrscheinlich konnten sich beide, Marie Antoinette und Ludwig XVI., die Stimmung des Pöbels in den Straßen von Paris doch nicht so genau vorstellen, denn sonst hätten sie niemals auf eine friedliche Lösung vertraut.

In den europäischen Ländern hatte man lange, für das Königspaar in seiner bedrängten Lage zu lange, mit einem militärischen Eingreifen gezögert. Und als man sich endlich entschloss, die Waffen mit den Revolutionären zu kreuzen, verschlechterte sich die Lage für den König und seine Familie durch das Säbelrasseln, das der Herzog von Braunschweig lautstark veranstaltete, ganz entscheidend. Denn er hatte unmissverständlich gedroht, Paris dem Erdboden gleichzumachen, sollte der königlichen Familie nur ein Haar gekrümmt werden. Jetzt hatte man von Seiten der Revolutionäre Grund genug, den König der Konspiration mit dem Ausland anzuklagen und ihn als Hochverräter zu verhaften.

Es war ein Wunder, dass Ludwig XVI. den September 1792 noch überlebte, denn in diesem Monat verging kein Tag ohne sinnloses, wahlloses Gemetzel. Alle, die den Bluthunden Marat und Danton nur irgendwie verdächtig vorkamen, wurden ohne Prozess mitten auf der Straße oder in den Gefängnishöfen wie Vieh abgeschlachtet, Adelige genauso wie Fremde, Männer, Frauen und Kinder …

Der Nationalkonvent trat am 21. September 1792 zum ersten Mal zusammen. Die Monarchie wurde offiziell abgeschafft und die Republik ausgerufen. Der Prozess gegen den König stand unmittelbar bevor.

Dass die Situation ihres Gemahls vor den Richtern dieses Tribunals absolut hoffnungslos sein würde, fühlte Marie Antoinette instinktiv. Für sie gab es einzig und allein nur noch eine Hoffnung auf Rettung: den Einmarsch ausländischer Truppen in Paris, bevor es endgültig zu spät war. Mit all ihren Kräften versuchte sie in chiffrierten Briefen die Menschen, von denen Hilfe kommen konnte, auf ihre Lage aufmerksam zu machen. Aber vor allem in Österreich hatte sich die politische Konstellation entscheidend verändert. Ganz überraschend war ihr Bruder, Kaiser Leopold II., 1792 gestorben. An ihn hatte sich Marie Antoinette immer wieder flehentlich um Hilfe gewandt und der Bruder hatte stets aufs Neue versucht, einen Weg zu finden, um der Schwester und dem Schwager eine Möglichkeit zu bieten, ohne Gefahr für Leib und Leben aus der prekären Situation herauszukommen, in die beide geraten waren. So hatte er in einem Schreiben erklärt, dass die vereinigten Mächte Europas sich nur unter der Voraussetzung nicht in die inneren Angelegenheiten Frankreichs einmischen würden, wenn die monarchistische Regierung erhalten bliebe. Über geheime Informanten hatte man in Frankreich von jenen Briefen erfahren und sie geschickt abgefangen, noch bevor sie den Adressaten erreichten. Unter großem Aufsehen wurden diese Schreiben öffentlich in der Nationalversammlung vorgelesen. Dabei

konnte man allerdings auch bei schlechtestem Willen keinen Grund entdecken, um Marie Antoinette als Verräterin hinzustellen, denn die Schriftstücke des kaiserlichen Bruders und auch seines Kanzlers Kaunitz waren in ihrer diplomatischen Form meisterlich abgefasst.
Und trotzdem forderte die Nationalversammlung mit allen Mitteln den Krieg gegen Österreich, gegen den Kaiser und damit vor allem auch gegen die »Autrichienne«. Ludwig XVI. wurde am 20. April 1792 mehr oder weniger gezwungen, die Kriegserklärung gegen den Neffen seiner Gemahlin Franz II. zu unterzeichnen, der nach dem Tode seines Vaters auf den Habsburger-Thron gelangt war. Ludwig war schon lange zur Marionette der Aufständischen geworden und hatte – ob er wollte oder nicht – ihre Aufträge zu erfüllen.
In dieser schwierigen Zeit war Marie Antoinette zu einer echten Politikerin geworden, der jedes Mittel recht war, um über ihren treuen Freund Axel von Fersen mit den Feinden der Revolution im In- und Ausland Kontakt aufzunehmen. Sie hatte längst ihre französischen Seidenkleider abgestreift und war wieder zur Österreicherin geworden, zu einer echten Tochter ihrer starken Mutter. Viele, die sie schon lange kannten, waren überrascht von der Veränderung im Wesen der Königin. So viel Stärke hätte man der einst so verspielten Marie Antoinette niemals zugetraut.
Natürlich zerbrach man sich im In- und Ausland den Kopf darüber, welche Möglichkeiten es zur Rettung des Königspaares geben könnte. Prinz Georg von Hessen-Darmstadt reiste eigens auf Veranlassung der Landgräfin Louise von Hessen-Darmstadt nach Paris, um die Flucht der Königin vorzubereiten. Aber wie es den Anschein hatte, sollte nur Marie Antoinette gerettet werden, etwas, was für die Königin niemals in Frage kam. In einem Brief schrieb sie daher an ihre Freundin Louise:
»Ihr Liebe und Sorge, Madame, haben mich bis auf den Grund der Seele gerührt. Die Person, die zurückreist, wird Ihnen die Gründe sagen können, die sie so lange zurückgehalten haben … Nein, meine Prinzessin, obwohl ich den ganzen Wert Ihrer Angebote schätze, kann ich sie doch nicht annehmen. Ich bin fürs Leben meinen Pflichten und den teueren Personen geweiht, deren Unglück ich teile und die, was man auch darüber sage, alle Teilnahme wegen des Mutes verdienen, mit dem sie ihre Lage ertragen. Der Überbringer

dieses Briefes wird Ihnen Einzelheiten über die gegenwärtige Zeit und über den Geist des Ortes, an dem wir wohnen, geben können. Man sagt, daß er viel gesehen hat und richtig urteilt ...«

Noch deutlicher äußerte sich die Königin Madame Tourzel, einer Vertrauten, gegenüber:

»Mein Entschluß ist gefaßt. Ich würde es als die größte Feigheit ansehen, den König, meine Kinder in der Gefahr zu verlassen. Was wäre übrigens das Leben für mich ohne so teuere Menschen, die allein mich noch an ein so unglückliches Leben wie das meine binden können. ...« (Mémoires de la duchesse de Tourzel, II., 108)

Im Laufe der Jahre hatte sich das Band, das Marie Antoinette an ihren Gemahl Ludwig XVI. knüpfte, ungewöhnlich verstärkt. Schon seit langem hatte die Königin erkannt, dass aus dem einstmals so ungeschickten Jüngling ein achtenswerter Mann geworden war, der sie von ganzem Herzen liebte und der sich allmählich in seiner unaufdringlichen Art auch ihre Liebe und Zuneigung erworben hatte. Deshalb war es für sie ausgeschlossen, Ludwig in diesen schrecklichen Tagen heimlich zu verlassen.

Am 25. Juli 1792 war ein drohendes Manifest der Koalitionsmächte gegen die Führer der Revolution veröffentlicht worden. Dies hatte das Fass zum Überlaufen gebracht. Jetzt konnte jedermann in den Straßen von Paris und ganz Frankreich erkennen, welcher Verräter der König war. Angeführt von den Jakobinern zog der Mob vor die Tuilerien und nahm das Schloss unter Feuer. Der König, der jede Verteidigung verboten hatte, flüchtete mit seiner Familie in die Nationalversammlung, wo er mit Frau und Kindern drei Tage in einem engen, staubigen Stenographenkabinett zusammengepfercht war. Am 13. August wurde die königliche Familie unter Aufsicht der Pariser Kommune in das Gefängnis des Temple gebracht. Mittlerweile hatte man in den Tuilerien die Kästen und Truhen aufgebrochen und alles durchwühlt, was dem König gehört hatte. Dabei wurde der Briefwechsel Ludwigs XVI. mit den Konstitutionellen und anderen bisher nicht bekannten Anhängern entdeckt, Grund genug, jetzt endlich den Hochverratsprozess in die Wege leiten zu können. Die Tage des Königs von Frankreich waren gezählt.

Am 11. Dezember begann der Prozess vor dem Konvent, doch erst am 20. Januar kam es zur Abstimmung, wie das Urteil lauten sollte.

Alle hatten erwartet, dass sämtliche Deputierte für die Todesstrafe votieren würden. Die Überraschung war groß, als Ludwig XVI. nur mit einer Stimme Mehrheit zum Tode verurteilt wurde – die Stimme des Herzogs von Orléans war das Zünglein an der Waage gewesen! 361 zu 360 Stimmen!

Der Erzbischof von Tours berichtete am 27. Januar 1793 Axel von Fersen über den letzten Akt des Dramas um Ludwig XVI.:

»Am 21. um 9 ½ vormittags ist der König, eskortiert von 400 Mann Kavallerie und 1.200 Mann Infantrie, aus dem Temple gekommen. Er ist inmitten der größten Stille über die Boulevards du Temple, de Saint-Martin und de Saint-Honoré zum Schafott geführt worden … Am Fuße des Schafotts angekommen, hat er es mit großer Kaltblütigkeit hingenommen, daß man ihm seine Hände band, und ist dann mutig hinaufgestiegen.

Er hat zum Volke sprechen wollen; aber der Lärm der Trommeln hat seine Stimme erstickt. Doch haben die nahe beim Schafott Stehenden folgende – mit fester Stimme gesprochenen – Worte gehört: ›Ich verzeihe meinen Feinden und wünsche, daß mein Tod zum Glücke Frankreichs beitrage.‹

Er hat um 10 ¾ den letzten Seufzer ausgestoßen. Nachdem sein Kopf gefallen war, wurde er dem Volke gezeigt. Im selben Augenblick widerhallte die Luft von Rufen: ›Es lebe die Nation! Es lebe die französische Republik!‹

Mehrere Freiwillige haben ihre Piken, andere ihre Taschentücher in seinem Blute getränkt. Sein Körper und sein Kopf sind zur Madelaine getragen und dort begraben worden …« Der 67. König von Frankreich Ludwig XVI. war nur 39 Jahre alt geworden.

Dass die Lage für Marie Antoinette nach dem gewaltsamen Tod ihres Mannes im Temple beinahe unerträglich geworden war, darüber geben ihre Briefe genügend Aufschluss. Obwohl der eine oder andere Diener wie François-Adrien Toulan, sich im Dienste der Königin vom fanatischen Jakobiner zu einem Bewunderer der tapferen Frau gewandelt hatte, musste sie doch beinahe jedem misstrauen, der in ihrer Nähe zu ihrer Überwachung eingesetzt war.

Die Tage und Wochen schlichen in immer gleich bleibender Tristesse dahin, nur ab und zu erreichte sie über einige Vertraute ein Schreiben in chiffrierter Schrift, das sie doch wieder Hoffnung schöpfen ließ. Vor allem aber erkannte sie eine konkrete Chance zur Flucht in dem Plan, den ihr Toulan unterbreitete, nachdem es ihm gelungen war, bis zur Königin vorzudringen. Marie Antoinette und ihre Schwägerin, Madame Elisabeth, die auch im Temple gefangen war, sollten in Männerkleidung, als Revolutionäre gewandet, mit breiter Trikolore und mit Erkennungskarten versehen, die man besorgen wollte, das Gefängnis verlassen. Die Kinder sollten auf andere Weise herausgeschmuggelt werden. Wagen würden schon bereitstehen, die sie zunächst in die Normandie bringen sollten. Von dort aus war der Weg nach England nur noch kurz.

Helfershelfer für Toulan sollte Jacques-François Lepitre sein, ein ehemaliger Professor für Rhetorik, dem Toulan eine hohe Belohnung im Auftrag der Königin versprochen hatte.

Alles war bestens vorbereitet, da wurde Lepitre plötzlich von Angst befallen, die Aktion verzögerte sich um Tage, schließlich um Wochen und allmählich zerrann der Fluchtplan im Nichts. Als die Lage schon hoffnungslos schien, machte man Marie Antoinette den Vorschlag, sie allein retten zu wollen, etwas, was sie schon einmal abgelehnt hatte. Sie schrieb darüber an Jarjayes, einen Getreuen, der die Flucht in ihrem Namen finanzieren sollte, im Februar oder Anfang März:

»Wir haben einen schönen Traum gehabt, das ist alles … Sie werden immer und bei jeder Gelegenheit Charakter und Mut in mir finden; aber das Interesse meines Sohnes ist das Einzige, das mich leiten muß; und wie glücklich ich auch gewesen wäre, von hier herauszukommen, so kann ich doch nicht einwilligen, mich von ihm zu trennen … Seien Sie versichert, daß ich die Stichhaltigkeit Ihrer Gründe für mein Interesse empfinde und wohl weiß, daß sich diese Gelegenheit nicht wieder ergeben kann; aber ich könnte an nichts Freude haben, wenn ich meine Kinder zurücklassen müßte. Und dieser Gedanke läßt mir nicht einmal ein Bedauern aufkommen.«

Das Leben im Temple wurde für die Königin immer unerträglicher. Hatte man ihr zunächst noch einen gewissen Lebensstil gestattet, so wurden die Maßnahmen gegen sie, ihre Schwägerin und ihre Kinder immer mehr verschärft. Die »Witwe Capet«, wie sie nur noch genannt wurde, konnte sich ihr weiteres Schicksal nur zu genau vorstellen. Aber anstatt in Depressionen zu verfallen, zeigte sie ihren

»Marie Antoinette wird zum Schafott geführt«.
Zeichnung von Jacques Louis David.

Wärtern und Bewachern, wie sich eine Kaisertochter auch in dieser Lage zu verhalten wußte. Und dieses tapfere Ertragen aller Schikanen erregte selbst bei ihren Feinden, wenn schon nicht Bewunderung, so doch eine gewisse Achtung. In ihrer Witwentracht mit der Bürgerhaube auf dem Kopf wirkte sie selbst in den düsteren Räumen des Temple hoheitsvoll.

Während der ersten Monate des Jahres 1793 schien es fast so, als hätte man die ehemalige Königin von Frankreich vergessen. Erst Anfang Juli traf Marie Antoinette ein neuer schwerer Schlag. Man holte ihren Sohn ab, um ihn zu einem Flickschuster zu bringen, der seine weitere Erziehung übernehmen sollte. Über Antoine Simon gingen schon die Meinungen der Zeitgenossen auseinander. Bis heute ist nicht geklärt, ob dieser Mann durch seine Erziehungsmethoden Schuld am frühen Tod des Dauphins, des »Sohnes Capet«, trug oder ob das schwächliche Kind durch die Inhaftierung im Temple gesundheitliche Schäden davongetragen hatte.

Als der Sohn abholt wurde, brach die Mutter zusammen. Alles hatte sie bisher mit Geduld und beinahe gleichmütig ertragen, aber von diesem Schlag erholte sich Marie Antoinette nicht mehr. Ihr Lebenswille war gebrochen. Für sie war es keine Überraschung mehr, als man ihr am 2. August mitteilte, dass man ihr den Prozess vor dem Revolutionstribunal machen würde. Ohne Tränen nahm sie Abschied von ihrer Tochter und ihrer Schwägerin. Sie wusste, sie würde beide niemals wiedersehen.

Die wenigen Wochen in der Concièrge, dem berüchtigten Gefängnis, das jeder Insasse nur verließ, um aufs Schafott geführt zu werden, waren eine einzige Leidenszeit für die einst so blühende Frau. Ihr Haar war weiß geworden, sie wirkte müde und krank. Man gönnte ihr nicht einen einzigen Augenblick, in dem sie allein sein konnte, selbst die intimsten Handlungen wurden von neugierigen Männeraugen verfolgt. Die Wächter, die man für sie bestellt hatte, weideten sich an der Situation der so verhassten »Autrichienne«. Endlich war die Zeit der Rache gekommen. Und dies sollte sie jeden Augenblick des Tages spüren.

Als man Marie Antoinette eröffnete, dass der Prozesstermin feststand, schrieb sie am 13. Oktober einen Brief an den Präsidenten des Nationalkonvents:

»Bürger Präsident! Die Bürger Tronson und Chauveau, die das Tribunal mir zu Verteidigern gegeben hat, machen mich aufmerksam, daß sie erst heute über ihre Aufgabe unterrichtet worden sind. Ich soll morgen abgeurteilt werden und es ist ihnen unmöglich, sich in einer so kurzen Frist über die Prozeßstücke zu informieren oder sie sogar zu lesen. Ich schulde es meinen Kindern, kein wichtiges Mittel zur vollen Rechtfertigung ihrer Mutter zu unterlassen. Meine Verteidiger bitten um einen Aufschub von drei Tagen. Ich hoffe, daß der Konvent sie ihnen gewähren wird.«

Aber die Revolutionäre hatten es eilig. Das Begehren der »Witwe Capet« wurde rundweg abgelehnt und schon am nächsten Tag stand die Tochter Maria Theresias, die abgesetzte französische Königin Marie Antoinette vor dem selbst ernannten Tribunal und sah ihrem Todesurteil gefasst entgegen. Wie es zu erwarten gewesen war, hatte man ihr und ihrem Verteidiger Chauveau-Lagarde nicht die geringste Chance eingeräumt, aber was die tapfere Frau hier erlebte, trieb so manchem hartgesottenen Revolutionär die Schamröte ins Gesicht. Marie Antoinette berichtete voller Entsetzen am Morgen nach der Urteilsverkündung Details des Prozesses in einem Brief an ihre Schwägerin, den diese allerdings nie erhalten sollte:

»An Madame Elisabeth   Am 16. Oktober, um 4 ½ Uhr morgens

Ihnen, meine Schwester, schreibe ich zum letzten Male. Ich bin soeben verurteilt worden, nicht zu einem schimpflichen Tode, der nur für Verbrecher ist, sondern um mich mit Ihrem Bruder wieder zu vereinigen. Unschuldig wie er, hoffe ich, dieselbe Festigkeit wie er in seinen letzten Augenblicken zu zeigen. Ich bin so ruhig, wie man es ist, wenn das Gewissen einem nichts zum Vorwurf macht. Ich empfinde tiefen Schmerz darüber, daß ich meine armen Kinder verlasse. Sie wissen, daß ich nur für sie lebte und für Sie, meine gute und zärtliche Schwester. In welcher Lage lasse ich Sie, die Sie aus Liebe alles geopfert hatten, um mit uns zu sein, zurück! Ich habe aus dem Plädoyer des Prozesses erfahren, daß meine Tochter von Ihnen getrennt wäre. (Hier war Marie Antoinette falsch unterrichtet, die Trennung erfolgte erst am 10. April 1794, als man die Schwester des Königs, Madame Elisabeth, zum Schafott führte, Anm. d. Verf.)

Ach, das arme Kind! Ich wage es nicht, ihr zu schreiben, sie würde meinen Brief nicht erhalten … Mögen sie beide (gemeint sind die Kinder, Anm. d. Verf.) an das denken, was ich nicht aufgehört habe, ihnen einzuflößen: daß nämlich die Grundsätze und die genaue Erfüllung ihrer Pflichten das Hauptfundament des Lebens bilden und daß ihre Liebe und ihr Vertrauen zueinander ihr Glück begründen werden … Mögen sie sich an uns ein Beispiel nehmen. Wie viel Trost hat uns in unserem Leid unsere Liebe gespendet! … Möge mein Sohn niemals die letzten Worte seines Vaters vergessen, die ich ihm ausdrücklich wiederhole: daß er niemals unseren Tod zu rächen suche.«

In den folgenden Zeilen berichtete Marie Antoinette von einer für sie entsetzlichen Situation, der sie während des Prozesses ausgesetzt

war. Denn am 6. Oktober hatte sich eine Sache zugetragen, die nur perverse Gehirne hatten ausbrüten können. Hébert und Chaumette waren in den Temple gegangen, hatten den erst acht jährigen Ludwig, der jetzt Charles Louis Capet genannt wurde, betrunken gemacht und dem verängstigten, gepeinigten Kind eingeredet, es habe mit seiner eigenen Mutter Inzest getrieben. Als man Marie Antoinette diese absurde Beschuldigung vortrug, verlor sie für einen Moment ihre Gefasstheit und schrie entsetzt auf:
»Wenn ich darauf nicht geantwortet habe, so deshalb, weil sich die Natur dagegen sträubt, auf eine solche Anschuldigung gegen eine Mutter zu antworten.« Und an die Zuhörer gerichtet rief sie aus:
»Ich wende mich an alle Mütter, die sich hier befinden mögen.«
Allgemeiner Tumult brach aus, sodass der Prozess unterbrochen werden musste.
Nun stiegen, als Marie Antoinette den Abschiedsbrief an ihre Schwägerin verfasste, noch einmal diese grauenvollen Minuten in ihr auf. In eindringlichen Worten bat sie Elisabeth, dem Sohn mitzuteilen, dass die Mutter ihm verziehen habe, da er in seiner Naivität nicht gewusst hatte, was er getan hatte.
»Ich weiß, wie sehr Ihnen dieses Kind Kummer bereitet haben muß. Verzeihen Sie ihm, meine liebe Schwester; denken Sie an sein Alter und wie leicht es ist, ein Kind sagen zu lassen, was man will und sogar, was es nicht versteht ...
Ich sterbe im katholischen, apostolischen und römischen Glauben, in der Religion meiner Väter ... Ich bitte alle diejenigen, die ich kenne ... um Verzeihung ... Ich verzeihe allen meinen Feinden das Böse, das sie mir zugefügt haben ...
Leben Sie wohl, meine gute und zärtliche Schwester! Möge Sie dieser Brief erreichen ... Ich küsse Sie von ganzem Herzen, ebenso wie die armen und teueren Kinder. Mein Gott, wie herzzerreißend ist es, sie für immer zu verlassen! Leben Sie wohl, leben Sie wohl!«
Als der Morgen bleiern heraufzog, waren die letzten Stunden für Marie Antoinette angebrochen. Man hatte, um jeden Fluchtversuch absolut zu verhindern, bewaffnete Patrouillen auf Brücken, Plätzen und in den Straßen postiert, durch die der Karren mit der Königin seinen Weg zum Richtplatz nehmen sollte.
Um 11 Uhr wurden die Türen des düsteren Raumes, in dem Marie

Antoinette ihre letzten Wochen verbracht hatte, aufgerissen und die Frau wurde, nachdem man ihr die Hände auf den Rücken gebunden hatte, wie eine Verbrecherin abgeführt und auf den Revolutionskarren gestoßen. Hier fuhr sie, die seinerzeit als ganz junge Frau vom Volk umjubelt worden war, in einem weißen Piketkleid, die Witwenhaube über dem kurz geschorenen Haar, zum letzten Mal durch die Straßen von Paris, verhöhnt und geschmäht. Sie zeigte nicht die geringste Emotion, ihr Gesicht schien wie ausgelöscht zu sein, als sie an der vieltausendköpfigen Menge vorbeigebracht wurde. Nur einmal schien sie eine gewisse Rührung zu überfallen, als sie die Gärten der Tuilerien von weitem erblickte.

Man musste die Tochter Maria Theresias nicht aufs Schafott zerren, hoch erhobenen Hauptes betrat sie die Richtstätte. Als ihr Kopf unter dem Fallbeil fiel, schrie das sensationslüsterne Volk wie aus einem Munde:

»Es lebe die Republik!«

Die Mutter Brasiliens

LEOPOLDINE

»… und da that ich denn, was er wünschte, in der festen Überzeugung, dass man, wenn man den Willen seiner Ältern erfüllt, gewiss glücklich ist, in jeder Lage, denn du weisst aus Erfahrung, dass eine Prinzessin nie handeln kann, wie sie will …«, schrieb die junge habsburgische Erzherzogin Leopoldine an ihre Lieblingsschwester Marie Louise und ahnte bei ihren kindlich gehorsamen Worten nicht, dass diese absolute Unterordnung unter die Wünsche anderer sie das Glück ihres Lebens kosten sollte. Denn so wie es für sie kein »Nein« gab, wenn es galt, die Anordnungen des »lieben Papa« zu erfüllen, die sich meist kein anderer als der allmächtige Fürst Metternich ausgedacht hatte, so war Leopoldine auch nicht imstande, sich nach ihrer Verheiratung mit dem Erben von Brasilien Dom Pedro gegen die Behandlung aufzulehnen, die ihr der »hohe Gemahl«, ein ungehobelter Bursche, schon nach ganz kurzer Zeit, als für ihn der Reiz des Neuen verflogen war, angedeihen ließ.
Freilich waren die Töchter von Kaiser Franz II. (I.) in ihrem Gehorsam Kinder ihrer Zeit. Denn die Welt hatte sich nach den Napoleonischen Kriegen grundlegend verändert. Der mächtige Mann in Österreich hieß Klemens Fürst Metternich, dem es schon auf dem Wiener Kongress durch seine raffinierte Taktik gelungen war, alle politischen Fäden zu ziehen. Im Laufe der Jahre konnte er seinen Einfluss auf Kaiser Franz verstärken und es dauerte nicht allzu lange, da beherrschte er nicht nur den Kaiser von Österreich, sondern auch dessen Familie. Daneben ließ er nichts unversucht, auch die anderen europäischen Mächte fest in den Griff zu bekommen, wobei er in der Wahl seiner Mittel, dieses Ziel zu erreichen, nicht gerade zimperlich war. Macht war der einzige Aspekt, der für ihn zählte. Schon früher hatte er einige seiner Karten aufgedeckt, als er seinem an der Politik wenig interessierten Herrn, Kaiser Franz, den Vorschlag unterbreitet hatte, seine Tochter Marie Louise als zweite Gemahlin Napoleons,

den er in tiefster Seele als korsischen Emporkömmling verachtete, nach Frankreich zu schicken, um so an die politischen Schalthebel heranzukommen. Vergessen war, dass die Großmutter des jungen Mädchen, Caroline von Neapel-Sizilien, sich als des Teufels Großmutter bezeichnete, als sie von dem für sie unerhörten Plan erfuhr, vergessen waren auch die Aktionen am Wiener Hof, die sich gegen den Erzfeind aus Frankreich gerichtet hatten. Solange der Glücksstern Napoleons erstrahlte, identifizierte man sich in Wien mit ihm, kaum war dieser aber zum Erlöschen verurteilt, durfte der Name des Korsen am Kaiserhof nicht mehr genannt werden. Die heimgekehrte Marie Louise und deren schöner Sohn Franz sollten möglichst für immer vergessen, dass es in ihrem Leben je einen Napoleon gegeben hatte, weder als Ehemann, noch als Vater. Vorbei war schließlich vorbei. Für immer!

Auf dem lang andauernden Wiener Kongress drehte Metternich zusammen mit seinem kongenialen französischen Kollegen, dem Glücksritter Talleyrand, das Rad der Geschichte in eine ganz besondere Richtung. Beide betrachteten mit Argusaugen die weiteren Vorhaben Englands, das schließlich zusammen mit Preußen die endgültige Niederlage Napoleons bei Waterloo herbeigeführt hatte. Alles, was es in Zukunft zu verhindern galt, war die Tatsache, dass dieses Land seine Machtposition dadurch stärken würde, indem es seine Hände vor allem nach den anderen Kontinenten ausstreckte. Metternich hatte die Absichten der Briten schon durchschaut, noch ehe konkrete Maßnahmen sichtbar waren. Er erkannte, dass England sein Auge auf Portugal werfen würde, wo ein schwacher Regent, Dom João, genug Probleme innerhalb der eigenen Familie hatte. Seine Mutter, die lange nicht dem Sohn die Regentschaft übertragen hatte, düsterte im Wahnsinn dahin, seine eigene Frau Dona Charlota war charakterlich äußert fragwürdig und sein Sohn Dom Pedro hatte kaum andere Interessen als das Zureiten von widerspenstigen Pferden und – schon in früher Jugend – das Schänden von Jungfrauen. Wie sollte Dom João, der selber ein integrer Mann war, große Pläne für die Zukunft Portugals und des dazugehörenden Brasilien hegen?

Es mussten nicht erst Jahre vergehen, bis geradezu ein Wettlauf zwischen den einzelnen Großmächten um den Einfluss in Portugal be-

gann, aus dem Fürst Metternich als Sieger hervorging. Er war der Mann mit dem richtigen Trumpf in der Hand: Er bot dem König eine Prinzessin aus dem ältesten Herrscherhaus Europas als Gemahlin für den kulturlosen portugiesischen Thronfolger an.
»Tu felix Austria nube!« Und wieder sollte – wie so oft in der habsburgischen Geschichte – Politik über das Ehebett gemacht werden. Denn schließlich mangelte es gottlob am Wiener Kaiserhof nach wie vor nicht an heiratsfähigen Prinzessinnen. Immerhin sah Kaiser Franz auf eine stattliche Schar von 12 Kindern, die alle aus seiner zweiten Ehe mit seiner Cousine Maria Theresia von Neapel-Sizilien stammten. Seine erste Gemahlin Elisabeth Wilhelmina von Württemberg war kurz nach der Geburt einer Tochter im Kindbett gestorben. Aber auch ihrer Nachfolgerin, der liebenswürdigen Maria Theresia, war kein allzu langes Leben beschieden, der Tod holte sie, nachdem sie ihre dynastischen Pflichten in überreichem Maße in knapp 14 Jahren erfüllt hatte.
Unter dem Dutzend Kindern, die Maria Theresia ihrem Gatten geschenkt hatte, befand sich auch Leopoldine, die am 22. Januar 1797 das Licht der Welt erblickte. So wie ihre zahlreichen Geschwister wuchs das Mädchen in einer fast bürgerlichen Atmosphäre, die am Kaiserhof herrschte, auf, wobei die Eltern größten Wert auf eine exzellente Erziehung ihrer Sprösslinge legten. Vater und Mutter kümmerten sich persönlich um die kleinen und großen Anliegen der Kinder, lobten und tadelten sie und waren jederzeit zur Stelle, wenn sich irgendwelche Probleme auftaten. Meistens ging es lustig zu: Abendelang unterhielt man sich mit selbst erfundenen Spielen, zeichnete und malte gemeinsam, verkleidete sich oder musizierte, wobei die Mutter sicherlich die größte musikalische Begabung hatte, denn kein Geringerer als Joseph Haydn war mit der Bitte an sie herangetreten, in seinen Messen zu singen. War dann die richtige Jahreszeit gekommen, löste ein Ball den anderen ab, festlich wurden die Tanzsäle illuminiert, denn die lebensfrohe Maria Theresia liebte glanzvolle Feste, Mummenschanz und Ballette, an denen auch die Kinder ihres Dienstpersonals teilnehmen durften. In ihrer liebenswürdig natürlichen Art kannte sie keine Standesdünkel und niemand fand es verwunderlich, dass sie bei einem Tanzvergnügen ausgerechnet den Sohn ihres Kochs zum Tanzpartner ihrer Toch-

ter Marie Louise, der späteren Kaiserin von Frankreich, auswählte. Maria Theresia passte vortrefflich zu ihrem Ehemann Kaiser Franz, der ebenfalls wenig »Kaiserliches« an sich hatte. Wenn er konnte, mischte er sich in einfacher Kleidung unters Volk, wobei er sich ganz zwanglos mit den Leuten im Wiener Dialekt unterhielt. Man liebte den »guten Kaiser« dafür und zog ehrfurchtsvoll den Hut, wenn er in seiner Kutsche vorüberfuhr.

Der Kaiser konnte sich dieses angenehme Leben leisten, da ihm sein Kanzler Fürst Metternich alle anstehenden politischen Probleme abnahm. Vier Frauen hatte Franz im Laufe seines Lebens zum Altar geführt, von denen er jede aufrichtig liebte. Dennoch zögerte er nicht lange nach dem Hinscheiden einer jeden Gemahlin, sich eine neue Bettgefährtin zu suchen, ohne dabei das übliche Trauerjahr einzuhalten. Dabei spielte das Schicksal einen seltsamen Streich: Nach dem frühen Hinscheiden von Maria Theresia ehelichte er schon nach einigen Monaten Maria Ludovica von Modena-Este, eine hoch gebildete Prinzessin, und nach deren Heimgang Karoline Auguste, eine Wittelsbacherin. Hatte er mit Maria Theresia 12 Kinder gezeugt, so blieben seine beiden weiteren Ehen kinderlos!

Für die früh verwaisten Kinder hätte der Vater keine bessere Frau auswählen können als Maria Ludovica. Sie war nicht nur ungewöhnlich begabt und intelligent, sie ersetzte in ihrer liebenswürdigen und warmherzigen Art schon bald die fehlende Mutter. Unwillkürlich führte sie den Erziehungsstil Maria Theresias fort, der auf modern anmutenden Prinzipien beruhte, die einst Kaiser Leopold II., der Vater von Kaiser Franz, aufgestellt hatte:

»Man muss, indem man den Charakter der Kinder von Grund aus studiert, damit beginnen, dass man ihn nach ihren Neigungen zu bilden versucht, aber vor allem ist es notwendig, das Vertrauen der Kinder zu gewinnen, sie aufrichtig und offen zu machen und ihnen Abscheu vor jeder Lüge und Doppelzüngigkeit, Hinterlist, Klatscherei etc. einzuflößen … Man muss ihnen die einzige Leidenschaft, die sie haben müssen, beibringen, nämlich die der Humanität, des Mitleids und des Verlangens, ihr Volk glücklich zu machen. Man muss ihr Gefühl zugunsten der Armen wecken … Heutzutage, wenn unsereiner ein Land erbt, ist das nicht mehr ein wohlerworbenes Eigentum, das ihm zufällt wie früher, – sondern ein Amt, eine schwere

Last; man muss sich den Kopf zerbrechen, wie man den neuen Untertanen möglichst zu Gefallen regiere!«
Da Maria Ludovica den Kindern ihres Ehemannes eine ungewöhnliche Sympathie entgegenbrachte, flogen ihr die Herzen der kleinen Waisen wie von selber zu. Auch Leopoldine liebte die neue Mama, die sie schon bald als ihre »geistige Mutter« bezeichnete. Denn Maria Ludovica war nicht nur eine ungewöhnlich gebildete und kunstsinnige Frau, sie suchte auch den Kontakt mit den Großen ihrer Zeit. Vor allem Goethe brachte sie ihre unumschränkte Bewunderung entgegen. Der Dichterfürst, der gewohnt war, sich in der Anbetung der Damen jedes Alters zu sonnen, war mehr als geschmeichelt, als er erfuhr, welch hohe Verehrerin er gefunden hatte. Erstaunt war er allerdings, als er die junge Kaiserin persönlich kennen lernte, da er rasch erkannte, dass sie ihn nicht nur mädchenhaft anschwärmte, sondern dass Maria Ludovica in ganz ungewöhnlicher Weise an der deutschen Literatur Interesse hatte. Der Dichterfürst revanchierte sich mit zwei Gedichten, die er eigens für die Kaiserin verfasste.
Für die Kaiserkinder wurde die neue Mutter Vorbild in jeder Hinsicht. So wie ihre Geschwister auch versuchte Leopoldine alles, was die junge Stiefmutter für gut und richtig hielt, aufzunehmen und nachzuahmen. Allmählich war sie ins Backfischalter gekommen, hatte sich zu einem wenn auch nicht auffallend schönen, so doch ganz reizvollen jungen Mädchen entwickelt, dass nicht nur die blauen Augen und das blonde Haar ihrer berühmten Urgroßmutter Maria Theresia geerbt hatte, sondern auch den makellosen weißen Teint, der vor allem bei ihrer Ankunft in Südamerika die sonnengebräunte Familie ihres Ehemannes entzückte. Dass gerade diese zarte Haut alles andere als tropentauglich war, an so etwas dachte damals natürlich niemand. Wenngleich Leopoldine im Allgemeinen ein lenkbares Kind war, so brachte sie doch manchmal durch ihr heftiges Aufbegehren gegen so manche Vorschrift die Eltern in Rage, ab und zu auch dadurch, dass sie es mit der Wahrheit nicht allzu genau nahm. Diese für ein heranwachsendes Menschenkind lässliche Sünde sollte zu keinem Charakterfehler ausarten! Schon die leibliche Mutter Maria Theresia hatte streng darauf geachtet, dass die Kinder beizeiten erkennen konnten, was recht und unrecht war. Es hagelte so manche Strafe auch für Leopoldine, wenn die Eltern merkten,

Schloss Laxenburg

dass sie ihren täglichen Pflichten nicht nachkam. Heute noch finden wir Aufzeichnungen, so genannte »Erziehungsakten«, in denen die kleinen Strafen vermerkt sind, die den Kindern bei Nichteinhaltung der Vorschriften auferlegt wurden. Hier ist vermerkt: »Leopoldine heute im Profess, weil sie gar nicht lernen wollte.«

Dabei war die Kaisertochter keineswegs uninteressiert oder gar faul. Im Gegenteil: sie beschäftigte sich mit Dingen, die für ein heranwachsendes Mädchen im 19. Jahrhundert eher ungewöhnlich waren. Von Kindesbeinen an sammelte Leopoldine seltene Pflanzen, untersuchte sie und versuchte sie in ihren Gewächshäusern, die ihr der Vater hatte einrichten lassen, zu vermehren und zu kreuzen. Daneben faszinierten sie Steine aller Art. Als ihr Vater diese Vorliebe bei ihr bemerkte, schenkte er ihr nicht nur eine Mineraliensammlung, sondern auch eine Optik, eine Art Mikroskop, unter dem sie die Strukturen der Gesteine und der Pflanzen studieren konnte.

Eigentlich hätte sich Leopoldine auf dem Land mitten in der Natur, die sie liebte, viel wohler gefühlt als in Wien. Wenn der Hof im Sommer nach Laxenburg zog, wo sie nicht nur stundenlang in dem weitläufigen Park spazieren, sondern auch ihre Menagerie selber betreuen konnte, überkam sie jedes Mal ein regelrechtes Glücksgefühl. Die Natur bot ihr in jeder Hinsicht mannigfache Objekte, die sie schon als junges Mädchen mit Tinte und Tusche nicht nur laienhaft zu Papier brachte. Denn schon sehr bald hatten ihre Eltern ein außergewöhnliches Zeichentalent vor allem für die Porträtmalerei festgestellt, das durch entsprechende Lehrer, die der Vater engagierte, gefördert wurde. Um das Maß an Begabungen voll zu machen, hatte ihr Fortuna bei der Geburt noch eine gehörige Portion an Musikalität mit in die Wiege gelegt, die verbunden mit dem nötigen Fleiß fast zu einer Meisterschaft führen konnte.
So ausgerüstet fürs Leben hätte Leopoldine mit einem Mann an der Seite, der sie liebte, durchaus einer glücklichen Zukunft entgegengehen können. Aber das Schicksal hatte es ganz anders gewollt! Oder vielmehr der Mann im Hintergrund, der in Österreich heimlich regierte – Klemens Fürst Metternich –, den man mit Fug und Recht genauso wie seinen späteren Amtskollegen in Preußen Fürst Bismarck den eisernen Kanzler nennen könnte. Der Berater von Kaiser Franz hegte seinen eigenen Pläne mit den Kaisertöchtern. Er hatte Leopoldine zunächst, als die politische Konstellation es noch für ratsam hielt, als Braut für August von Sachsen vorgesehen. Dann aber hatte sich im Laufe des Wiener Kongresses alles von Grund auf geändert und Metternich erkannte, dass er in Zukunft, sollte das Haus Habsburg in der Welt nach wie vor die erste Rolle spielen, nicht kleinräumig, sondern europäisch denken musste. Das politische Karussell hatte sich gedreht und damit auch die Ehekontrakte, die Metternich ohne Einfluss der Beteiligten abschloss, wobei es für den österreichischen Staatskanzler völlig uninteressant war, welche Ambitionen, Vorlieben, Sehnsüchte oder Wünsche die jungen Kaisertöchter hatten. Er sah in ihnen Objekte, die für Macht und Ansehen des Hauses Habsburg an den politisch »Meistbietenden« verschachert wurden.
Für Leopoldine hatte der Kanzler schon lange einen Heiratsplan entwickelt. Obwohl sie alles andere war als ein Mädchen, das er schätzte. Viel zu liberal in ihrer Einstellung wirkte sie auf ihn wie ein verzo-

genes Kind, von dem er einmal behauptete, er wüsste schon, wie er sie mit den Erziehungsmethoden des 19. Jahrhunderts zur Räson bringen würde. Auch Leopoldine war dem Berater ihres Vaters alles andere als wohlgesinnt, aber sie hatte keine Chancen, irgendwelche eigenen Wünsche durchzusetzen. Dabei war sie gerade in dem Alter, in dem junge Mädchen entdecken, dass es neben den Freundinnen auch junge Männer gab, die das Herz höher schlagen ließen. Freilich hatte ihr der eine oder andere Abgesandte am Wiener Kongress auf den vielen Bällen schöne Augen gemacht, aber es war nur einer gewesen, der sie zart erröten ließ, wenn er den Saal betrat: der Bruder des Königs von Preußen – Prinz Wilhelm! In einem Brief an ihre Lieblingsschwester Marie Louise beschrieb sie den Eindruck, den der junge Mann auf sie gemacht hatte:
»… einer der liebenswürdigsten, besten und tapfersten Prinzen, mit einer reitzenden, recht alt deutschen Physionomie, deren Reiz noch durch einen zugespitzten Schnurrbart und sehr feinen Spitzbart vermehrt werden. Er vereinigt eine außergewöhnliche Güte des Herzens und viel militärisches Talent.«
Leopoldines jungmädchenhafte Schwärmerei für den Prinzen konnte sich zu keiner großen Liebe entwickeln, denn der Bräutigam für sie stand bereits endgültig fest: Dom Pedro, der älteste Sohn von König João von Portugal, sollte ihr Ehemann werden. Die sächsische Angelegenheit wurde von Metternich schnell geregelt: Eine andere Kaisertochter heiratete den hintangestellten Bräutigam Leopoldines, sodass einer Verbindung Habsburg-Portugal-Brasilien nichts mehr im Wege stand.
Kaiser Franz hatte zwar Erkundigungen über den zukünftigen Schwiegersohn einziehen lassen, wobei die Nachrichten, die ihm übermittelt wurden, keineswegs dazu angetan waren, seine junge, unschuldige Tochter übers Meer zu schicken. Ja, die Auskünfte, die er über den jungen Dom Pedro erhielt, waren so niederschmetternd, dass der lethargische Kaiser Franz ernsthaft vorübergehend mit dem Gedanken spielte, seinen allmächtigen Kanzler von dem Heiratsplan abzubringen. Wie immer scheute Kaiser Franz jede Auseinandersetzung mit Metternich und daher stimmte er schließlich dem Eheplan wenn auch nicht begeistert, so doch zu. Genauso hatte er keinen Einwand, dass die jüngere Schwester Leopoldines, Clementine, ih-

ren eigenen Onkel heiratete, Leopold von Salerno, einen ältlichen Mann, der 150 Kilo mit ins Ehebett brachte!
Der portugiesische Bräutigam Leopoldines war kein unansehnlicher junger Mann – wenn er auch mit seinem unproportionierten Gesicht nicht unbedingt als ein Adonis einzustufen war, so doch von erträglichem Äußeren. Um die inneren Werte Dom Pedros war es allerdings schlecht bestellt: Seine Eltern hatten es von klein auf verabsäumt, den unbändigen jungen Mann in geregelte Bahnen zu lenken. Sie waren selber viel zu schwach und uneins, was die Erziehung ihres Sohnes betraf, denn zwischen Dom João und seiner nur 1,47 Meter kleinen Gemahlin herrschte von Anfang ihrer Ehe an beinahe Kriegszustand. Dona Charlota ließ mit jedem Wort durchblicken, dass sie an allen anderen Männern mehr Interesse hatte als am eigenen Ehemann. Vulgär wie sie war, spann sie hinter Dom Joãos Rücken hinterlistige Intrigen gegen ihn und nahm auch den Sohn nicht von ihrer boshaften Nachrede aus. Mit so einer Ehefrau konnte der gutmütige Dom João kein geordnetes Familienleben führen, sodass der Sohn schon in früher Jugend irgendwelchen Erziehern überlassen wurde, die bei dem willensstarken Kind nur das tun und lassen konnten, was ihr Schützling ihnen befahl. Genauso wie seine hinkende Mutter mischte sich Dom Pedro schon früh unters Volk, nicht weil er leutselig war, sondern nur, um seinen Machtgelüsten zu frönen. Denn wehe dem, der seine oft ausgefallenen Wünsche missachtete! Der arme Teufel bekam nicht selten die Reitpeitsche des Prinzen zu spüren.
So wenig beliebt die bisweilen verwahrlost wirkende Königin und ihr älterer Sohn in Brasilien waren, so viel Sympathie hatte sich Dom João erworben. Gleich nach seiner Ankunft aus Portugal hatte er alles darangesetzt, um das zersplitterte südamerikanische Land in eine Einheit zu führen, hatte versucht die sozialen Missstände zu bessern und das Los der schwarzen Sklaven zu erleichtern. Obwohl Dom João äußerlich nicht gerade ein Aushängeschild von einem Monarchen mit dem stets offenen Mund in dem schwammigen Gesicht darstellte, honorierte der einfache Mann auf der Straße seine gut gemeinten Ambitionen. Man war ihm wohl gesinnt! Daher wollte man ihn mit dem Gedicht, das in Brasilien kursierte, nicht beleidigen oder verspotten, wenn es hieß:

»Wir haben einen König,
Der heißt João
Er macht, was man ihm befiehlt,
Und isst, was man ihm gibt.
Zum Kloster Mafra fährt er gern,
Um dort zu singen den Choral.«

War man in der Familie Dom Joãos auch in den allermeisten Punkten uneins, so war die Liebe zur Musik das einzige Band zwischen den einzelnen Mitgliedern. Denn genauso wie Vater und Mutter Musikliebhaber waren – Dom João umgab sich gern mit bis zu 50 Chorsängern –, war Dom Pedro ausgesprochen musikalisch. Ganz und gar nicht laienhaft spielte er verschiedene Instrumente wie Geige, Flöte, Fagott und Posaune und bei einiger Konsequenz, die er allerdings nicht besaß, hätte er ein bedeutender Musiker werden können. Der Franzose H. Priest beschrieb Dom Pedros Unbeständigkeit folgendermaßen:

»Er ist manchmal liebenswürdig, öfter grob, liberal aus Laune, geizig aus Temperament, immer hochmütig, nie edel … unfähig aber, beharrlich und beständig zu sein.«

Man hätte geeignete, kompetente und konsequente Lehrer finden müssen, um etwas aus dem jungen Mann zu machen. Aber sein Erzieher Antônio de Arrábida war viel zu schwach, er besaß nicht die Kraft, dem ungestümen Knaben, der eine gewisse manuelle Geschicklichkeit besaß, Herr zu werden. Genauso erging es seinen Kollegen, die später dazu ausersehen waren, Dom Pedro auf sein zukünftiges Herrscheramt vorzubereiten. Johann Rademaker wäre vielleicht der Einzige gewesen, der mit starker Hand aus dem Prinzen einen vernünftigen Menschen hätte formen können. Aber er hatte von Anfang an große Probleme mit dem Tropenklima, sodass ihm kein allzu langes Leben vergönnt war.

Unerzogen, kaum gebildet, ohne Beherrschung, nur dem Vergnügen zugetan, das aus dem Zureiten wilder Pferde und den sexuellen Abenteuern mit blutjungen schwarzen Sklavenmädchen bestand, wobei er vor Vergewaltigungen keineswegs zurückschreckte, so sah der Bräutigam aus, den Metternich aus politischem Interesse der jungen Kaisertochter zugedacht hatte. Wahrlich ein »erhabener Bräutigam«, wie ihn Leopoldine später bezeichnen sollte!

Alles, was man über den Charakter Dom Pedros in Erfahrung gebracht hatte, hatte man dem jungen Mädchen wohlweislich verheimlicht. Und da sie stets von dem Glauben beherrscht war, dass ihr guter Papa nur ihr Bestes im Sinn hatte, sah Leopoldine dem »brasilianischen Abenteuer« ohne große Aufregung entgegen. Wie viel Neues, nie Geschautes würde sie hier erleben, eine Wunderwelt würde sich für sie auftun an der Seite ihres Gemahls. Noch bevor die offiziellen Urkunden unterzeichnet waren, die den Heiratsplan in die Realität umsetzen sollten, entfernte sich Leopoldine innerlich schon vom Wiener Hof, dessen Intrigen und Ränke sie ohnedies bis oben satt hatte. In ihrer Fantasie stellte sie sich ihre neue Heimat in den schönsten Farben, beinahe paradiesisch vor, denn nur so lässt sich ein Brief, den sie an ihre geliebte Schwester Marie Louise schrieb, erklären:

»... Brasilien ist ein herrlicher, sanfter Himmelsstrich, ein gesegnetes Land ... Überdies lobt man die ganze königliche Familie, sie sey voller Verstand und edler Eigenschaften ...«

Die erste indirekte Begegnung mit ihrem zukünftigen Heimatland hatte die Kaisertochter in Baden bei Wien: Hier sah sie voller Erstaunen zum ersten Mal in ihrem Leben schwarze Menschen! Der portugiesische Gesandte hatte seine dunkelhäutige Dienerschaft mit nach Österreich gebracht, die – wie hätte es damals anders sein können – eine Sensation darstellte. Aber nicht nur die schwarze Familie wurde auch von Leopoldine bestaunt, noch mehr war die Kaisertochter von den wertvollen Pretiosen und funkelnden Juwelen beeindruckt, die ihr der ferne Schwiegervater durch seinen Sonderbeauftragten, Don Pedro José Joaquim Vito de Menezes Coutinho, Marquis von Marialva, überreichen ließ. Steinreich musste die Familie ihres zukünftigen Gemahls sein, die solche Präsente zu machen verstand! Ganz wie es ihrem Wesen entsprach, steigerte sich Leopoldine in eine Art brasilianische Euphorie, all ihre Gedanken kreisten nur mehr um die Reise übers Meer, sie träumte den Traum vom Glück an der Seite eines liebenden Gemahls. Welch jähes Erwachen sollte sie kennen lernen!

Natürlich brachte es am Wiener Hof kaum jemand übers Herz, dem schwärmerischen Mädchen die Wahrheit über die wirklichen Zustände in dem unterentwickelten südamerikanischen Land kundzu-

Leopoldine Erzherzogin von Österreich.

tun, das bisher durch Korruption, Sklavenarbeit, Ausbeutung und soziale Missstände, aber auch wegen unermesslicher Schätze, die von dubiosen Geschäftemachern ausgebeutet wurden, von sich reden gemacht hatte. Nur ihre Schwester Marie Louise, die stets ein offenes Wort sprach, warnte Leopoldine in einem Brief, den sie am neunten Oktober 1816 an sie schrieb:

»... ich bitte Dich, im Namen unserer schwesterlichen Liebe, stellte Dir die Zukunft nicht zu schön vor ...«

Natürlich hatte die Schwester Recht, so wie in vielen anderen Dingen, das erkannte Leopoldine trotz ihrer Illusionen. Hatte ihr Marie Louise doch schon oft die allerbesten Ratschläge erteilt, die sie immer befolgt hatte. Als es nämlich der Schwester in Paris zu Ohren gekommen war, dass Leopoldine ihr Äußeres vernachlässigte, schickte sie sofort einen Ermahnungsbrief nach Wien, der auf fruchtbaren Boden fiel. Leopoldine versprach postwendend, dass sie sich bemühen würde, eine elegante, modisch interessierte Frau zu werden und größten Wert auf die Körperpflege zu legen. Sie liebte Marie Louise von klein auf und fand in ihr nicht nur die beste Freundin, sondern auch die Trösterin in späteren Zeiten, als die Sterne des Schicksals sich längst verdunkelt hatten.

Mit Freuden hatte Kaiser Franz die Werbung von Dom João, dem Herrscher der vereinigten Königreiche von Portugal, Brasilien und Algarbien, angenommen und sofort begann man, alle weiteren Abmachungen des Ehevertrages bis ins kleinste Detail auszuhandeln. Denn nicht nur die Mitgift des Kaisers an seine Tochter war für die Zukunft Leopoldines von Bedeutung, auch die Zusagen König Dom Joãos mussten genau geprüft und schriftlich fixiert werden. Neben den 200.000 rheinischen Gulden, die Kanzler Metternich für die Kaisertochter als Mitgift angemessen schienen, erklärte sich der portugiesische Schwiegervater bereit, Leopoldine monatlich 5.000 rheinische Gulden zum persönlichen Gebrauch zur Verfügung zu stellen. Damit sollte die Schwiegertochter in gewisser Weise von ihrem Ehemann finanziell unabhängig sein und sich verschiedene kleine Wünsche erfüllen, aber auch Almosen an die Armen geben können. Außerdem garantierte Dom João der Schwiegertochter einen standesgemäßen, gesicherten Lebensunterhalt in einem eigens für sie ausgebauten Palast, der mit modernen Möbeln nach französischer Art eingerichtet werden sollte. In diversen Zusätzen enthielt der Vertrag Passagen, die in Europa wahrscheinlich Erstaunen wegen ihrer Selbstverständlichkeit auslösten, in Brasilien aber eher befremdend wirkten.

In einem Punkt allerdings waren die Abmachungen etwas ungenau: Es war nicht dezidiert festgelegt worden, wie der Hofstaat und das Gefolge der Kaisertochter in Zukunft aussehen würden, genauso wie andere Details, die Leopoldine unmittelbar betrafen, fehlten. Spätestens nach den ersten Ehejahren sollten sich diese Unterlassungen als großer Fehler herausstellen. Aber wer dachte damals schon darüber nach, wie unbarmherzig das Schicksal mit der jungen Frau verfahren würde!

Zunächst aber hing der Himmel voller Geigen, als der portugiesische

Brautwerber glanzvoll in Wien seinen Einzug hielt. Ausgerüstet mit erstaunlich viel Geld, das ihm sein eher geiziger Herr Dom João mitgegeben hatte – immerhin wollte man der staunenden Bevölkerung im fernen Österreich den Reichtum Brasiliens vor Augen führen –, veranstaltete er in Wien ein an Prunk kaum zu überbietendes Fest, an dem die Verlobung Leopoldines mit Dom Pedro offiziell gefeiert wurde. Die Wiener waren begeistert, den Einzug der hohen Herrschaften miterleben zu können, in den Straßen wurde gesungen und getanzt, schließlich heiratete nicht so schnell eine Kaisertochter nach Brasilien – wo immer dieses Land auch sein sollte! Man war allgemein davon überzeugt, dass dort wohin der »gute Kaiser Franz« seine geliebte Tochter schickte, sicherlich Milch und Honig flossen!

Die Hochzeit per procurationem war für den 13. Mai 1817 festgesetzt worden. Und da Dom Pedro höchstpersönlich nicht anwesend sein konnte, sprach Erzherzog Karl, ein Bruder des Kaisers, den man zum Stellvertreter des Bräutigams auserwählt hatte, in der Augustinerkirche das alles entscheidende »Ja«.

Für Leopoldine war dieses Ja eine Lebensentscheidung, deren Bedeutung sie noch durch eine Art eigenes Gelübde verstärkte. Sie legte für sich schriftlich fest:

»von dem 13.t May, meinem Vermählungstage, an nehme ich mir vor:

1. Meine Heftigkeit zu bändigen, mit meinen Leuten gut zu seyn, um mich zu gewöhnen an Sanftmuth und Nachgibigkeit.
2. Will ich jeden unkeuschen Gedanken meiden, da ich schon von diesem Tage (an) meinem Gemahl angehöre.
3. Will ich mich befleissigen, mit Eifer an meiner Ausbildung zu arbeiten.
4. Will ich nun alle Mühe anwenden, immer die reine Wahrhaftigkeit zu sprechen.«

Gleich nach der Trauung begannen die umfangreichen Vorbereitungen für die Abreise Leopoldines. Alles musste genauestens geplant, durchdacht und verpackt sein, allein 42 riesige Kisten enthielten die umfangreiche Mitgift – schließlich lag ein gewaltiger Ozean zwischen der alten und der neuen Heimat der Braut. Leopoldine hatte sich, je mehr Zeit verstrichen war, durch alle möglichen Einflüsse geradezu in eine Euphorie hineingesteigert, was ihren Bräutigam betraf. Allein das geschönte Medaillon mit seinem Antlitz hatte sie in einen Taumel versetzt, in dem sie sich Schwester Marie Louise gegenüber äußerte: »Das Portrait des Prinzen macht mich noch halb narrisch; ... er ist so schön wie Adonis ... das ganze zieht an und hat den Ausdruck, ich liebe dich und will alles glücklich sehen. Ich versichere dich, ich bin jetzt schon verliebt. Wie wird es mir erst gehen, wenn ich den Prinzen alle Tage sehen werde ...?«

Leopoldine stellte sich in ihren romantischen Jungmädchenträumen die Liebe wahrscheinlich ganz anders vor als ihr lüsterner Gemahl, der in sexueller Hinsicht mit allen Wassern gewaschen war. Von ihrer Stiefmutter war sie zwar aufgeklärt worden, was in der damaligen Zeit auf eine moderne Einstellung Maria Ludovicas schließen lässt, dass aber zwischen der reinen Theorie und der variablen Praxis grundlegende Unterschiede sein konnten, davon hatte Leopoldine wenig Ahnung.

Mancherlei Probleme kamen in den kommenden Wochen auf die junge Braut zu. Vor allem das Gefolge Leopoldines musste reiflich überlegt werden. Denn nicht jedermann war willens, die weite Fahrt übers Meer auf sich zu nehmen, und Leopoldine war glücklich darüber, dass sich die beiden Maler Frick und Ender genauso wie zahlreiche abenteuerlustige Wissenschaftler und Ärzte bereit erklärten, die ungewisse Reise mit ihr anzutreten. Sie hatte nämlich als Braut schon den Plan, das riesige Brasilien nach den neuesten wissenschaftlichen Gesichtspunkten erforschen zu lassen, damit man in Europa fundierte Kenntnisse über dieses reiche, unbekannte Land erhalten sollte.

Je näher der Tag der Abreise aus Wien kam, umso zwiespältiger wurden die Gefühle der jungen Braut: Einerseits war sie voll Abenteuerlust, auf der anderen Seite wusste sie, dass sie den lieben Papa, die Geschwister, Laxenburg mit seiner Menagerie und den Gewächshäusern, aber auch alles, was ihr in Wien lieb und teuer gewesen war, vielleicht für immer zurücklassen musste. Der Abschiedsschmerz wurde ihr allerdings dadurch versüßt, dass sie in Italien endlich ihre heiß geliebte Schwester Marie Louise wieder sehen und mit ihr einige Wochen verbringen konnte, um die Zeit bis zum Eintreffen der portugiesischen Schiffe, die sie in die neue Heimat bringen sollten,

zu überbrücken. Einen Wermutstropfen allerdings musste Leopoldine auch auf dieser Reise in Kauf nehmen: Fürst Klemens Metternich hatte dem Kaiser gegenüber darauf bestanden, die junge Braut zu geleiten. Die Anwesenheit dieses verhassten Mannes war für Leopoldine allerdings nur schwer zu ertragen, denn das schlechte Verhältnis zwischen den beiden hatte sich auch im Laufe der Jahre nicht gebessert.
Der Aufenthalt in Italien dauerte für Leopoldine und ihr zahlreiches Gefolge länger als man gedacht hatte. Denn in Brasilien war es in den letzten Monaten zu Aufständen in Pernambuco gegen die Regierung gekommen, obwohl Dom João alles daran gesetzt hatte, die unglaublichen Missstände, die überall im Lande herrschten, zu beseitigen. Trotzdem wandte man sich gegen ihn. Vor allem die Geschäftemacher waren in keiner Weise an einer gewissen Ordnung im Lande interessiert, denn solange Sklavenhandel und Ausbeutung der Schwarzen, Analphabetismus verbunden mit moralischem Laster und Aberglauben in Brasilien herrschten, so lange konnten sie ihre Machenschaften betreiben. Das Land stand, als Dom João aus Portugal kam, auf der untersten Stufe eines Staates, Bildung galt als Luxus und wer Französisch sprach, wurde als Genie angesehen.
In seiner redlichen Art hatte Dom João versucht, die Verhältnisse von Grund auf umzukrempeln. Dieses Anliegen war jedoch kaum durchsetzbar, solange seine eigenen Mitarbeiter ihn boykottierten und ihm in den Rücken fielen. Dom João war zwar nicht der Mann, der Freund und Feind auf den ersten Blick erkennen konnte, eines wusste er aber ganz genau: Sein eigener Sohn, von dem er herzlich wenig hielt, sollte in der nächsten Zeit keinen Einblick in die Staatsgeschäfte bekommen. Dom Pedro war auch als sein Nachfolger von allen Regierungstätigkeiten ausgeschlossen, eine Tatsache, die zunächst befremdlich anmutet, die aber auf Grund der miserablen Beziehung zwischen Vater und Sohn durchaus erklärbar war. Erst seiner jungen Schwiegertochter mit ihrem untrüglichen politischen Gespür war es möglich, dem König die Augen zu öffnen. Aber da war es für ein vernünftiges menschliches Verhältnis zwischen Vater und Sohn längst zu spät. Von seinen Kindern schätzte Dom João eigentlich nur seine schöne, elegante Tochter Maria Theresia, die in ihrer Liebenswürdigkeit und mit ihren vielseitigen geistigen Interes-

sen das genaue Gegenteil ihres Bruders war. Dom Pedro hasste sie dafür – seiner Meinung nach hatte die Schwester ihm die Liebe des Vaters gestohlen!
Solange die desolaten Zustände in Brasilien allgemein bekannt waren, so lange fanden die Engländer nichts dabei, dass Dom João in dem südamerikanischen Land als Prinzregent seine Aufgaben wahrnahm, denn solange er dort herrschte, so lange würde Brasilien ein Dorado für Spekulanten, die vor allem aus England kamen, sein.
Aber schon bald trat etwas ein, was niemand vorhergesehen hatte: Der Wind drehte sich beinahe über Nacht: Dom João hatte sich entschlossen, seine Residenz nach Rio zu verlegen und damit wurde plötzlich alles anders. Hier war er tatsächlich mitten im Getriebe und konnte, da er mit offenen Augen durch die Welt ging, erkennen, was es alles zu ändern gab, wollte man aus dem Land endlich einen modernen Staat machen. Nicht von heute auf morgen vermochte er alles umzukrempeln, aber in Hinkunft sollte kein Ausländer mehr das Sagen haben, sondern die heimische Bevölkerung. Diese musste so geschult werden, damit sie selbst das Heft in die Hand nehmen konnte. Dazu war die Errichtung von Schulen überall im Land notwendig, denn Dom Joãos erster Kampf galt dem Analphabetentum. Gleichzeitig berief er Künstler und Wissenschaftler nach Brasilien, daneben förderte er den sich bisher in ausländischen Händen befindlichen Bergbau und unterstützte die allmählich sich entwickelnde Industrie. Damit aber seine Bemühungen auf fruchtbaren Boden fallen konnten, war es nötig, eine Zeitung zu gründen, die die Ideen des Prinzregenten verbreiten sollte. Und was niemand für möglich gehalten hatte, zeigte sich schon nach wenigen Jahren: Brasilien war auf dem Wege zu einem akzeptablen modernen Staat – eine Tatsache, die die Engländer eher mit scheelen Augen betrachteten, die um ihren Einfluss auf der anderen Seite des Ozeans fürchteten. Irgendwie musste man verhindern, dass Dom João seine Reformpläne weiter ausbaute. Daher kam den Briten der Aufstand in Pernambuco mehr als recht. Vielleicht würde Dom João durch die Unruhen gezwungen sein, in sein eigentliches Heimatland Portugal zurückzukehren!
Von all den politischen Dingen, die sich im fernen Südamerika abspielten, hatte Leopoldine zunächst keine Ahnung. Ihr war lediglich mitgeteilt worden, dass man vorerst die weitere Entwicklung in

Brasilien abwarten wollte. Erst wenn sich die Lage stabilisiert hatte, würde es für sie ratsam sein, die Reise übers Meer anzutreten. Leopoldines Schwester Marie Louise weilte an ihrer Seite – es sollten die letzten gemeinsamen Tage der beiden Schwestern sein.
Aber endlich kam doch die Stunde, die Leopoldine so sehr herbeigesehnt, aber auch gefürchtet hatte. Es hieß Abschied zu nehmen von ihrer vertrauten Umgebung, von Dienerinnen, die sie von Kindheit an betreut hatten, und vor allem von Marie Louise. Als die beiden Schwestern sich zum letzten Mal in den Armen lagen, ahnten wahrscheinlich beide, dass es kein Wiedersehen für sie geben würde.
Am 12. August hatte die Übergabe der Braut in Livorno in großer Zeremonie stattgefunden, der nicht nur die Kaiserfamilie und Fürst Klemens Metternich beigewohnt hatten, sondern auch die Abgesandten des Königs von Portugal, die die junge Braut wohlbehalten über den Ozean in ihre neue Heimat bringen sollten. Die Fahrt über den Atlantik sollte zu einer Zerreissprobe für alle werden, die an Bord der portugiesischen Schiffe weilten, obwohl man von Seiten der Portugiesen bemüht gewesen war, für die lange Zeit der Überfahrt Abwechslung und Komfort zu bieten. Die Kabinen der Braut und ihres Gefolges hatte man mit jedem nur erdenklichen Komfort, zu dem auch ein Klavier gehörte, ausgestattet, denn immerhin musste sich Leopoldine auf eine sieben- bis achtwöchige Seereise einstellen und niemand konnte vorhersagen, ob Gott Neptun der österreichischen Braut und ihren Weggefährten wohl gesinnt sein würde.
Die lange, gefährliche Fahrt über den Ozean war es gewesen, die so manchen österreichischen Würdenträger abgehalten hatte, die Prinzessin nach Brasilien zu begleiten. Es waren daher nur die engsten Vertrauten ausgewählt worden, wie die Gräfin Kuenburg, die Leopoldine das Geleit in die neue Heimat geben sollten.
Als die »Dom João VI.« mit den hohen Herrschaften an Bord bei Livorno in See stach, war das Mittelmeer halbwegs friedlich, sodass sich die »Landratten« allmählich an das Schaukeln der Schiffe hatten gewöhnen können. Aber der Schein trog, denn vor der Insel Madeira kam im Atlantik ein heftiger Sturm auf, der nicht nur ein Schiff schwer beschädigte, sondern auch Mannschaft und Passagiere wie grüne Gespenster aussehen ließ. In all dem Ungemach war die Tapferkeit Leopoldines bewundernswert, die – hundeelend wie sie sich

selbst fühlte – noch den Mut aufbrachte, ihr Gefolge zu trösten und aufzurichten. Dies überstieg zwar beinahe ihre Kräfte, aber sie wollte keineswegs zeigen, wie schrecklich diese abenteuerliche Fahrt für sie war. Denn alle anderen waren nur ihretwegen in diese missliche Situation geraten, da nur sie allein ein lohnendes Ziel vor Augen hatte: endlich dem heiß ersehnten Gemahl, dem sie schon angetraut worden war, zugeführt zu werden. Der Wettergott musste doch ein Einsehen haben!

Obwohl sich das Meer glücklicherweise allmählich beruhigte, war die Reise keineswegs angenehm. Hatte man anfangs noch alles Ungewohnte mit Neugier betrachtet, so machte sich nach einigen Tagen Langeweile breit, die vor allem der Begleitung der jungen Braut zu schaffen machte. Die Gräfin Kuenburg sprach die Stimmung, die an Bord herrschte, deutlich aus: »Man tat von früh bis abends nichts, als sich gegenseitig anöden, zu kritisieren, zu tratschen und zu lügen.«

Aber endlich kam Anfang November der Augenblick, auf den Mannschaft und Passagiere schon so sehnlichst gewartet hatten: Die Matrosen, die am Bug des Schiffes Ausschau hielten, verkündeten: »Land in Sicht!« Ein frohes Aufatmen war allseits zu hören, in den nächsten Stunden würden die Unbilden der Reise übers Meer der Vergangenheit angehören und jeder Einzelne wünschte der Prinzessin, dass ihr eine glückliche Zukunft hier in Südamerika beschert sein möge.

In Windeseile hatte man der königlichen Familie die frohe Botschaft überbracht, dass die lang erwartete Braut in Kürze eintreffen werde. Jetzt galt es schnell und zielstrebig zu handeln, denn man wollte der Tochter des Habsburger-Kaisers einen unvergesslichen Empfang in der neuen Heimat bereiten. Dom João, ein eher sparsamer Mann, war über seinen eigenen Schatten gesprungen und ließ alles an Prunk und Pomp aufbieten, wozu man damals in Brasilien in der Lage war. Spektakuläre Lichtspiele verwandelten die Küste in ein buntes Zauberland, in dem sich die dunkelhäutigen Menschen wie Fabelwesen aus einer anderen Welt bewegten. Staunend stand Leopoldine an Bord der »João VI.« und war hingerissen von der tropischen Pracht der Landschaft und den heißen Samba-Rhythmen, zu denen sich festlich fremdartig geschmückte Männer und Frauen ihr zu Ehren im Tanze wiegten.

Dom Pedro I. Bildnis in Uniform.

Dom João war mit seiner Familie der jungen Braut in einer Barkasse entgegengefahren, um sie noch an Bord in ihrer neuen Heimat zu begrüßen. Als Leopoldine erfuhr, dass sie in wenigen Stunden ihrer neuen Familie gegenüberstehen würde, erfasste sie mit einem Mal ein beklemmendes Gefühl inmitten der Lebensfreude, die sie umgab. Wie würde man sie in diesem fremden Land, in der ihr unbekannten Familie aufnehmen? War ihr Gemahl tatsächlich der Mann, nach dem sie sich seit Wochen gesehnt hatte und mit dem sie ein Leben lang glücklich werden wollte?
Die junge Frau hatte nicht viel Zeit, sich diesen Zweifeln und der Verunsicherung hinzugeben, denn ehe sie sichs versah, stand sie auf

der königlichen Barkasse, wo sie sich voller Ehrerbietung dem König zu Füßen warf. Als Dom João sie behutsam aufhob und väterlich in die Arme schloss, waren plötzlich ihre Sorgen verflogen und ein Gefühl der Gewissheit überkam sie, dass alles gut werden würde.
An der Seite des Königs entdeckte Leopoldine sofort den Mann, dem seit vielen Wochen ihr brennendes Interesse galt: Dom Pedro, mit dem sie vor Gottes Altar verbunden worden war, ohne ihn je gesehen zu haben. Von ihm allein hing das Glück ihrer Zukunft ab. Wahrscheinlich war Dom Pedro genauso neugierig auf seine Braut gewesen, konnte er, der in seinem jungen Leben schon so viele Mädchen »besessen« hatte, sich doch kaum vorstellen, dass eine Frau ihn für immer an sich binden würde. Er war während der Begrüßungsszene etwas abseits gestanden und hatte Leopoldine mit leicht geschlossenen Lidern von oben bis unten taxiert, ganz wie es seiner Art entsprach und – hatte sie für durchaus reizvoll gefunden. Leopoldine, die seine Blicke richtig deutete, errötete leicht bei dieser Musterung. Alle Frauen, mit denen der Prinz bisher Liebschaften unterhalten hatte, waren so ganz anders als diese jungfräuliche blonde Braut mit ihrer hohen Gestalt und den strahlend blauen Augen. Zumindest für einige Zeit würde er seine brasilianischen Liebchen vergessen, auch die Tänzerin Nóemi Thierry, die Einzige, mit der der Siebzehnjährige bisher eine festere Liaison gehabt hatte und die Leopoldine schon bald nach der Hochzeit auf höchst unsensible Art kennen lernen sollte, da sie von Dom Pedro ein Kind erwartete.
Zu den Hochzeitsfeierlichkeiten hatte man Rio de Janeiro an allen Ecken und Enden herausgeputzt, man übertünchte und überdeckte den Schmutz und die Armseligkeit, die in weiten Teilen der Stadt herrschten. Alles sollte festlich und glanzvoll erscheinen, um dem Ereignis die nötige Strahlkraft zu geben. Denn mit dieser Eheschließung dokumentierte König João auch seine eigene Bedeutung, nicht nur als König von Portugal, sondern auch als Regent in Brasilien. Und immerhin war der Bräutigam sein Nachfolger und zukünftiger Herr dieses reichen Landes.
Zur offiziellen Trauung in der königlichen Kapelle des Schlosses waren nicht nur die Vertreter Portugals geladen, sondern auch alle, die in Brasilien Rang und Namen hatten. Nach dem »Ja-Wort« der beiden Brautleute und dem feierlichen Te Deum fand ein opulentes

Leopoldine Erzherzogin von Österreich nach Gemälde von Natale Schiavoni.

Bankett in den Räumen des Schlosses statt, bevor die Braut von der Gräfin Kuenburg, der dies in ihrer eher prüden Art sehr schwer gefallen sein musste, ins Brautgemach geführt wurde. Allerdings widersprachen die Aussagen Leopoldines den Berichten der Gräfin, da sie ihrer Schwester ins ferne Parma wie nebenbei berichtete: »In der ersten Nacht zog ich mich zusammen mit meinem Gatten aus, wobei ich von der Königin und Schwägerin bedient wurde und der Prinz vom König und dem Schwager Miguel.«
In den ersten Wochen nach der Hochzeit schien der Ehehimmel wolkenlos gewesen zu sein, denn Leopoldine schrieb ihrem Vater und Marie Louise begeisterte Briefe über ihren liebevollen Gemahl, der ihr angeblich jeglichen Wunsch von den Augen ablas. Auch die übrige Familie, vor allem der Schwiegervater Dom João und die Schwägerin Marie Therese hatten die junge Frau ins Herz geschlos-

sen, João war überglücklich, dass sein schwieriger Sohn die richtige Frau in jeder Hinsicht geheiratet hatte. Jetzt konnte eigentlich nichts mehr schief gehen in Dom Pedros Leben, denn Leopoldine würde ihn in ihrer klugen, liebevoll-warmherzigen Art sicherlich in den nächsten Jahren auf den richtigen Weg führen und aus ihm einen fähigen Herrscher machen. Dass sie selber dabei zugrunde gehen würde, das konnte selbst der Weitblickendste zu Beginn dieser Ehe nicht ahnen.

Dom Pedro schien tatsächlich an der Seite seiner jungen Gemahlin wie verwandelt. Viele Stunden des Tages verbrachte er, der sonst voll hektischer Unruhe getrieben war, mit seiner jungen Frau in trauter Zweisamkeit. Wenn dann der Abend dunkelte, griff er zu einem Instrument und sang Leopoldine mit seiner weichen, melodischen Stimme das eine oder andere Ständchen.

Schönste Harmonie herrschte zwischen den beiden jungen Eheleuten, vor allem als Dom Pedro entdeckte, dass seine sonst so sanfte Frau eine überaus kühne Reiterin war. Mit ihr konnte er lange Ausritte unternehmen, sie wurde nicht müde, vom Sattel aus die Schönheiten ihrer neuen Heimat zu entdecken, wobei sie nicht nur von der Farbenpracht des Landes entzückt war, sondern auch von der Freundlichkeit der Bevölkerung, die ihr auf Schritt und Tritt entgegenschlug. Die junge blonde Frau hatte in ihrer liebenswürdigen Art die Herzen aller im Sturm erobert.

Obwohl Leopoldine in diesen Wochen mit ihrem Gemahl glücklich war, musste sie über vieles hinwegsehen, was sie zuerst nur aus den Augenwinkeln, später jedoch in aller Deutlichkeit wahrgenommen hatte: Die Stadt Rio de Janeiro, aber auch der königliche Palast, der zunächst luxuriös gewirkt hatte, erschienen ihr schon nach kurzer Zeit in einem völlig anderen Licht: Alles, worauf ihr Auge zunächst noch zufällig fiel, war desolat, herabgekommen und vor allem schmutzig! Hier gab es keinen Fortschritt, keine Modernität, keine Hygiene. Darüber konnte auch die elegante Einrichtung ihrer Privatgemächer nicht hinwegtäuschen, die ihr Schwiegervater eigens aus Paris hatte kommen lassen. Setzte man den Fuß nur in den Schlosshof, so musste man schon fürchten, im Morast zu versinken. Die täglichen Tropenregen zur Mittagszeit weichten den Boden auf, auf den gewohnheitsmäßig jeglicher Unrat aus dem Fenster gewor-

fen wurde. Unvorstellbarer Gestank entwickelte sich in der schwülen Tropenluft, die Leopoldine von allem Anfang an unerträglich war. Sie hatte das Gefühl, nicht mehr richtig durchatmen zu können, und sehnte sich schon bald nach der klaren Luft ihrer Heimat. Abkühlung gab es keine, da man weder den Brauch des Duschens oder Badens kannte noch war es den Angehörigen der oberen Schichten erlaubt, im Meer Erfrischung zu suchen. Leopoldine war Tag und Nacht in Schweiß gebadet, sodass sie schon nach kurzer Zeit Briefe voller Klagen über das für sie mörderische tropische Klima schrieb.
Trotz all dieser Einschränkungen hätte Leopoldine nach den ersten Ehewochen eigentlich einer frohen Zukunft entgegensehen können, hätte sich ihr Gemahl auch weiterhin so verhalten, wie er dies in der ersten Verliebtheit demonstriert hatte. Was Leopoldine nicht wusste war die Tatsache, dass Dom Pedro keineswegs der war, als der er sich gab, sonst hätte sie niemals folgende Zeilen an ihren Vater und ihre Schwester schreiben können:
»Ich bin nun schon seit zwey Tagen mit meinem Gemahl vereinigt, der nicht allein schön, sondern auch gut und verständig ist … Ich bin recht glücklich.« Oder an anderer Stelle: »Ich kann Sie nicht genug versichern meines Glücks, den mein Gemahl ist Herzens gut … Sein Fehler ist nicht, wenn vielleicht einige Leute ihn nicht so finden, so wie er seyn soll; dieses ist, weil sie ihn nicht genau kennen, den je mehr man ihn kennen lernt, jemehr gewint er zu seinem Vorteil, daher bitte ich nichts zu glauben, was man von ihm erzählt, als das, was ich schreibe.«
Kleine Zweifel standen zwischen den Zeilen, die Leopoldine am Verhalten ihres »hohen Gemahls« anklingen ließ, aber noch war sie meilenweit davon entfernt, Dom Pedros wahres Gesicht zu entdecken.
Den ersten großen Schock erlebte die junge Frau, als Dom Pedro ganz plötzlich von einem epileptischen Anfall befallen wurde. Sie hatte keine Ahnung von der Krankheit ihres Mannes gehabt und stand hilflos daneben, als sich Dom Pedro in schrecklichen Krämpfen am Boden wand. Unwissend, wie es um ihren Gemahl bestellt war, schrieb sie am 7. Dezember 1817 an ihren Vater:
»Mein Gemahl war einen Tag recht krank an Nerven und machte mir abschäulich Angst, da es bey der Nacht war und ich die einzige Hülfe war. Ich glaube, es wird mit den Jahren vergehen, da er nun

weniger davon leidet, wie alle Leute versichern, und ich glaube, Brasiliens sonderbares Clima mag viel beytragen; daher wünsche ich in der Hinsicht mit ihm in sein Vaterland zurückzukehren.«
Weder die Ursache der Krankheit noch das Umfeld des Leidens wusste Leopoldine zu deuten. So klärte man sie auch nicht auf, dass sich ein Anfall durch hypernervöses Verhalten des Kranken schon einige Zeit vorher ankündigen kann. Vieles wäre für die junge Frau leichter zu ertragen gewesen, hätte man sie über den Zustand ihres Gatten eingehend informiert. Aber die brasilianischen Ärzte, denen sie selbst dann später nach Abberufung ihrer Wiener Ärzte ausgeliefert war, besaßen weder über die Epilepsie noch über andere Tropenerkrankungen fundierte Kenntnisse und ihre Behandlungsmethoden entstammten eher dem dubiosen Erfahrungsschatz von Quacksalbern.
Dass sich ihr »hoher Gemahl«, wie sie Dom Pedro bezeichnete, schon nach kurzer Zeit keineswegs mehr mustergültig ihr gegenüber verhielt, schob Leopoldine wahrscheinlich zunächst auf dessen Krankheit. Dom Pedro erschreckte sie durch seine aufbrausende und unbeherrschte Art, sodass die junge Frau manchmal den Eindruck gewann, dass der Rasende kaum mehr zur Räson zu bringen sein würde. Aber schließlich gelang es ihr doch durch ihr sanftes, ausgeglichenes Wesen, aber auch durch ihre Passivität, ihn zu besänftigen, und sie brachte ihn ohne große Vorwürfe zu der Einsicht, dass sein Verhalten ihr und anderen gegenüber keineswegs akzeptabel war. Meist überfiel Dom Pedro dann bittere Reue und unter Tränen tat er seiner »engelsgleichen« Frau Abbitte.
Je länger Leopoldine allerdings mit Dom Pedro verheiratet war, umso mehr erkannte sie, dass er auf Grund seiner mangelhaften Erziehung wahrscheinlich die Fähigkeit verloren hatte, zu unterscheiden, was recht und unrecht, was gut und böse war. Denn viele Reaktionen ihres Mannes konnte sie sich zunächst nicht erklären, auch als sie mit Entsetzen bemerkte, dass er sie schon nach kurzer Zeit, in der sie mit ihm glücklich zu sein schien, zu betrügen begann. Er scheute auch nicht davor zurück, seine Gemahlin in das Haus seiner Geliebten Nóemi mitzunehmen, um sein Kind zu besichtigen, das allerdings einige Monate nach der Geburt starb. Noch in den Flitterwochen war der Prinz tagtäglich Gast in einem Haus, in dem es jede Menge

willige Damen gab, die sich nichts sehnlicher wünschten, als dass der junge Ehemann ihnen nach wie vor intensive Gesellschaft leistete.
Obwohl Leopoldine sich nach wie vor bemühte, wegzusehen, wenn ihr Gemahl in seinem überschäumenden Temperament über die Stränge schlug, musste sie doch erkennen, dass die Zukunft an seiner Seite nicht gerade rosig aussehen würde. Aber solang König João seine Fittiche über sie breitete, konnte sie noch halbwegs ruhig schlafen. Der König hatte nämlich sehr bald erkannt, dass seine Schwiegertochter nicht nur ein bezauberndes Wesen, sondern ungewöhnliche politische Klugheit besaß. Und gerade in dieser wirren Zeit waren die Ratschläge, die sie Dom João gab, wenn er sie um ihre Meinung bat, unschätzbar. Sie war eine Vollblutpolitikerin, das spürte Dom João in jeder ihrer Äußerungen. Alles das, was er an seinem eigenen Sohn, dem Kronprinzen, vermisste, hatte sie in sich. Und Dom João sollte in der Zukunft Recht behalten.
Vielleicht wäre es Leopoldine mit der Zeit wirklich gelungen, ihren Mann zum Besseren zu bekehren, hätte sich dieser nicht nach wie vor mit dubiosen Freunden und Vertrauten umgeben, die alles andere im Sinn hatten als eine charakterliche Veränderung Dom Pedros. Die Kumpane, mit denen er nächtelang durch die Straßen von Rio zog, kamen aus den untersten Schichten, sie animierten den Prinzen nicht nur zu seinen amourösen Abenteuern, ungehindert der Tatsache, dass er jetzt verheiratet war, durch sie verwickelte sich Dom Pedro auch in dunkle Geschäfte. Spät, aber doch entdeckte sein Vater seine Machenschaften. Wütend soll sich Dom João geäußert haben, dass er eigenhändig einen Stock nehmen wolle, um dem Sohn die Knochen zu zerschlagen.
So sehr Dom Pedro weiterhin ein ungebundenes Leben genoss, so dezidiert ordnete er an, dass seine junge Gemahlin möglichst von all ihren Landsleuten und Vertrauten isoliert wurde. Er allein sollte, wenn er sich dazu bequemte, ihr genug Gesellschaft sein. Daher wurde nicht nur die Gräfin Kuenburg nach Österreich zurückgeschickt, auch ihre Kammerfrau Annony, die sie schon seit ihrer Kindheit betreut hatte, musste auf Geheiß Dom Pedros ihre Koffer packen, genauso wie der Maler Frühbeck, aber auch Leopoldines Leibarzt Dr. Kammerlacher. Als Leopoldine von den Anordnungen ihres »hohen Gemahls« erfuhr, brach sie verzweifelt in Tränen aus, fügte

sich aber um des lieben Friedens willen den tyrannischen Anordnungen Dom Pedros, ohne ihren Schwiegervater um Hilfe zu bitten. In ihrer Verliebtheit glaubte sie an das Gute in Dom Pedro und erkannte nach einigen Jahren viel zu spät und schmerzhaft, dass gerade ihr passives Verhalten wahrscheinlich die Ursache für das immer aggressivere Verhalten ihres Mannes ihr gegenüber war. Damals, als auch der Schwiegervater noch in Brasilien lebte, hätte sie sich schon zur Wehr setzen müssen, vielleicht hätte sich ihr Schicksal anders entwickelt! Aber den Willen des Gemahls betrachtete sie als »heilige Pflicht« und übersah dabei den zweifelhaften Charakter Dom Pedros, der in ihrer Duldsamkeit und Gefügigkeit nur Schwäche erblickte. Durch ihre Nachgiebigkeit bestärkte sie den Prinzen in seinen Aktionen ihr gegenüber. Denn in jeder Hinsicht zeigte sich nach einiger Zeit, dass er ihr gegenüber bei weitem nicht die Gefühle entwickelte, die sie ihm entgegenbrachte. Es dauerte nur einige Monate, da war Leopoldine mit Leib und Seele in Abhängigkeit von ihrem Ehemann geraten. Ihren Tagesablauf, ihre Kleidung, ihre Speisen, ja selbst ihren Hofstaat bestimmte er, Leopoldine hatte nicht das geringste Mitspracherecht, vor allem auch nicht, was ihre Finanzen betraf. Er weigerte sich, ihr das monatlich zustehende Nadelgeld auszuzahlen, und enthielt ihr auch sonst finanzielle Mittel vor, die ihr zustanden. Ihre finanzielle Situation verschlechterte sich im Laufe der Jahre so sehr, dass sie weder ihren Bediensteten den zustehenden Lohn zahlen konnte, noch die nötigen Mittel für ihre Garderobe und ihren Lebensunterhalt hatte, den sie selber bestreiten musste. Die Bettelbriefe, die sie nach Österreich, aber auch innerhalb Brasiliens verschickte, geben das traurige Bild einer Kaiserin wider, die von Schuldenlasten gedrückt wurde. Der »hohe Gemahl« allerdings durfte von ihren Bittgesuchen nichts wissen, denn seine Wutausbrüche waren landesweit bekannt.

Dann und wann, wenn ihm gerade der Sinn danach stand, erblickte Dom Pedro in Leopoldine allerdings wieder die Gefährtin, die tadellos zu Pferd saß und mit der er gemeinsam weite Ausritte unternehmen konnte. Gar nicht damenhaft ritt sie mit Reithosen bekleidet im Herrensitz durch Wald und Flur, wobei natürlich so manche Brasilianerin über die amazonenhafte Erscheinung die Nase rümpfte. Aber Dom Pedro fand an dieser Haltung nichts Negatives, im Gegenteil: auch er bevorzugte legere, luftige Kleidung, die durch einen Strohhut ergänzt wurde.

Zunächst spielte sich das Alltagsleben der Kronprinzenfamilie noch in geregelten Bahnen ab, wie Leopoldine an ihren Bruder Franz berichtete:

»Ich stehe alle Tage schon um sechs Uhr auf, weil ich um ½ 9 Uhr schon schlafen gehe, da so mein Gemahl es liebt, und hier es nicht Sitte ist, das Theater zu besuchen, ausser wenn Galla Grande ist; denn von 7 bis 10 Uhr fahre ich, reithe oder gehe aus; dann komme ich nach Hause, mache meinen Handkuss dem König; dann kommt mein Meister vom portugisischen Gesetzbuch (Grammatik) und Latein. Um 1 Uhr studire ich die Gitarre, mit meinem Gemahl Clavier, und er spielt Viola und Violoncello, da er sowohl alle Saiten- als blasende (n) Instrumente spielt; den (n) ein solches Talent für Musik und alle Studien, wie er besitzt, habe ich noch nicht bald gesehen. Um 3 Uhr speisen wir Bewohner von St. Christoph zusammen, von den Cameristen (Kammerherren) bedient, so will es die hiesige Etiquette. Um 6 Uhr gehe ich wieder aus, und dann lesen wir etwas und Supiren allein. So ist Tag täglich meine Lebensart.«

Eine der wenigen wirklich positiven Eigenschaften Dom Pedros war sein musikalisches Talent, das weit über dem Durchschnitt lag. Er spielte nicht nur die von Leopoldine erwähnten Instrumente beinahe meisterlich, er komponierte auch selbst. Und hätte er ein beständigeres Wesen besessen, so hätte aus ihm ein namhafter Musiker und Komponist werden können.

Es gab nicht allzu viele Interessen, die Leopoldine und Dom Pedro hätten zusammenbringen können, aber solange Dom João in Brasilien weilte, verlief die Ehe der beiden doch halbwegs harmonisch, denn Leopoldine erwies sich als treffsichere Jägerin und sammelte leidenschaftlich gerne kleine exotische Tiere, auf die sie ihren »hohen Gemahl« aufmerksam machte. Wenn sie die Gelegenheit dazu hatte, schickte sie ganze Kisten voller ausgestopfter Tiere und präparierter Schmetterlinge an ihren Vater nach Wien oder an ihre geliebte Schwester nach Parma.

Auf ihren ausgedehnten Spaziergängen, die sie oft alleine unternahm, konnte es nicht ausbleiben, dass sie auf die unglaublichen Missstände, die überall im Land herrschten, aufmerksam wurde. Das Los der

Schwarzafrikaner, von denen die meisten als Sklaven nach Brasilien gekommen waren, war mehr als bedauernswert, da die herrschende Schicht in ihnen nach wie vor keine Menschen erblickte. Sie lebten unter menschenunwürdigen Bedingungen, es gab für sie weder Krankenversorgung noch Unterstützungen, wenn sie arbeitsunfähig waren. Von Lepra und anderen Seuchen befallen, vegetierten sie in den stinkenden, brütend heißen Straßen für jedermann sichtbar dahin, bis endlich der Tod sie erlöste. Ein alter Schwarzafrikaner gab dem Schriftsteller Salgado dos Santos seine Eindrücke wieder, die er von der jungen blonden Gemahlin des Kronprinzen hatte: »Sie war gut; wenn sie bei uns Sklaven vorüberkam, blieb sie stehen und sagte uns ein paar Trostworte. Ihr Mann war ein arroganter Jüngling, er ging stets mit einer Peitsche mit silbernem Griff, mit der er uns Sklaven bei jedem Anlass schlug.«

Leopoldine, die mit Entsetzen sah, was um sie herum geschah, hatte bald erkannt, dass es großer Anstrengungen bedürfe, soziale Reformen für die Ärmsten der Armen durchzusetzen. Bei ihrem Schwiegervater Dom João stieß sie zum Glück nicht auf taube Ohren, denn er hatte schon lange versucht, grundlegende Dinge im Staat zu ändern. Jetzt hatte er in Leopoldine die richtige Frau an seiner Seite, um vieles in Angriff zu nehmen, was vorerst nicht machbar gewesen war. Er konnte dabei nicht ahnen, dass seine Schwiegertochter es einmal sein würde, die den ganzen Staat auf den Kopf stellen sollte.

Aber vorerst war ihre Rolle noch auf die Familie beschränkt, ihre vordringlichste Aufgabe war es, ihrem geliebten Pedro einen Sohn zu gebären. Als die erste Schwangerschaft der Prinzessin festgestellt wurde, war die Freude im Hause Bragança groß. Was Leopoldine allerdings in ihrem Zustand nicht für möglich gehalten hatte, trat schon sehr bald ein: Dom Pedro nahm seine sexuellen Abenteuer außerhalb des Ehebettes wieder auf, ohne Rücksicht auf seine Gemahlin. Im Gegenteil: Er ließ sich zu wütenden Ausfällen hinreißen, wenn Leopoldine ihm wegen seiner Amouren Vorhaltungen machte. Im nächsten Moment allerdings bedauerte er seine unkontrollierte Heftigkeit zutiefst, erkannte er doch allmählich, dass seine Manieren ganz und gar nicht den Vorstellungen seiner Gemahlin entsprachen. Er selber war zeit seines Lebens nur von größtenteils verkommenen Personen ohne Sitte und Anstand umgeben gewesen, denn der Hof von Dom João strotzte geradezu von dubiosen Gestalten, von denen eine schlechter war als die andere. Hass, Neid, Eifersucht, Intrigen, Lästereien und ordinäres Gebaren waren noch die harmlosesten negativen Eigenschaften der Höflinge.

Je länger Leopoldine am Hofe ihres Schwiegervaters lebte, umso mehr gingen ihr die Augen auf. Sie kam sich vor wie in einer Schlangengrube, niemandem in ihrer Umgebung konnte sie wirklich trauen, denn von ihrem einstigen Gefolge waren nicht mehr viele übrig geblieben und neue Freundinnen konnte sie unter der unmoralischen Damenwelt kaum finden. Auch mit der Schwiegermutter hatte sie kaum Kontakt, viel zu unterschiedlich waren ihre Charaktere und ihr Lebenswandel. Nur selten traf man einander beim Essen oder bei den verschiedenen Galaveranstaltungen, die Dom João besonders prunkvoll inszenieren ließ, um sein Image im Volk zu erhöhen. Denn auf dem Glanz des Herrschers, der in ganz Brasilien erstrahlen sollte, basierte ein Teil seiner Macht. Vieles am Hofzeremoniell berührte Leopoldine seltsam und war teilweise für sie absolut unvorstellbar. Immerhin hatte die Französische Revolution in ganz Europa ihre Spuren hinterlassen, und so manches, was hier in Brasilien noch für die Herrscher zelebriert wurde, gehörte jenseits des Ozeans nur noch der Vergangenheit an. So war es zwingend vorgeschrieben, dass sich Bittsteller nur kniend dem Herrscher nähern durften, um mit niedergeschlagenen Augen und äußerstem Respekt den vorgeschriebenen Handkuss zu leisten.

Nicht nur das abwechslungslose Leben bei Hofe setzte der jungen Ehefrau zu, es war vor allem das tropische Klima, an das sie sich nicht zu gewöhnen vermochte. Sie litt unsäglich unter der Hitze und Schwüle und es dauerte lange, bis sie die Lethargie, die durch die hohen Temperaturen hervorgerufen wurde, etwas überwand und sich zu einer geregelten Tätigkeit aufraffte. Die einzige Beschäftigung, die sie von Anfang an regelmäßig betrieb, war das Briefeschreiben an ihre Lieben in der Heimat, obwohl bei so manchem Blatt Papier die Tinte durch Schweißtropfen und später durch Tränen verwischt wurde.

Je länger sie von Europa weg war, umso sehnlicher erwartete sie Nachricht von ihrem Vater oder von Marie Louise. Keiner konnte ahnen, wie einsam die junge Frau allmählich an der Seite ihres Gemahls wurde, wie sehr sie den Kontakt mit der Heimat brauchte. Und hätte Kaiser Franz sich nur einigermaßen Gedanken über das Schicksal seiner Tochter gemacht und hätte er nur etwas versucht, zwischen den Zeilen zu lesen, so hätte er als guter Vater unmöglich bis zu einem Jahr gewartet, um ein Antwortschreiben nach Brasilien zu schicken. Dabei waren die Briefe Leopoldines voll von rührenden Beweisen ihrer kindlichen Liebe.

Am 1. März 1808 brachte sie folgende Sätze zu Papier:

»Mein höchstes Glück und (meine grösste) Freude bestand im(m)er (darin), mit Ihnen seyn zu können; überall glaube ich, sie zu sehen und glaube, ich muss nur die kleine Stiege finden, um in Ihre Wohnung zu eilen. Vater, Familie bleibt immer das Theuerste auf Erden, wenn (man auch) noch so glücklich verheirathet (ist)!«

Der einzige Lichtblick für Leopoldine war die enge Verbindung zu ihrer Schwester in Parma, denn Marie Louise merkte schon sehr bald, dass Leopoldine in Brasilien keineswegs das große Glück gefunden hatte. Sie und auch die Tante beider, Marie Amalie, schickten so manchen trostreichen Brief übers Meer. Jedes Mal, wenn ein Schiff in den Hafen einlief, war Leopoldine voll Hoffnung, Nachricht von ihren Lieben zu erhalten. War keine Post für sie dabei, verfiel sie schon sehr bald in tagelange Schwermut. Erst als ihre erste Tochter Maria da Glória, die in ferner Zukunft einst Königin von Portugal werden sollte, zur Welt kam, schien sich ihr eine Aufgabe zu bieten, nachdem sie die desolaten Zustände am Hofe Dom Joãos reichlich kennen gelernt hatte. Ihr Entschluss stand fest, sie würde sich persönlich eingehend um die Erziehung ihrer Kinder kümmern.

Obwohl sich Dom Pedro wahrscheinlich einen Sohn gewünscht hatte, war er dennoch über die Geburt seiner Tochter glücklich, noch dazu, da alle ihm versicherten, dass das Kind ganz sein Aussehen haben würde. Auch Leopoldine schrieb an ihre Tante: »Sie hat nur meine Haare, sonst ist sie völlig das Abbild meines Gatten, was sie mir doppelt teuer macht …« Noch war das häusliche Glück beider beinahe ungetrübt, Leopoldine verzieh in ihrer Großmut dem »hohen« Gemahl seine außerehelichen Eskapaden und hoffte, dass sie ihn nun ganz zurückhaben würde. Allerdings machte ihr schon in nächster Zeit eine neuerliche Schwangerschaft arg zu schaffen, die in einer Fehlgeburt endete, die vor allem durch die brutalen Untersuchungsmethoden der portugiesischen Ärzte hervorgerufen wurde. Sie selber schrieb an Marie Louise: »Selbst noch zwey Monathe späther war die Rohheit des portugisischen Wundarzt(es), der mich mit seinen lieben Händen abscheulich zerfleischte, zu spüren.« Dazu kam, dass Leopoldine auch im Zustand einer neuerlichen Schwangerschaft nicht mehr in den häuslichen vier Wänden blieb, sondern es sich zur Gewohnheit gemacht hatte, mit ihrem Mann über Stock und Stein entweder zu reiten oder in der Kutsche auszufahren. Und da Dom Pedro Rücksichtnahme niemals kannte, verminderte er das Tempo der Pferde auch dann nicht, wenn seine Gemahlin wieder einmal in anderen Umständen war. Daher konnte es nicht ausbleiben, dass eine Fehlgeburt auf die andere folgte, was natürlich den durch das schreckliche Klima angeschlagenen Gesundheitszustand der jungen Frau noch verschlechterte.

Dass die Ehe von Leopoldine und Dom Pedro in den ersten Jahren dennoch halbwegs harmonisch verlief, war einzig und allein dem Verhalten der jungen Ehefrau zuzuschreiben. Denn sie versuchte, wo sie konnte, auf die Launen und spontanen Einfälle ihres Gemahls einzugehen, auch dann, wenn sie selbst lange darunter litt. Sie wollte ihm eine verständnisvolle Gefährtin fürs Leben sein und war ständig von der Hoffnung beseelt, dass sich seine rüpelhaften Gewohnheiten, die sich bis zum Sadismus steigern konnten, allmählich durch ihre Sanftmut legen würden. Und anfangs schien es tatsächlich so, als hätte Leopoldine mit ihren Überlegungen Recht. Man musizierte gemeinsam, malte und zeichnete, wobei sich Dom Pedro keineswegs als untalentiert erwies. Er unterstützte auch die Bemühungen seiner jungen Ehefrau, Versuchsgüter anlegen zu lassen, wo sie verschiedene Dinge, die sie in einschlägigen Büchern gelesen hatte, ausprobieren wollte. Ihre Interessen waren nicht nur vielfältiger Natur, man könnte fast sagen, sie waren allumfassend. Ernst und intensiv beschäftigte sie sich stundenlang mit Themen, die für junge Frauen der damaligen Zeit höchst ungewöhnlich waren. Dabei interessierte sie sich für Einzelheiten beim Abbau von Mineralien genauso wie für Möglichkeiten zur Steigerung der Milchproduktion von Kühen oder die Stabilitätsprobleme bei Überseeschiffen.

Und trotzdem saß die junge Frau keineswegs in einem Elfenbeinturm. Sie kümmerte sich um die allgemeinen sozialen Probleme in

Brasilien genauso wie um die Altersversorgung ihrer ehemaligen Dienerinnen, die im heimatlichen Österreich alles andere als gewährleistet war. Denn Leopoldine hatte zu ihrem Schrecken von einer Anordnung Metternichs erfahren, wonach sie selbst von Brasilien aus für ihre alte Zofe Annony hätte aufkommen sollen, was möglich gewesen wäre, hätte man Leopoldine das ihr zustehende Geld ausbezahlt. Aber ihr »hoher« Gemahl hatte ihr von allem Anfang an ihre eigenen Gelder verweigert, sodass ihr nichts anderes übrig blieb als Schulden zu machen, die sich im Laufe der Jahre immer mehr anhäuften. Dom Pedro ging ab dem Zeitpunkt, als er nur noch Augen und Ohren für seine primitive Mätresse hatte, so weit, die Finanzgebarung für seine Gemahlin in die Hände seines ehemaligen übel beleumdeten Barbiers Plácido Antônio Pereira de Abreu zu legen. Plácido beschränkte ihr monatliches Einkommen auf ein Minimum, sodass sie kaum Auftrag geben konnte, die nötigen täglichen Nahrungsmittel einzukaufen. Während Dom Pedro und seine Geliebte in Saus und Braus lebten, fristete die Kaisertochter ein nahezu ärmliches Leben, das nur dann etwas aufgehellt wurde, wenn sich ein wahrer Freund ihrer erbarmte und ihr eine milde Gabe zukommen ließ. Dennoch betrugen die Schulden nach Leopoldines Tod 24.000 Gulden, die aus der Staatskasse bezahlt wurden. Das Volk von Brasilien hatte dies verlangt!

Solange Dom João mit seinem Hof in Brasilien weilte, war die Lage für Leopoldine an der Seite ihres Gemahls einigermaßen erträglich. Ja sie selbst beklagte sich nur zwischen den Zeilen über verschiedene Übergriffe Dom Pedros, die sie aber immer zu entschuldigen suchte. Es schien so, als würde der Sohn sein Wesen halbwegs im Zaume halten, da der Vater bei jeder Gelegenheit eingreifen konnte. Dass man für immer in Brasilien bleiben würde, daran hatte keiner der königlichen Familie gedacht, als man hierher ins Exil gegangen war. Und je länger der König aus Portugal abwesend war, umso unruhiger wurde die Situation auf der iberischen Halbinsel, denn ein englischer Regent führte die Amtsgeschäfte für den fernen König. Irgendetwas musste sich in naher Zukunft ändern, wollte man nicht Portugal verlieren.

Zunächst bestand der Plan, dass der Thronfolger mit seiner Gemahlin zurück nach Portugal gehen sollte, um hier für Stabilität zu sorgen. Man hielt diese Idee von allen Seiten für überlegenswert, da man gerade für den epileptischen Dom Pedro einen Aufenthalt im gemäßigteren Klima für günstig erachtete. Natürlich wusste der König auch um den Traum seiner Schwiegertochter, endlich nach Europa zurückkehren zu können. Und dieser Wunsch schien zunächst in Erfüllung zu gehen, da alle Anstalten zur Abreise der jungen Familie getroffen wurden.

Was später wirklich die letzte Ursache war, dass alle Pläne kurzfristig über den Haufen geworfen wurden, ist bis heute nicht ganz klar. Vielleicht war es das Misstrauen Dom Joãos seinem Sohn gegenüber, das alles über Nacht änderte. Denn der Vater fürchtete, dass man in Portugal Dom Pedro zum König ausrufen könnte, was bei den politischen Unruhen, die in Portugal an der Tagesordnung waren, sicherlich nicht ausgeschlossen war.

Auch in Brasilien kam es an den verschiedenen Orten zu Aufständen, man wollte dem König eine Verfassung abringen, die er nicht für alle Provinzen unterschreiben konnte. Hin und hergerissen, wie Dom João war, versuchte er einen Kompromiss auszuarbeiten, bei dem der Thronfolger eine besondere Rolle spielen sollte. Denn immer mehr zeichnete es sich ab, dass nicht Dom Pedro mit seiner kleinen Familie – mittlerweile war ein weiteres Kind zur Welt gekommen – nach Europa fahren werde, sondern sein Vater. Als Argument für diese geänderten Absichten hatte man zunächst die fortgeschrittene Schwangerschaft Leopoldines ins Treffen geführt, Anfang März aber hatte Dom João klar ausgesprochen, dass er, der König, nach Portugal zurückkehren müsse. Er übertrug am 22. April 1821 seinem Sohn Dom Pedro die oberste Regierung und damit die volle Verwaltung des Königreiches Brasilien. Ein Zusatz ergänzte die Verordnung:

»Für den unvorhergesehenen und unglücklichen Fall des Todes des Kronprinzen (den Gott nicht erlauben möge, daß er eintrifft!) wird die Regentschaft des Königreiches Brasilien an die Kronprinzessin, seine Gattin, meine viel geliebte und geschätzte Schwiegertochter, übergehen, die mit einem Regentschaftsrat regieren wird.«

Es war ein schwarzer Tag im Leben Leopoldines, als sie die Schiffe mit der Königsfamilie auf hoher See entschwinden sah. Instinktiv ahnte sie vielleicht damals schon, dass dieses Ereignis für sie »lebenslänglich Brasilien« bedeutete. Dass ihr Einfluss es sein würde, der

schon in naher Zukunft zur Unabhängigkeit des reichen riesigen Landes führen sollte und dass sie sich durch ihre klugen politischen Entscheidungen einen ganz besonderen Platz in der Geschichte sichern würde, freilich auf Kosten persönlichen Glückes – das war ihr damals noch nicht bewusst. Denn kaum hatte der König das Land verlassen, wurde es unruhig in den politischen Gremien. Von heute auf morgen begannen die einzelnen einflussreichen Gruppierungen gegeneinander zu intrigieren und opponieren. Die Abgesandten der Cortes aus Lissabon taten ein Übriges dazu, böses Blut auf allen Ebenen zu machen und es dauerte nicht lange, da schlug landauf landab den Portugiesen blanker Hass entgegen, wobei die allgemeine Volkswut bald nicht mehr unterschied, ob es sich um einen Portugiesen oder anderen Ausländer handelte. Dazu kam, dass der Prinzregent keineswegs ein Mann des Ausgleiches war, im Gegenteil: Dom Pedro war sich nicht zu schade, gleichsam mit der Peitsche in der Hand durchs Land zu gehen, um, wie er glaubte, Schuldige, aber auch Unschuldige eigenhändig zu strafen. Dass er sich mit diesen Methoden keine allzu großen Sympathien erwarb, war eine logische Folge seiner Unbeherrschtheit. Hätte er nicht seine ausgeglichene Frau im Hintergrund gehabt, wäre sein Schicksal wahrscheinlich anders verlaufen.
Leopoldine suchte Dom Pedro in jeder nur möglichen Hinsicht zu zügeln. Vor allem trachtete sie danach, Männer zu finden, die ihren politisch nicht geschulten Ehemann ohne eigene Hintergedanken beraten sollten. In dem Grafen von Arco hatte Dom Pedro zunächst nicht nur einen langjährigen Freund, sondern auch einen fähigen Politiker gefunden, der der letzte Vizekönig Brasiliens gewesen war. Auch Leopoldine schätzte seine Fähigkeiten hoch, vor allem, als sie sah, dass der Graf schon Ende des Jahres 1820 die Schaffung eines Parlaments und einer Verfassung befürwortete. Diese Tatsache allerdings brachte ihn im Mutterland Portugal, das immer noch in Brasilien die Politik bestimmen wollte, ins schiefe Licht, sodass man von Seiten der Cortes alles daran setzte, den politischen Berater Dom Pedros schlecht zu machen. Man schickte eine portugiesische Hilfsdivision nach Brasilien, die Dom Pedro gleichsam in die Zange nahm. Dom Pedro wurde gezwungen, nicht nur Graf Arco, der inzwischen zwei Ministerposten bekleidete, abzusetzen, sondern er musste auch

die in Lissabon ausgearbeiteten Verfassungsgrundsätze mit einem Eid bekräftigen. Auf diese Weise wurde der Regent gleichsam zur politischen Marionette der portugiesischen Cortes. Dom Pedro war machtlos geworden.

Leopoldine hatte diese Entwicklung mit Bestürzung kommen sehen. Noch mehr aber als die politische Entmachtung ihres Gemahls erschütterten sie die immer wiederkehrenden Amouren Dom Pedros. Hatte er vor einiger Zeit noch seine Liebschaften im Verborgenen gesucht, so gebärdete er sich nun vor den Augen der Öffentlichkeit mit der Ehefrau des Generals Avilez sehr intim und es konnte nicht ausbleiben, dass diese Affäre schon bald Stadtgespräch in Rio war. Leopoldine äußerte sich in einem Brief an ihre Schwester ganz verzweifelt:

»Ich fange schon an zu glauben, dass man viel glücklicher ist unverheirathet; den (n) jetzt habe ich nichts als Kummer und Verdrusse, die ich heimlich hinein fresse, den (n) sich beklagen, ist noch schlechter. Ich sehe leider, dass man mich nicht liebt. (Mein Gemahl und meine Pflicht (ge)biethet mir, es auszuhalten bis auf den letzten Augenblick.) Mein Herz sucht im (m) er einen Gegenstand, dem er seine Liebe und Freundschaft mittheilen möchte (...) Meine Gesundheit ist gut bis auf die Melancholie, die kein Wunder ist bey allen häuslichen Verdrussen, die ich habe. Nur Religion kann hier trösten und das feste Bewusstseyn, seine Pflichten genau erfühlt zu haben ...«

So sehr sich Dom Pedro rücksichtslos auf seine Weise amüsierte, so misstrauisch war er Leopoldine gegenüber. Nicht nur dass er von seinen üblen Günstlingen jeden ihrer Schritte überwachen ließ, er zensurierte auch ihre Briefe und kontrollierte ihren höchst eingeschränkten Freundeskreis. Dabei erkannte er nicht, dass seine Gemahlin ihn nach wie vor von Herzen liebte und er in ihr die treueste Stütze bei all seinen Unternehmungen hatte. Denn wie sehr auch Leopoldine allmählich in ihrem Privatleben resignierte, so sehr kümmerte sie sich um die politischen Veränderungen, die sich allenthalben im Staat bemerkbar machten. Sie erkannte klar, dass eine aufstrebende Macht wie Brasilien an der Seite des kleinen, zur Unbedeutsamkeit herabgesunkenen Portugal undenkbar war. Aus dem reichen südamerikanischen Land musste ein eigener Staat mit einer selbstständigen Regierung entstehen und Dom Pedro sollte der erste

König oder Kaiser des Reiches werden. Ihre ganze Kraft wollte sie für diese Idee einsetzen.

Zunächst aber sah das Schicksal Dom Pedros ganz anders aus. Portugal hatte nicht im Entferntesten die Absicht, seine reiche Pfründe in Übersee aufzugeben. Das Einzige, was man Brasilien zubilligte, war eine Gleichstellung des Landes, wobei die gleiche Anzahl von brasilianischen wie portugiesischen Abgeordneten in den Cortes vertreten sein sollten. Aber diese »Angleichung« bestand praktisch nur auf dem Papier, denn die Cortes in Lissabon verlangten auch in Zukunft die völlige Unterwerfung Brasiliens. Damit hatte dieser Staat eigentlich aufgehört zu bestehen, denn auch dem Regenten Dom Pedro entzog man sämtliche Machtbefugnis, ja er wurde von den Portugiesen als junger, dummer, ungehobelter Bursche hingestellt – was freilich in vielem den Tatsachen entsprach – der nach Europa gebracht werden sollte, um zuallererst traditionelle Umgangsformen und Manieren zu lernen.

Seltsamerweise schäumte Dom Pedro nicht vor Wut über die anmaßenden Forderungen der Cortes, er zeigte sich zunächst friedfertig und erweckte in Europa den Anschein, als wollte er tatsächlich das tun, was man von Seiten des portugiesischen Parlaments von ihm verlangte. Da er selbst nicht in der Lage war, eine eigenständige Entscheidung zu treffen, wollte er zunächst Zeit gewinnen.

Was man von Seiten des portugiesischen Parlaments nicht bedacht hatte, war die politische Rolle, die Leopoldine an der Seite ihres Gemahls immer noch spielte. War ihr Einfluss auf das persönliche Verhalten Dom Pedros auch auf den Nullpunkt gesunken, so anerkannte er neidlos ihren politischen Scharfblick, ihr feines Gespür für diplomatische Nuancen. Gestärkt durch seine Frau im Hintergrund konnte er es wagen, den Fehdehandschuh, den ihm das Mutterland Portugal hingeworfen hatte, aufzunehmen.

Die erste Aktion, die er setzte, war, dass er den Portugiesen klipp und klar erklärte, dass für ihn ein Verlassen des Landes niemals in Frage käme. Als Argument führte er an, dass sich in Brasilien an allen Ecken und Enden Auflösungstendenzen und Zerfallserscheinungen bemerkbar machten, sodass die dringende Gefahr bestand, dass der riesige Staat wieder in die ursprünglichen 18 Provinzen auseinander fallen könnte. Hatte er auch nicht den Bekanntheits- und

Beliebtheitsgrad seines Vaters, so war er – freilich zum Schein – doch die Person, die ein Zerbröckeln des Staates verhindern konnte. Die Bedeutung seiner Gemahlin erkannten nur die Eingeweihten.

Leopoldine war sich sofort, als sie die Forderungen der Portugiesen studierte, darüber im Klaren, dass rasch gehandelt werden musste: Nur ein eindeutiges Votum konnte zu einer vernünftigen Lösung für Brasilien führen. Ohne Wenn und Aber musste Dom Pedro in Brasilien bleiben, wollte er nicht seine Position als Herrscher für immer verlieren. Mit diesem Rat hatte sie alles, wovon sie seit Jahren träumte, vor allem aber eine Rückkehr nach Europa begraben. Für sie bedeutete das Bleiben ihres Mannes: lebenslänglich Brasilien, Tage und Nächte, Monate und Jahre in einem Klima, das ihr die Hölle auf Erden bereitete, Einsamkeit und Verzweiflung an der Seite ihres »hohen Gemahls«, der sich in anderen Betten amüsierte und sie nur beglückte, um sie wieder zu schwängern, was ihr Leben jedes Mal aufs Neue in Gefahr brachte. Nie mehr würde sie ihre geliebte Heimat sehen, nie mehr den lieben Papa oder ihre Schwester Louise in die Arme schließen können. Diese politische Entscheidung, die Leopoldine in selbstloser Weise getroffen hatte, zerstörte zwar ihr Leben, führte aber zur Gründung eines neuen, zukunftsorientierten Staates.

So wie immer im Leben hatte Leopoldine nicht einsame Beschlüsse gefasst. Im Laufe der Zeit war es ihr zur Gewohnheit geworden, mit politisch kompetenten Männern, denen sie ihr Vertrauen schenkte, die Sachlage zu diskutieren. Erst nachdem sie alle Argumente ihrer Berater, alle Für und Wider durchdacht hatte, stand sie dem Gatten mit ihren Ratschlägen zur Verfügung – wenn er sie hören wollte. Als Dom Pedro am 9. Januar 1822 mit starker Stimme dem Senat in Rio erklärte: »Ich bleibe«, hatte er nächtelange intensive Aussprachen mit seiner Gemahlin hinter sich. Leopoldine hatte bis zuletzt nicht geruht, ihren Ehemann davon zu überzeugen, dass seine Anwesenheit in Brasilien, auch wenn dies gegen den Willen der portugiesischen Cortes geschah, sich als unumgänglich notwendig erwies, wollte er nicht alles verlieren. Sie war es gewesen, die Dom Pedro klar vor Augen geführt hatte, dass er unter Berücksichtigung der Wünsche der Autonomisten und unter Einbeziehung der Eingeborenen ein neues allumfassendes Ministerium schaffen müsse, sodass das Land nach

dem Vorbild der Vereinigten Staaten regiert werden könnte. Damit war der erste Schritt zur Unabhängigkeit Brasiliens getan.
Da es unklug gewesen wäre, einen Bruch mit Portugal von heute auf morgen durchzuführen, versicherte Dom Pedro bei allen öffentlichen Auftritten auch weiterhin, dass er nicht die Absicht hege, Brasilien von Portugal loslösen zu wollen. In großen Zeremonien wurde immer wieder die Loyalität verkündet, da man sich nicht der Gefahr einer militärischen Intervention Portugals aussetzen wollte. Außerdem waren Repressalien im Mutterland gegenüber König Dom João zu fürchten, wenn sich der Sohn offiziell in der Rolle des Abtrünnigen gefiel.
Auch Leopoldine brauchte Zeit, um die neue Lage überblicken zu können. Immerhin war es für sie nicht leicht, die liberalen Ideen, denen ihr »hoher« Gemahl seit neuem huldigte, als ehemalige Kaisertochter nachvollziehen zu können. Aber sie war mit ihrem Herzen schon so stark mit ihrer neuen Heimat verbunden, dass für sie das Wohl und Weh des Landes mehr wert waren als das Beharren auf überkommenen traditionellen politischen Systemen. Obwohl Leopoldine sich darüber völlig im Klaren war, dass der Pfad zur Loslösung Brasiliens vom Mutterland steinig und dornenreich sein würde, erklärte sie Dom Pedro jeden Tag aufs Neue, dass er diesen Weg unbeirrbar vorangehen musste. Es war notwendig, dass sie ihrem wankelmütigen Gemahl den Rücken stärkte, denn Dom Pedro schwankte zwischen den einzelnen politischen Gruppierungen im Lande hin und her, da er weder über politische Erfahrung, noch über ausreichende Menschenkenntnis verfügte. Leopoldine hingegen hatte klar erkannt, welche Männer geeignet sein würden, die Probleme in der Zukunft zu lösen, wobei der hochbegabte José Bonifácio durch ihren Einfluss mit einer politischen Spitzenposition betraut wurde, die der Stellung eines Premierministers gleichkam.
Obwohl für Leopoldine die Zukunft des Landes schon bald klar erkennbar schien, überschlugen sich die Ereignisse in den nächsten Wochen, da niemand so recht wusste, wie es ohne die Bevormundung durch Portugal weitergehen sollte. Schwelende Unruheherde flackerten überall auf und es schien schwer zu sein, das Feuer, das an allen Orten zu lodern begann, einzudämmen: Brasilien drohte im Chaos zu versinken. Auch die Familie Dom Pedros war gezwungen,

Leopoldine Erzherzogin von Österreich nach Gemälde von Jean-Baptiste Debret.

vorübergehend Rio zu verlassen, um nicht an Leib und Leben in den unüberschaubaren Wirren Schaden zu erleiden. Da man nicht offiziell fliehen konnte oder wollte, nahmen Leopoldine und die Kinder eine lange, beschwerliche Fahrt ins Landesinnere auf sich, die der kleine Kronprinz nicht überstehen sollte. Leopoldine schrieb an ihre Tante Amalie über den Tod ihres Kindes:
»Ich habe das Unglück gehabt, meinen sehr geliebten Sohn in dem Augenblick zu verlieren, als er durch seine kindlichen Spässe mein Entzücken zu werden begann. Von einem Bürgerkrieg, Revolution und Aufruhr bedroht, sah ich mich mit meinen zwei Kindern gezwungen, 12 Meilen an einem sehr heißen und sengenden Tag von hier weg zu fahren, wobei der arme Kleine, der ein schwaches Nervensystem besass, sich eine Art Leberentzündung zuzog, die schlecht

geheilt oder niemals erkannt worden ist. Er starb innerhalb von 15 Tagen bei fortwährendem Leiden infolge eines epileptischen Anfalls, der 28 Stunden dauerte.«

Leopoldine verfiel nach dem Tod des geliebten Kindes in tiefe Depressionen. Aber auch Dom Pedro ließ das Hinscheiden seines einzigen Sohnes nicht ungerührt und man hätte meinen können, dass er sich jetzt mehr seiner Gemahlin annehmen und seine Amouren eindämmen würde. Aber genau das Gegenteil war der Fall. Er übersah die Tränen seiner Frau und amüsierte sich, wo er nur konnte, um freilich doch noch ab und zu das Ehebett aufzusuchen, um wieder ein Kind zu zeugen. Und obwohl Leopoldine genau wusste, was hinter ihrem Rücken geschah, war sie nicht in der Lage, Dom Pedro in die Schranken zu weisen. Es war wahrscheinlich genau das Verkehrte, ihm immer wieder ihre unendliche Liebe zu versichern, welcher er schon lange unwürdig geworden war. Rührende Briefe zeugen von ihren Gefühlen während seiner langen Abwesenheit:

»... Uns geht es gut, ich aber bin untröstlich, von Dir, den ich zärtlich liebe, getrennt zu sein, und dessen baldige Rückkehr ich herbeisehne. Dann werde ich wieder froh und glücklich sein!«

So sehr sich Leopoldine innerlich durch ihre Liebe in Abhängigkeit von den Launen ihres Mannes begeben hatte, so sehr hatte sie in ihrer politischen Linie klaren Kopf bewahrt. Immer mehr spitzte sich nämlich die Lage zu, vor allem als portugiesische Truppen brasilianischen Boden betraten, die Anfang August offiziell zu Feinden erklärt wurden. Gleichzeitig gab Dom Pedro am 7. September 1822 die gemäßigte Unabhängigkeit des Königreiches Brasilien hochoffiziell im In- und Ausland bekannt. Unter dem Vorsitz von Dona Leopoldina, die zur Regentin bestellt worden war, erklärte der Staatsrat die Trennung Brasiliens vom Mutterland Portugal. Damit war der Schlussstrich unter die lange koloniale Abhängigkeit Brasiliens gezogen. Einer Ausrufung Dom Pedros zum Kaiser von Brasilien am 12. Oktober 1822 stand nichts mehr im Wege.

Die Urenkelin von Kaiserin Maria Theresia, Dona Leopoldina hatte ihr politisches Ziel im fernen Südamerika erreicht: ein neuer, lebensfähiger Staat war entstanden, in dem zwar nicht der »hohe« Gemahl Leopoldines die Weichen stellen sollte, sondern erst sein Sohn Dom Pedro II., der in all seinen Fähigkeiten und Charakteranlagen

glücklicherweise ganz der Sohn seiner Mutter war. Ihr aber, die den Grundstein für eine bessere Zukunft Brasiliens gelegt hatte, war keine Zukunft beschieden.
Es war nur eine kurze Zeit gewesen, die Leopoldine an der Seite ihres Mannes wirklich hatte glücklich sein können. Denn schon nach den ersten Abenteuern Dom Pedros, die Leopoldine in ihrer grenzenlosen Duldsamkeit immer wieder entschuldigte, hätte sie erkennen müssen, dass das rosige Licht, in dem ihr Dom Pedro erschienen war, sehr zwielichtig war. Vielleicht waren es gerade Leopoldines Gutmütigkeit und Langmut, die den unsteten Gemahl zu immer weiteren Ausschweifungen reizten. Ihm wurden durch seine Gemahlin, die für alles, was er ihr angetan hatte, immer wieder eine Entschuldigung fand, keine Grenzen gesetzt. Hemmungslos gab er sich seinen Begierden hin und konnte doch stets sicher sein, dass seine großherzige Gattin ihm alles verzeihen würde.
Daher verlor er den letzten Rest moralischen Maßes, als er die Bekanntschaft der berüchtigten Tochter eines Eseltreibers machte. Mit Haut und Haar war er vom ersten Augenblick an der glutäugigen Brasilianerin verfallen. Nichts störte ihn an Dona Domitilia, weder dass sie noch verheiratet war, als er, der Regent von Brasilien, sie zu seiner Geliebten machte, noch dass sie als übel beleumundete Person galt. Der Scheidungsprozess, in welchem dem gehörnten Gatten alle Schuld für die Zerrüttung der Ehe zugesprochen wurde, war für Dom Pedro ohnehin nur eine Formsache. Kaum waren diese Formalitäten abgeschlossen, holte er sein Liebchen offiziell an den Hof und überhäufte Dona Domitilia, der er längst hörig geworden war, mit allen nur erdenklichen Ehren und irdischen Gütern. Er scheute nicht davor zurück, die Marquise von Santos – diesen Titel hatte er Dona Domitilia verliehen – zur ersten Hofdame der Kaiserin zu ernennen. Nicht nur, dass der Skandal in ganz Brasilien publik wurde und Leopoldine öffentlich als betrogene Ehefrau dastand, sie musste nun auch tagtäglich mit ansehen, wie die Mätresse ihres Mannes sich vor ihren Augen wie ein Pfau gebärdete. Zutiefst getroffen und völlig machtlos vermochte sie sich gegen diese empörende Demütigung, die ihr der eigene Mann zugefügt hatte, nicht zu wehren. Denn die Mätresse beherrschte nicht nur Dom Pedro vollends, sie verstand es auch, sich mit korrupten Menschen zu umgeben, die alles daran

setzten, das Wohlgefallen der Marquise zu erlangen, was mit klingender Münze verbunden war.
Dom Pedro war in seinem sexuellen Wahn das Schicksal seiner Ehefrau völlig gleichgültig geworden, er trat die Ehre der Frau, der er sein Herrscheramt und seine Machtposition in Brasilien zu verdanken hatte, geradezu mit Füßen. Denn durch ihren Einfluss war es nicht nur zu einer Beruhigung innerhalb Brasiliens gekommen, sie war es auch gewesen, die durch ihr kluges diplomatisches Geschick die Portugiesen zum Einlenken bewogen hatte, wodurch ein blutiger Krieg verhindert worden war. Nur mit Leopoldine im Hintergrund konnte sich Dom Pedro zum Herrscher ausrufen lassen, ihn hätte wahrscheinlich ohnedies niemand gewollt. Sie hingegen wurde in den letzten Jahren ihres jungen Lebens vom Volk geachtet und beinah wie eine Heilige verehrt. Man wusste, wem man die Freiheit zu verdanken hatte. Auch in Europa hatte ihr Name durch die verwandtschaftlichen Beziehungen einen so guten Klang, dass sich die Hl. Allianz auf ihre Fürsprache hin dazu entschloss, den neuen Staat anzuerkennen. Natürlich war dazu auch die Vermittlung von Kaiser Franz vorteilhaft gewesen. In einem langen Brief hatte sich Leopoldine an ihren Vater mit der Bitte um Unterstützung gewandt:
»Es ist meine Pflicht, als Fürsprecherin des edlen brasilianischen Volkes aufzutreten … Alle Provinzen vereinigen sich, gleiches Interesse, gleiche Wünsche beseelen sie. Jetzt bleibt mir nichts mehr zu wünschen übrig, als dass Sie, wertester Vater, als unser wahrer Freund und Alliierter auftreten, es wird für mich und meinen Gemahl einer der fröhlichsten Tage, wenn wir diese Zuversicht erhalten; von mir können Sie, theuerster Vater, überzeugt sein, wenn das Gegenteil zu meinem grossen Leidwesen geschehen soll, ich stets von Herzen Brasilianerin bleiben werde, denn so gebieten es mir die Pflichten als Gemahlin, Mutter und die Dankbarkeit für ein biederes Volck, welches bereit war, als wir uns von allen Mächten verlassen sahen, unsere Stütze zu sein, nicht die grössten Opfer und Gefahren scheuend.«
War sie bei der offiziellen Krönung Dom Pedros am 1. Dezember 1822 noch als umjubelte Zuschauerin auf der Tribüne der Kaiserlichen Kapelle anwesend gewesen – sie selber wurde nicht zur Kaiserin gekrönt –, so wurde ihr Erscheinen in der Öffentlichkeit zunehmend seltener, nachdem die Mätresse ihres Mannes bei Hof

eine immer größer werdende Rolle spielte. Es war, als würde sich Leopoldine in die innere Emigration zurückziehen. Dabei vergaß sie allerdings nicht, sich um ihre Landsleute zu kümmern, die voller Hoffnungen auf eine bessere Zukunft nach Brasilien gekommen waren, in ein Land, von dem sie sich 1.000 Möglichkeiten erhofften. Meist waren sie schon nach kurzer Zeit auf Hilfe angewiesen, die ihnen Dona Leopoldina, so weit es in ihrer finanziellen Macht stand, auch angedeihen ließ. Da sie aber nach wie vor und immer mehr an Geldnot litt, war sie gezwungen, Schulden zu machen, von denen der »hohe« Gemahl nichts wissen durfte. Denn während seine Mätresse aus dem Vollen schöpfte, schränkte Dom Pedro die Gelder seiner Frau auf ein Minimum ein. Aber mit diesen Restriktionen begnügte sich der abgefeimte Ehemann nicht: Je mehr er sich von seiner Gemahlin entfernte, umso heftiger ließ er sie bespitzeln. Jeder noch so harmlose Umgang wurde Leopoldine verleidet, nach jedem Gespräch mit einem ihrer Vertrauten musste sie gewärtig sein, unflätig von ihrem Ehemann beschimpft und manchmal sogar geschlagen zu werden. Und die Passivität, mit der Leopoldine all dieses schreckliche Ungemach ertrug, steigerte nur die sadistischen Anwandlungen Dom Pedros. Nicht einmal die ununterbrochenen Schwangerschaften, die an Leopoldines Gesundheit zehrten, hielten ihn davon ab, seine Frau körperlich zu bedrohen. Wahrscheinlich war es gerade ihre Rolle als Dulderin, die einen brutalen Menschen wie ihn zu immer neuen Quälereien hinriss. Da sie wie eine Gefangene im Palast lebte, hatten nur wenige Menschen Gelegenheit, sich von ihrem traurigen Schicksal zu überzeugen. Einer, dem es trotzdem gelang, war der Weltreisende Jacques Arago. Er schrieb: »Jene Frau beeindruckte mich nach ihren ersten Worten …; in ihrer natürlichen Güte lag so viel Wohlwollen; und die Gewohnheit zu leiden, hatte sie so vollkommen gut gemacht, daß ich nicht wußte, wie ich ihr meine Anerkennung für ihre Leutseligkeit bekunden sollte … Ich hatte die Ehre, die ausgezeichnete Leopoldine, mit der ich viele Male in der Umgebung von São Cristóvao zeichnete, verschiedene Male wiederzusehen, und nie wurde ich müde, die Anmut dieser unglücklichen Prinzessin zu bewundern, die von ihrem königlichen Gatten so grausam behandelt worden ist.«

Dom Pedro hatte endlich in seiner Dona Domitilia die Frau gefun-

den, die in ihrer Primitivität und Obszönität so richtig zu ihm passte. Denn sie lachte aus vollem Halse über seine Zoten und erregte sich am pornografischen Inhalt der vielen Zeilen, die er meist kurz nachdem er sie verlassen hatte, zu Papier gebracht hatte:
»Herrlich war der Genuss, den wir gestern abend hatten, es scheint mir, als sei ich noch am Werk. Welches Vergnügen! Welcher Trost! Welche Lust war die unsrige!«
In völliger Abhängigkeit von seiner Mätresse veranstaltete Dom Pedro für diese Frau glanzvolle Empfänge, bei denen sich die Tische bogen, während er seiner eigenen Ehefrau, der er alles zu verdanken hatte, nicht einmal genug Geld zubilligte, damit sie einen halbwegs standesgemäßen Lebensunterhalt führen konnte, ganz zu schweigen von dem nicht vorhandenen Geld für ihre Bekleidungsausgaben. In einfachen Leinenkleidern, meist in Hosen, mit einem Strohhut gegen die Sonne sah man die Kaiserin von Brasilien übers Land reiten, die einzige Freude, die ihr neben ihren Kindern noch geblieben war. Denn auch die englische Zofe, die für die Töchter und den endlich geborenen Kronprinzen engagiert worden war, die hoch gebildete Mary Graham, war auf Grund von Intrigen der Hofkamerilla von Dom Pedro rasch wieder entlassen worden. Man hatte nämlich bemerkt, dass die beiden jungen Frauen Leopoldine und Mary einander sympathisch gefunden hatten. Endlich war für die Kaiserin eine Frau aus Europa an den Hof gekommen, mit der sie nach so langer Zeit des Verlassenseins und der Einsamkeit ausgiebig über alles plaudern konnte. Wie hatte sie das vermisst! Aber schon nach einigen Monaten wurde ihrem »hohen« Gemahl von seinen dubiosen Freunden eingeflüstert, dass die Engländerin suspekt im Umgang mit seinen Kindern wäre, und zum größten Leidwesen Leopoldines ordnete er beinah Hals über Kopf die Abreise Marys an.
Je einsamer es um Leopoldine wurde, umso mehr flüchtete sie sich in die Religion. Im Gebet erblickte sie den einzigen Trost, nachdem sie schmerzlich alle Hoffnung aufgegeben hatte, ihre Lieben und Europa noch einmal im Leben wieder zu sehen oder die Liebe ihres Gemahls zurückzugewinnen. Als sie dies erkannt hatte, hatte sie der geliebten Schwester resignierend folgende Zeilen geschrieben:
»Ich muss Dir aufrichtig gestehen, jedesmal bin ich mehr überzeugt, nur gegenseitige Leidenschaft und Bekanntschaft kann eine Ehe

glücklich machen; wir Prinzessin(nen) sind den Würfeln gleich, die man hinwirft, und sagt: Glück oder Unglück!« Bei Leopoldine war der Lebenswürfel auf die falsche Seite gefallen.

Den einzigen Lichtblick in ihrem tristen Tagesablauf bildeten die Gespräche mit den Kindern und die Briefe, die von Zeit zu Zeit aus Parma kamen und die sie sehnsüchtigst erwartete. Lange hatte sie ihre tatsächliche Lage der Schwester verschwiegen, aber in ihrem letzten Schreiben deckt sie den Schmerz auf, der ihr jahrelang zugefügt worden war:

»Seit fast vier Jahren bin ich, wie ich Dir, meine geliebte Schwester, geschrieben habe, wegen eines verführerischen Ungeheuers in den Zustand grösster Versklavung versetzt und vollkommen von meinem geliebten Pedro vergessen.«

Die Missachtung seiner Ehefrau ging bei Dom Pedro so weit, dass er nichts mehr dabei fand, seine Mätresse zu offiziellen Anlässen mitzunehmen, sie repräsentieren zu lassen, während Leopoldine immer mehr dem Tod entgegenging. Denn ihr Gesundheitszustand war nicht nur auf Grund der ununterbrochenen herzlosen Kränkungen stark in Mitleidenschaft gezogen, sie war auch infolge der ständigen Schwangerschaften und Fehlgeburten geschwächt. Denn so wenig sich der hohe Gemahl auch im Allgemeinen um Leopoldine kümmerte, so zeugte er doch immer wieder Kinder im Ehebett, obwohl er auf eine beträchtliche Anzahl von unehelichen Kindern blicken konnte. Auch mit Dona Domitilia hatte er eine Tochter, die er gemeinsam mit seinen ehelichen Kindern erzogen wissen wollte – eine Tatsache, die die Kaiserin zutiefst empörte.

Je mehr die Marquise von Santos an der Seite des Kaisers in der Öffentlichkeit erschien, umso mehr machte sich unter der Bevölkerung Unmut, ja Empörung breit. Wie konnte der Kaiser, von dem man ohnedies nicht sehr viel hielt, sich eine derartige Brüskierung der geliebten Kaiserin erlauben? Leopoldine war es, die man liebte, die man brauchte und von der man wusste, was man ihr zu verdanken hatte. Leopoldine hätte, nachdem Dom Pedro sich in aller Öffentlichkeit von ihr distanziert hatte, nur eine einzige Chance gehabt zu überleben: Sie hätte ihre verzweifelte Situation dem Volk vor Augen führen müssen. Aber dies hätte bedeutet, dass sie sich gegen den einst so geliebten Pedro hätte wenden müssen, um allen kundzutun,

was für ein Ungeheuer der Kaiser von Brasilien eigentlich war. Und zu so einer Kampagne war sie als habsburgische Kaisertochter, aber auch als Ehefrau nicht in der Lage.
Als sich die Kunde von dem plötzlichen Tod der jungen Frau in ganz Brasilien verbreitete, fiel es dem Volk wie Schuppen von den Augen. Es war trotz aller Verbote von Seiten Dom Pedros durchgesickert, dass die Kaiserin wahrscheinlich an den Folgen von Fußtritten, die ihr der eigene Ehemann in einem Anfall von Wut in den schwangeren Leib versetzt hatte, innerlich verblutet war. Um diese Gerüchte im Keim zu ersticken, spielte Dom Pedro den zutiefst getroffenen Ehemann, dem ein grausamer Tod die geliebte Gattin allzu früh entrissen hatte. An seinen Schwiegervater nach Wien schrieb er folgende Zeilen:
»Meine Sehnsucht übertrifft alle Worte, die ich gebrauchen könnte, und ich sage E.M., daß sie noch in meinem Herzen lebt und immer leben wird, bis der Tod mich von dieser Welt wird scheiden lassen.«
Um die Heuchelei voll zu machen, schloss sich Dom Pedro für acht Tage im Palast ein.
Als Leopoldine, die Schöpferin des unabhängigen Staates Brasilien, mit nur 29 Jahren die Augen für immer schloss, war der gute Geist von Dom Pedros Seite für immer gewichen. Nachdem seine Popularität in den folgenden Jahren auf einen Nullpunkt gesunken war und er fürchten musste, dass man ihm nach dem Leben trachten würde, verließ er 1831 Brasilien.
Leopoldine wurde in einem pompösen Leichenbegängnis zunächst im Ajuda-Nonnenkloster beigesetzt. Auf ihren Sarkophag legte Dom Pedro eine zerbrechliche Kaiserkrone, angeblich ein eigenes Werk. Auch die Zeilen, die neben dem Sarkophag auf einer Holztafel angebracht waren, stammten angeblich von Leopoldines »hohem Gemahl«:

»Hier ruhen die kostbaren Reste der
Angebeteten Kaiserin Maria Leopoldina.
Ihr Geist, so glauben wir, wohnt im Himmel.
Ihr Gedächtnis werden die Jahrhunderte nicht verwischen.«

Die Staatsformen in Brasilien wechselten im Laufe der Zeit, die habsburgische Kaisertochter Dona Leopoldina aber, die ihr Leben für die Eigenständigkeit Brasiliens selbstlos geopfert hatte, gilt heute noch, nicht nur in den Geschichtsbüchern, sondern vor allem auch im Herzen des Volkes, als die Mutter Brasiliens.

Maximilian

KAISER VON MEXIKO

Es war für die alte Mutter Kaiser Franz Josephs wahrscheinlich der schrecklichste Augenblick im Leben, als ihr die Nachricht von der Exekution ihres Lieblingssohnes Ferdinand Maximilian im fernen Mexiko überbracht wurde. Für Erzherzogin Sophie brach eine Welt zusammen in der seit Jahrzehnten die Idee des Gottesgnadentums und die uralten habsburgischen Traditionen galten. Nicht nur, dass sie ihren zweitgeborenen Sohn auf unvorstellbar tragische Weise verloren hatte, obendrein hatte man es gewagt, Hand an einen Habsburger zu legen wie einst in den verworrenen Zeiten der Französischen Revolution.

Sophie war von vornherein gegen den Plan gewesen, dass Maximilian die mexikanische Kaiserkrone annahm, mit ihrem untrüglichen politischen Instinkt sah sie nichts Gutes auf den Sohn zukommen. Aber trotz ihres großen Einflusses auf ihren Sohn war es ihr nicht gelungen, ihn zu überreden, den Verlockungen der Macht zu widerstehen.

Maximilian hatte ein Leben lang darunter gelitten, immer nur der Zweitgeborene zu sein. Schon als Kind hatte er den Respektsabstand zu seinem älteren Bruder einzuhalten, durfte seine Meinung nur dann äußern, wenn er ausdrücklich danach gefragt wurde, und seine weit reichenden, manchmal fantastischen Ideen konnte er nicht frei kundtun, sondern musste stets warten, ob sie auf allerhöchstes Interesse stoßen würden.

Diese Situation, in der er sich von Kindesbeinen an befunden hatte, empfand der sensible, fantasiebegabte und intelligente Maximilian keineswegs als befriedigend. Im Gegenteil: Er litt darunter, dass selbst seine eigene Mutter ihm von klein auf tagtäglich zu erkennen gab, dass nicht er der Mann sein würde, der eventuell einmal die Geschicke Österreichs lenken würde, sondern sein älterer Bruder Franz.

Zunächst sah allerdings alles anders aus: Auch Franz war es nicht in die Wiege gelegt worden, dass er einmal die altehrwürdige Krone der Habsburger tragen würde. Denn zur Zeit seiner Geburt saß Kaiser Ferdinand, ein Onkel von Franz und Max, auf dem Thron. Alles deutete aber darauf hin, dass dieser Kaiser, der im Volk leicht mitleidig den Beinamen »der Gütige« trug, nicht bis zu seinem Ableben die Politik der Monarchie bestimmen würde.
Ferdinand war nur auf Grund der strengen Gesetze der Primogenitur, die im habsburgischen Hause herrschten, Nachfolger seines Vaters, des »guten Kaisers Franz«, geworden, obwohl er von Jugend an ein schwer kranker, bedauernswerter Mann war. Durch die unglückliche Heirat seines Vaters, der seine Cousine zum Altar geführt hatte und mit der er zwölf Kinder gezeugt hatte, hatte sich das Habsburger-Blut derart verschlechtert, dass nicht nur bei Ferdinand eine besonders schwere Form der Epilepsie auftrat, sondern auch einige seiner Geschwister an schwersten Geisteskrankheiten litten. Aber die epileptischen Anfälle, von denen Ferdinand Tag für Tag heimgesucht wurde, verhinderten nicht, dass er die Nachfolge seines Vaters als Kaiser antrat.
Bald nach Ferdinands Regierungsantritt zeigte es sich, dass er trotz der »Geheimen Staatskonferenz«, die ihm zur Seite stand und der auch der Vater Maximilians Franz Karl angehörte, nicht in der Lage war, umfassende politische Entscheidungen zu treffen. Schon sein Vater hatte einen Mann zur Seite gehabt, der die Regierungsgeschäfte nach seinem eigenen Gutdünken führte: Klemens Fürst Metternich. Und dieser Mann war nach wie vor auch unter Kaiser Ferdinand allmächtig.
Inwieweit Kaiser Ferdinand tatsächlich geistig so beeinträchtigt war, wie er sowohl im Volk als auch von der Nachwelt hingestellt wurde, oder ob die Krankheit all seine Handlungen so beeinflusste, wird wahrscheinlich kaum mehr zu ergründen sein. Denn schon die eigenen Familienmitglieder sprachen ihm beinahe alle Fähigkeiten ab, wobei sie mit einer Tatsache sicherlich recht hatten: Ferdinand würde niemals in der Lage sein, eigene Kinder zu zeugen, obschon er mit der bedauernswerten Maria Anna von Savoyen verheiratet war. Aber es war kein Geheimnis, dass er auf Grund seiner körperlichen Gebrechen nicht fähig war, die Ehe zu vollziehen. Es war sowohl für

Metternich als auch für Erzherzogin Sophie nur noch eine Frage der Zeit, wann Kaiser Ferdinand sich von den Regierungsgeschäften zurückziehen werde, um die Krone einem Gesünderen zu übergeben. Nach den habsburgischen Hausgesetzen, die Ferdinand im Jahre 1839 erlassen hatte, war der Nächste in der Thronfolge sein Bruder Franz Karl, der Vater von Franz und Maximilian.

Aber in den Augen von Erzherzogin Sophie würde man mit Franz Karl zwar nicht direkt den Teufel mit Belzebub austreiben, aber einen wirklich fähigen Herrscher würde die Monarchie mit ihrem Manne nicht bekommen, davon war sie absolut überzeugt. Sie hatte allen Grund, nicht allzu viel von ihrem Ehemann zu halten, den sie nach dem Willen ihres Vaters, des bayerischen Königs Maximilians I., seinerzeit hatte heiraten müssen. Er war nicht nur als Ehemann alles andere als attraktiv, immerhin hatte er Jahre gebraucht, um ein erstes Kind zu zeugen – in seiner zwar gutmütigen, aber äußerst schwerfälligen Art entsprach er so gar nicht den Vorstellungen, die eine zielbewusste, intelligente Frau wie Sophie von einem zukünftigen Monarchen hatte. Franz Karl würde durch seine permanente Entschlusslosigkeit ein Herrscher werden, der den Ansprüchen der Zeit nicht gewachsen war. Man würde, sollte sich Kaiser Ferdinand zur Abdankung entschließen, und für Sophie schien dieser Schritt nicht weit entfernt zu sein, einen kranken Herrscher durch einen lethargischen ersetzen.

Erzherzogin Sophie wusste, und darin war sie sich mit Fürst Metternich einig, sie musste alles daran setzen, dass nicht ihr eigener Gemahl, sondern ihr erstgeborener Sohn Franz die Habsburgerkrone tragen würde. Mit der ganzen Energie, die ihr eigen war, wollte sie diesen Sohn, ein hübsches, pflichtbewusstes Kind, zum Kaiser erziehen. Sie war von dieser Idee so beseelt, dass sie die Weichen für Franz schon sehr bald stellte. Und obwohl die Mutter auch ihre anderen Kinder liebte – die einzige Tochter, die ebenfalls an Epilepsie litt, starb noch im Kindesalter –, empfanden die beiden Brüder Ferdinand Maximilian und Karl Ludwig doch schon sehr bald den Unterschied, der innerhalb der Familie gemacht wurde.

Während sich Karl Ludwig damit abfand, einmal hinter seinem ältesten Bruder keine besondere Rolle spielen zu können, bäumte sich Maximilian, wie er allgemein genannt wurde, gegen die zukünftige

Bedeutungslosigkeit schon als Kind auf. Zwar bemerkten wahrscheinlich weder seine Mutter noch sein Bruder Franz irgendetwas von der trotzigen Oppositionshaltung, in die sich Maximilian im Laufe der Zeit immer mehr hineinlavierte, aber in seinem Verhältnis zu seinem Bruder drückte sich das »Hintangestelltwerden« deutlich aus. Die beiden Brüder hatten einander von klein auf wenig zu sagen, denn den übertriebenen Ernst, den Franz schon sehr früh an den Tag legte, konnte der von Grund auf fröhliche Max kaum verstehen und noch viel weniger den Fleiß, mit dem der Bruder alle Aufgaben akribisch genau ausführte. Pedantisch wie Franz war, störte ihn die legere Art von Maximilian, die Unexaktheit, die er bei allem an den Tag legte. War Franz pünktlich wie die Uhr, so störte es Maximilian keineswegs, wenn er die Zeit nicht so genau beachtete.

Das Tagesprogramm der Brüder gestaltete sich auch im Hinblick auf ihre Zukunft äußerst unterschiedlich. Denn immerhin sollte Franz als späterer Kaiser von allem und jedem etwas verstehen und wurde deshalb mit Wissen von früh bis spät voll gestopft. Daneben hatte er schon im Morgengrauen zu exerzieren und strategische Übungen zu absolvieren, was Franz mit besonderer Begeisterung tat. Schon in den Kindertagen bemerkte man in der Familie, wie angetan, ja begeistert er von allem war, was mit dem Militär zusammenhing. Und voller Stolz registrierte die Mutter, dass er sicherlich einmal, sollte es das Schicksal so wollen, ein Kaiser werden würde, der seine Armeen selbst befehligen konnte.

Deshalb empfand es die Erzherzogin auch nicht als besonders störend, dass ihr jüngerer Sohn Max keine besonderen Ambitionen zeigte, wenn es um die militärische Ausbildung ging. Er exerzierte schlampig und lustlos, während sein Bruder Franz exakt alle Befehle ausführte, die er von seinem Instruktor bekam. Maximilian hingegen suchte den Weg des geringsten Widerstandes, tat gerade so viel, dass er mit der Mutter und seinen Lehrern keinen Ärger bekam, ansonsten hatte er ganz andere Interessen. Und da er ein ungewöhnlich charmantes Kind war, konnte er selbst seine strenge Mutter um den Finger wickeln. Der Vater kümmerte sich ohnedies nicht um die Erziehung seiner Söhne, er hätte auch kaum irgendwelche Kompetenzen gehabt, denn seine Gemahlin bestimmte alles, was die Kinder betraf. Und da war ihr ein phlegmatischer Ehemann gerade recht.

Maximilian verbrachte im Kreise der Familie eine unbeschwerte Kindheit. Da er nicht als zukünftiger Kaiser in Betracht kam, wurde er nicht von früh bis spät mit Aufgaben und Pflichten überhäuft, was allerdings nicht bedeutete, dass er nicht auch die wichtigsten Sprachen der Monarchie zu erlernen hatte. Erzherzogin Sophie arbeitete für jedes ihrer Kinder, der jüngste Sohn Ludwig Viktor wurde erst im Jahr 1842 geboren, ein exaktes Lernprogramm aus, dessen Einhaltung sie streng überwachte. Die Kinder sollten rundum gebildete Menschen werden. Mit Freude stellte die Mutter fest, dass ihr Sohn Maximilian schon sehr früh erkennen ließ, dass er ein vielseitig begabter junger Mann war. Freilich wollte sie dabei nicht erkennen, dass Maximilian sicherlich der intelligentere ihrer Söhne war. Während Franz stur seine Aufgaben erfüllte, wurde Maximilian von eigenen Ideen beflügelt und seine Fantasie kannte vielfach keine Grenzen. Er interessierte sich nicht nur für die von seinen Lehrern dargebotene Materie, er entdeckte schon sehr bald eine ungewöhnliche Liebe zur Natur und ihren Gesetzmäßigkeiten, beschäftigte sich mit Malerei und Literatur, ohne dass man ihn dazu anhalten musste. Er war der Schöngeist in der Familie, ein echter Wittelsbacher, wie auch die Mutter nicht ohne Stolz erkennen musste, während bei Franz ganz das Erbe der Habsburger zum Durchbruch kam.
Maximilian war ein heiteres Kind, das spielend lernte, wenn er auch nicht von übermäßigem Fleiß beseelt war. Da er eine sehr rasche Auffassungsgabe hatte und zudem über ein gutes Gedächtnis verfügte, musste er bei weitem nicht so viele Stunden über den Büchern sitzen wie so mancher andere in seinem Alter. Alles, was sich sein älterer Bruder Franz oft nur mühsam, wenn überhaupt, erarbeitete, flog Maximilian zu. Dadurch konnte es nicht ausbleiben, dass zwischen den beiden ungleichen Brüder schon von Jugend auf ein eher gespanntes Verhältnis herrschte, da Franz schon bald erkannt hatte, dass Maximilian überall, wohin er kam, die Herzen im Sturm eroberte und der Mittelpunkt der Gesellschaft war, wohingegen er, Franz, auf Grund seines seinem Alter nicht entsprechenden Ernstes eher abseits stand. Es war auch nicht zu verleugnen, dass Maximilian, obwohl Erzherzogin Sophie alles daran setzte, Franz, den zukünftigen Kaiser, in den Vordergrund zu stellen, der heimliche Liebling der Mutter war. Und da Franz selber wusste, dass er durch

sein verschlossenes Wesen auf andere Menschen niemals dieselbe Wirkung erzielen würde wie sein jüngerer Bruder, ging er zu Maximilian schon sehr früh auf Distanz.
Es entwickelte sich im Laufe der Jahre ein seltsam gespanntes Verhältnis der beiden Brüder zueinander. Und obwohl Maximilian ein wenig grüblerisches Wesen besaß, entwickelte er sehr bald schon eine gewisse Eifersucht dem älteren Bruder gegenüber. Franz würde der nächste Kaiser sein und er, Maximilian, hatte als Zweitgeborener nicht die geringste Chance, auch einmal eine maßgebliche Position einzunehmen.
Franz seinerseits betrachtete den jüngeren Bruder ebenso mit scheelen Augen, er missgönnte ihm die Sympathien, die ihm immer und überall entgegengebracht wurden. Er wollte Maximilian eigentlich nicht in seiner Nähe haben, dessen war sich Franz schon sehr bald bewusst.
Im Jahr 1848 schlug für beide die entscheidende Stunde. Kaiser Ferdinand hatte sich endlich entschlossen, abzudanken und den Thron für einen fähigeren Nachfolger frei zu machen. Es war ein diplomatisches Meisterwerk Sophies, ihren Ehemann, der keineswegs abgeneigt gewesen war, die Habsburgerkrone zu übernehmen, zu überzeugen, dass nicht er Kaiser werden sollte, sondern ihr Sohn Franz. Die feierliche Krönung des 18-jährigen Franz, der sich ab diesem Zeitpunkt Franz Joseph nannte, fand am 2. Dezember 1848 in Olmütz statt, wobei die Zeremonie bei Maximilian einen tiefen Eindruck hinterließ. Allzu deutlich erkannte er die geänderte Situation, der Bruder war der Herrscher und er nur ein unbedeutender Erzherzog, so wie viele andere auch. Dazu kam, dass der junge Kaiser schon bald von seinem Gottesgnadentum überzeugt war, was ihm nicht nur durch Erzherzogin Sophie eingeredet worden war. Wie tragisch sich gerade diese Vorstellung in Verbindung mit der Akzeptanz des Spanischen Hofzeremoniells vor allem auf das Privatleben Kaiser Franz Josephs auswirken sollte, konnte nicht einmal die eigene Mutter vorhersehen. Beinahe unmerklich wurde der junge Kaiser durch diese Vorstellungen zur lebenden Statue, an die nicht einmal die engsten Familienmitglieder wie die eigene Ehefrau, der einzige Sohn oder der Bruder herankamen. Alles hatte beinahe mechanisch zu funktionieren, wie es der Kaiser bestimmte, menschliche Regungen fanden schon bald keinen Platz in diesem Konzept. An dieser Versteinerung

zerbrach die Ehe des Kaisers, an ihr scheiterte der einzige Sohn und sie kostete dem Bruder das Leben.

Hatten die beiden Brüder einander schon als Kinder im Familienverband wenig zu sagen gehabt, so erstarb nun beinahe jedes Wort auf ihren Lippen, wenn sie einander begegneten. Franz Joseph fühlte sich in Gegenwart Maximilians unbehaglich, denn er bemerkte zunehmend mehr die Sympathiekundgebungen um sich herum für den liebenswürdigen Erzherzog, der es verstand, stets das rechte Wort am rechten Platz zu finden. Maximilian war beliebt in Wien, das war für Franz Joseph nicht zu übersehen, und je mehr er sich aus der Bevormundung durch seine Mutter löste, umso mehr kam er zu der Überzeugung, dass er alles daran setzen musste, Maximilian irgendwohin in der Monarchie zu schicken. Er konnte alles andere brauchen als einen politischen Nebenbuhler, der noch dazu mit der Politik, die der junge Kaiser machte, keineswegs einverstanden war. Nach den revolutionären Ereignissen der Jahre 1848/49 hatte Franz Joseph auf Anraten seiner Mutter und ihrer Berater in Ungarn hart durchgegriffen, etwas, das viel böses Blut in der gesamten Monarchie gemacht hatte. So verurteilte der auf Harmonie bedachte Maximilian die Blutgerichte gegen die ungarischen Aufständischen, die der junge Kaiser unterzeichnet hatte, zutiefst. Dass Franz Joseph hierbei ganz den Einflüsterungen seiner Mutter folgte, war für den jungen Maximilian geradezu ein Schock. Auch er fühlte, dass er irgendwie versuchen musste, seinen weiteren Lebensweg von dem des kaiserlichen Bruders abzukoppeln, nicht nur um des familiären Friedens willen, auch weil er kaum mehr Zugang zu seinem Bruder finden konnte.

Außerdem zog es ihn mit Macht in die Welt, er wollte mit eigenen Augen das erleben und sehen, was er bis jetzt nur aus den Büchern kennen gelernt hatte. Die einzige größere Reise, die er an der Seite seiner Brüder mit dreizehn Jahren hatte unternehmen können und die sie in die oberitalienischen habsburgischen Gebiete geführt hatte, war ihm noch in lebhaftester Erinnerung und hatte einen bleibenden Eindruck hinterlassen. Jetzt als erwachsener Mensch wollte er mehr von der Welt sehen.

Schon lange war er von dem Wunsche beseelt gewesen, einmal Seemann werden zu wollen. Und zu seiner großen Freude stellte sich der kaiserliche Bruder dieser Vorstellung nicht entgegen, sodass

Maximilian mit neunzehn Jahren in die kaiserliche Marine eintreten konnte. Er wurde ein begeisterter Seekadett, der sich nicht nur mit den Alltäglichkeiten des Seemannsdaseins beschäftigte, sondern schon bald eigene Pläne entwickelte, wie man die veraltete und keineswegs schlagkräftige österreichische Flotte modernisieren und auf einen der Zeit entsprechenden Standard bringen könnte. Dabei ging Maximilian nach wissenschaftlichen Gesichtspunkten vor, ließ sich von Fachleuten alles genauestens erläutern und brachte dann seine Pläne zu Papier. Als technisch interessierter Mensch erkannte er die Notwendigkeit, den Gegebenheiten der Zeit Rechnung tragen zu müssen. Die Segelfregatten waren nicht nur überholt, sondern auch vielfach kaum mehr seetauglich. Wollte man wirklich in einem zukünftigen Krieg schlagkräftige Schiffe haben, so musste alles von Grund auf erneuert werden, angefangen von der Kommandosprache, die nach wie vor noch Venezianisch war.

Kaiser Franz Joseph allerdings konnte mit den Ideen seines Bruders wenig anfangen, für ihn war die Flotte in seinen strategischen Überlegungen eher unmaßgeblich. Jeder Gulden war ihm zu schade, den er in neue, moderne Schiffe investieren sollte, obwohl die politische Lage keineswegs so geartet war, dass man unter allen Umständen einen Waffengang zur See ausschließen konnte. Einzig und allein die Armee war das Lieblingskind des Kaisers.

Aber immerhin bot sich in der Marine für Maximilian eine Chance, weit ab von Wien Karriere zu machen. Den erst 22-jährigen Bruder betraute Franz Joseph mit dem Oberkommando der Marine, eine Stellung, die allgemein Erstaunen, aber auch Verärgerung hervorrief. Man war in Fachkreisen geteilter Meinung: Einerseits sah man in dem jungen Erzherzog einen ungewöhnlich fähigen Mann, dem es schon nach kurzer Zeit gelungen war, wichtige Probleme, die schon lange anstanden, bravourös zu lösen, auch indem er immer den richtigen Ton bei den Verhandlungen fand, andererseits vermisste man doch eine langjährige Erfahrung bei Maximilian, die nach Meinung vieler Militärs von entscheidender Bedeutung sein sollte.

Maximilian hatte bei seinen Erneuerungsplänen die Flotte betreffend ein Vorbild, dem er nacheifern wollte: Die englische Marine galt zu jener Zeit als die modernste und so wie diese sollten schon sehr bald die österreichischen Flottenverbände ausgerüstet sein.

Ganz anders als sein kaiserlicher Bruder in Wien, der über seinen Aktenbergen sehr oft die Wirklichkeit vergaß, informierte sich Maximilian an Ort und Stelle. Er wollte nicht die Welt nur aus Büchern und Reisebeschreibungen kennen lernen, ihn zog es mit Macht in ferne Länder. Die Fregatte »Novara« wurde schon sehr bald sein zweites Zuhause, auf ihr unternahm er seine großen Entdeckungsfahrten, die ihn nicht nur nach Griechenland und in den Vorderen Orient führten, sondern einige Jahre später weit hinüber über den Ozean auch nach Brasilien. Um die Gegebenheiten und Zustände in den anderen Ländern wirklich unverfälscht kennen lernen zu können, lehnte der Erzherzog offizielle Empfänge ab, meist reiste er beinahe als Privatmann nur in kleiner Begleitung.

Maximilian ging mit offenen Augen durch die Welt. Dabei konnte es nicht ausbleiben, dass er Dinge erblickte und erlebte, die er im 19. Jahrhundert nicht für möglich gehalten hätte. Dass Menschen in dieser Zeit, wo sich allgemein, wie er geglaubt hatte, der Fortschritt breit machte, als Sklaven kaum anders als das Vieh behandelt wurden, war für den sensiblen, sozial engagierten und kultivierten Erzherzog unvorstellbar. Was Maximilian bei seiner Kritik an diesen tristen sozialen Zuständen im Vorderen Orient allerdings nicht bedachte, war, dass auch die Lage der Ziegelarbeiter am Stadtrand von Wien keineswegs menschenwürdig war, dass auch in der Monarchie in Schlesien erst dreijährige Kinder in den Webereien tagaus tagein ein freudloses Arbeiterdasein führten und nicht einmal genug zu essen hatten. Wie Jahre später sein Neffe Rudolf führte der Erzherzog auf seinen Reisen genau Buch und schilderte in anschaulichen Worten seine Eindrücke.

Im Jahre 1856 ernannte der Kaiser seinen Bruder zum Vizeadmiral, ein Titel, der kundtat, dass Franz Joseph mit den Aktivitäten Maximilians im Allgemeinen einverstanden war. Maximilian war ununterbrochen tätig gewesen, um den Stellenwert der Marine zu verbessern: Auf seine Initiative hin wurden ein Marineministerium sowie ein Marinemuseum und ein hydrographisches Institut geschaffen.

Vielleicht hätte der Erzherzog im kontinuierlichen Ausbau der Marine eine wirkliche Lebensaufgabe gefunden, wäre nicht die Interesselosigkeit des Kaisers an seinen Plänen immer mehr zutage getreten alle Schriftstücke, die Maximilian in der Hofburg vorlegte, wurden von Franz Joseph unzählige Mal hin und her gewendet und unendlich oft diskutiert, um schließlich als nicht allzu wichtig in irgendeine Schublade zu wandern. Nach wie vor stand Franz Joseph dem Bruder skeptisch gegenüber, vor allem weil er immer wieder erkennen musste, dass Maximilian, wo er hinkam, alle Sympathien für sich gewann. Lediglich für diplomatische Missionen schien der Bruder – genauso wie später Kronprinz Rudolf, der einzige Sohn Franz Josephs – der richtige Mann zu sein. Charmant und liebenswürdig begegnete Maximilian nicht nur den Damen, wie der schönen französischen Kaiserin Eugénie, es gelang ihm auch, ihren Gemahl für sich einzunehmen, den französischen Kaiser Napoleon III., einen eher wenig sympathischen Neffen des großen Korsen. Man war dem habsburgischen Erzherzog zunächst in Paris mit einigen Ressentiments begegnet; immerhin spielte Napoleon eine undurchsichtige Rolle in Oberitalien, die ganz gegen die Interessen Österreichs gerichtet war. Seine Gemahlin allerdings war von dem liebenswürdigen jungen Mann sofort begeistert, sie hatte ein besonderes Faible für charmante Männer, die ihr den Hof machten. Eugénie galt nicht nur als eine der schönsten Frauen Europas, sie verstand es auch, ihre Reize in entsprechender Weise einzusetzen. Aus einer andalusischen Adelsfamilie stammend hatte sie, nachdem sie Napoleon geheiratet hatte, Umgang mit allen Großen ihrer Zeit.

Schon als junges Mädchen hatte sich Eugénie ungewöhnlich für die politischen Probleme interessiert, nicht nur für die Zustände in Europa, sondern auch, bedingt durch die ausführlichen Schilderungen des Exilmexikaners José Manuel Hidalgo y Esnaurizar, der im Hause ihrer Eltern verkehrte, für die Probleme jenseits des Ozeans. Jener Hidalgo war der Prototyp des Glücksritters, der sein Heimatland Mexiko verlassen hatte, da er die chaotischen Zustände, die in diesem mittelamerikanischen Land herrschten, nicht mehr ertragen konnte. Man hatte ihm die Stelle eines zweiten Sekretärs in der mexikanischen Gesandtschaft in London angeboten, die er mit Freuden angenommen hatte. Auf Grund seines weltgewandten Wesens war er im Laufe der Jahre zu einem gern gesehenen Gast in den eleganten Salons geworden, wo sich die einflussreiche Gesellschaft ein Stelldichein gab. Man schätzte die geistreiche Unterhaltung mit diesem

weit gereisten Weltbürger und auch Eugénie konnte sich dem männlichen Charme Hidalgos nicht entziehen. So war es nur verständlich, dass sie ihn auch an ihrem Hofe empfing, als sie Kaiserin der Franzosen geworden war.
Napoleon III. war zwar alles andere als ein schöner Mann, aber seine Stellung als Kaiser ließ so manche Dame vergessen, dass sie kurzfristig das Lager mit einem unattraktiven, plumpen und uncharmanten Menschen teilte. Selbst seine schöne Frau Eugénie konnte Napoleon nicht davon abhalten, auch als Ehemann seine zahlreichen Affären fortzusetzen und seine Gemahlin nach allen Regeln der Kunst zu betrügen. Um Eugénie etwas zu besänftigen, räumte er ihr größtmögliche Handlungsfreiheit in allen Dingen, auch in politischen, ein. Und schon bald war ihr Salon der Mittelpunkt für viele diplomatische Missionen.
Natürlich war auch Erzherzog Maximilian von der schönen Kaiserin empfangen worden und im Gespräch mit ihr tauchte plötzlich in Verbindung mit Hidalgo der Name »Mexiko« auf. Wahrscheinlich hatten Napoleon und Hidalgo schon seit einiger Zeit in der Theorie den Plan ventiliert, ein mexikanisches Kaiserreich zu gründen. Es bedurfte keiner ausführlichen Schilderungen von unermesslichen Schätzen und Möglichkeiten, die dieses Land bot, um das Interesse des stets gierigen französischen Kaisers für so eine Idee wachzurufen. Aber noch wusste niemand, wie und ob sich alles verwirklichen lassen würde.
Wahrscheinlich machte sich auch Maximilian keine allzu großen Gedanken darüber, als Kaiserin Eugénie ihn in diese Zukunftsperspektiven einweihte. Vor allem konnte er sich sicherlich damals noch nicht vorstellen, dass ausgerechnet er es sein würde, der die ehrgeizigen Pläne des französischen Kaiserpaares realisieren sollte.
Er hatte zunächst ganz andere Aufgaben: Er sollte im Auftrag des Kaisers seine diplomatischen Missionen fortsetzen und hatte die Absicht, diese zum Wohle der Monarchie und zur Zufriedenheit des Bruders durchzuführen.
Von Paris aus reiste Maximilian nach Brüssel, wo er zu seiner großen Überraschung von König Leopold I. überaus freundlich empfangen wurde. Was der Erzherzog nicht wissen konnte, war, dass der belgische König ihn dazu auserwählt hatte, der Mann seiner einzigen

Tochter Charlotte zu werden. Leopold hatte schon so manche Erkundigung über ihn eingezogen und war zu dem Schluss gekommen, dass eine Verbindung mit dem Erzhaus absolut erstrebenswert war. Zu seiner großen Freude erkannte König Leopold, dass Maximilian nicht nur ein charmanter, sympathischer junger Mann war, sondern auch, dass er auf seine sechzehnjährige Tochter einen ganz besonderen Eindruck machte.

Aber auch Maximilian gab zu erkennen, dass er das schöne, dunkelhaarige Mädchen anziehend fand, ohne sich allerdings schnell festlegen zu lassen. Denn im Innersten seines Herzens trauerte er immer noch um seine große Liebe, um Amalie von Bragança. Er hatte die Prinzessin auf einer Spanienreise kennen und lieben gelernt. Das Schicksal wollte es, dass das schöne Mädchen schon ein Jahr später auf Madeira einem Lungenleiden erlag. Ein Leben lang konnte Maximilian Amalie nicht vergessen und selbst knapp vor seinem Tod trug er ihren Ring noch bei sich.

Maximilian brauchte einige Zeit, um mit seinen Gefühlen ins Reine zu kommen, aber nach einigem Zögern glaubte er doch in Charlotte die richtige Frau fürs Leben gefunden zu haben. Die Zeit des Kennenlernens war zu kurz gewesen, um die großen Gegensätze in ihrer beider Charaktere zu durchschauen. Denn von klein auf galt die Prinzessin als äußerst zielstrebig, selbstbewusst und konsequent, Eigenschaften, die man bei ihrem zukünftigen Mann beim allerbesten Willen nicht finden konnte. Sie war eine Frau, die versuchte, mit dem Kopf durch die Wand zu gehen, und die auf Grund dieser Veranlagung nicht nur sich selbst ins Unglück stürzte, sondern auch ihren Mann in den Tod trieb.

Aber noch schien die Zukunft äußerst verheißungsvoll zu sein, der königliche Vater gab dem jungen Paar den Segen und der kaiserliche Bruder in Wien hatte auch keinen Einwand gegen diese Verbindung, da Charlotte aus einem »allerhöchsten Haus« stammte und somit einem habsburgischen Erzherzog ebenbürtig war.

Obwohl Maximilian König Leopold von Belgien in vielerlei Hinsicht sympathisch war, musste eine Sache aber noch vor der Hochzeit abgeklärt werden: Die berufliche Zukunft Maximilians, die zur Gänze in den Händen seines kaiserlichen Bruders lag, musste geregelt werden. Denn dem belgischen König schien eine Laufbahn in

der kaiserlichen Marine zu wenig für seinen zukünftigen Schwiegersohn zu sein.
König Leopold I. war es gewohnt, das zu erreichen, was er sich vorgestellt hatte. Daher wurde er unmissverständlich mit seinen Argumenten die berufliche Karriere des Bräutigams seiner Tochter betreffend in Wien vorstellig und schließlich entschloss sich Kaiser Franz Joseph, nachdem er selber eine Inspektionsreise durch Oberitalien unternommen hatte, seinen Bruder Erzherzog Maximilian zum Generalgouverneur der Königreiche Lombardo-Venetien zu ernennen. Damit hatte er für Maximilian eine Position geschaffen, die zwar in ihrer ganzen Art problematisch war, aber doch einflussreich und repräsentativ.
Hatte der belgische König dazu beigetragen, dass die berufliche Situation sich für den jungen Erzherzog geändert und Maximilian endlich ein Aufgabenfeld gefunden hatte, so musste er doch in finanzieller Hinsicht dem Bräutigam klein beigeben. Denn Leopold I. galt trotz seines immensen Reichtums, den er sich nicht allein durch Spekulationen im Kongo erworben hatte, als äußerst sparsam, wenn nicht als geizig. Aber jetzt, als es galt, seiner einzigen Tochter, die von klein auf sein Liebling gewesen war, eine ansehnliche Aussteuer mitzugeben, war er über seinen eigenen Schatten gesprungen und hatte Charlotte schweren Herzens größere Geldsummen zuerkannt, da der Bräutigam nicht locker gelassen hatte. Kaiser Franz Joseph hatte dann noch aus seiner Privatschatulle 100.000 Gulden dazugelegt. Nun konnten endlich die Hochzeitsglocken in Brüssel läuten.
Unmittelbar nach den Feierlichkeiten in Belgien fuhr das junge Paar nach Wien, um dem Kaiser und der Kaiserin ihre Aufwartung zu machen. Franz Joseph verhielt sich korrekt wie immer und gab einen Galaempfang für Maximilian und Charlotte, während Elisabeth kein Hehl aus ihrer Abneigung der neuen Schwägerin gegenüber machte. Sie konnte es ihr nicht verzeihen, dass die junge Frau allgemein als Schönheit gepriesen wurde. Elisabeth brauchte schließlich keine Konkurrenz im eigenen Hause.
Durch seine Stellung als Generalgouverneur in Oberitalien schien es, als könnten Maximilian und Charlotte ein weitgehend unabhängiges Leben führen, obwohl es gerade in diesem Teil der Monarchie

schon seit Jahren gärte. Immer lauter wurden die Forderungen der Separatistengruppen, ein einheitliches Italien zu schaffen. Natürlich hatte das Erzherzog Maximilian klar erkannt, dass er sich mit seiner jungen Frau auf brisanten Boden begab, aber gerade dies war es vielleicht, was ihn besonders reizte. Hier wollte er versuchen, die erstarrte Politik der Habsburger in Bewegung zu bringen, um die Ressentiments, die in weiten Teilen der Bevölkerung gegen Österreich herrschten, allmählich abzubauen. Selbst der keineswegs modern eingestellte Kaiser war davon überzeugt, dass der diplomatisch geschickte Bruder viel wieder gutmachen konnte, was bisher in diesen Gebieten versäumt und falsch gemacht worden war.

Um den Bruder vor Unannehmlichkeiten zu warnen, schrieb er ihm folgende Zeilen:

»Doch müssen wir dabei ein wachsames Auge auf alle revolutionären Umtriebe haben und den ersten Versuch des Ausbruches schon im Keim ersticken ... Ich empfehle Dir daher große Wachsamkeit und entschiedene Strenge. Die Venetianer sind, trotz ihrer geringeren Gefährlichkeit, wieder recht heimtückisch ... Die Studentendemonstrationen in Padua hätten verhindert werden sollen, denn 300 Studenten sollen sich nicht verabreden können, ohne dass die Behörde es weiß. Melde mir das Resultat der Untersuchung und sorge dafür, dass die Rädelsführer der gerechten Strafe nicht entgehen ...«

Die beiden Brüder waren aber nicht nur in ihrem Naturell grundverschieden, ihre Auffassungen von politischer Strenge differierten grundlegend. In seiner ausgleichenden Art gewann Maximilian sehr rasch die Sympathien der oberitalienischen Bevölkerung, obwohl man ihm zunächst überall äußerst reserviert bis ablehnend entgegengekommen war.

Der oberitalienische Adel hingegen erkannte sehr rasch die Gefahr, die von Maximilian ausging, und verhielt sich ihm gegenüber absolut zugeknöpft bis feindselig. Mit dem groß angelegten Reformprogramm Maximilians, das alles andere als konservativ und vom Wiener Kaiserhof unabhängig war, wäre jeder Grund zur Unzufriedenheit weggefallen. Und das war etwas, das die Schaffung eines einheitlichen italienischen Staates hätte tatsächlich unterbinden können. Der neue Generalgouverneur war gefährlich geworden!

Aber schon sehr bald zeigte es sich, dass sich die Sorgen der Sepa-

ratisten als völlig unbegründet erwiesen. Der Kaiser selbst war ihr bester Anwalt. Denn er war mit den Maßnahmen seines Bruders absolut unzufrieden, er erkannte in den Verordnungen antihabsburgische Tendenzen und warf dem reformfreudigen Bruder antitraditionelles Handeln vor. Er hatte es eilig, Maximilian aus Oberitalien abzuziehen und an seiner statt die oberste Zivil- und Militärgewalt in die Hände des Grafen Gyulai zu legen.
Die Enttäuschung Maximilians, der voller Tatendrang seine oberitalienische Aufgabe nach bestem und modernstem Wissen zu lösen versucht hatte, über die Reaktion aus Wien war grenzenlos. Er schrieb an seinen Schwiegervater folgende Zeilen:
»Es ist so traurig, unsere schöne und ehemals kräftige Monarchie durch Ungeschicklichkeit, Mißverständnisse und rätselhaftes Vorgehen immer mehr und mehr sinken zu sehen.«
Dass er in absehbarer Zeit von seinem kaiserlichen Bruder nach dem italienischen Fiasko noch einmal mit einer ihn erfüllenden Aufgabe betraut werden würde, daran zweifelte nicht nur Maximilian. Er sah eine hoffnungslose Zukunft auf sich zukommen.
Dass Kaiser Franz Joseph das tragische Schicksal seines Bruders in diesen Tagen besiegelt hatte, war ihm wohl selbst nicht bewusst geworden. Hätte er Maximilian als Generalgouverneur in Lombardo-Venetien belassen, er hätte sich, der Monarchie und seinem Bruder viel erspart.
Deprimiert zog sich der junge Erzherzog mit seiner Gemahlin nach Triest auf sein neu erbautes Schloss Miramare zurück, sein zukünftiges Schicksal würde das eines tatenlosen Privatmannes sein.
Während Maximilian sich einzureden begann, dass er hier an der oberen Adria ein beschauliches Leben führen könnte, um seine innere Unzufriedenheit einigermaßen in den Griff zu bekommen, wurden am Kaiserhof in Paris die absurdesten Pläne beinahe Tag und Nacht ventiliert. Denn die Exilmexikaner hatten immer mehr Einfluss auf Eugénie gewonnen und unterbreiteten ihr und Napoleon III. ausgefeilte Pläne, wie man von Europa aus auf mexikanischem Boden ein Kaiserreich errichten könnte, natürlich unter der Ägide Frankreichs, das zwar nicht offiziell in Erscheinung treten sollte, obwohl schon seit längerer Zeit französischen Truppenverbände in Mexiko stationiert waren. Die finanziellen Investitionen sollten sich in der

nächsten Zeit lohnen. Wer allerdings die Krone tragen sollte, davon hatte man in diesen Tagen noch keine Ahnung.
Natürlich waren auch England und Spanien auf den Plan getreten, als bekannt wurde, dass Frankreich in Mexiko sich ein neues Standbein errichten wollte. Hatte Spanien durch die Freiheitsbewegungen jenseits des Atlantiks alle Kolonien eingebüßt, so würde sich jetzt ein neues Betätigungsfeld in Mittelamerika bieten. Unmöglich konnte man dieses reiche Land allein dem Einfluss Frankreichs überlassen! Beide Länder zeigten sich gewillt, Truppenverbände nach Mexiko zu entsenden, um hier die Gründung eines neuen Kaiserreiches zu unterstützen. Selbstverständlich bei größtmöglicher Gewinnbeteiligung!
Es waren nur eine Hand voll Exilmexikaner, die durch ihre wortreichen Argumente in diesen Monaten Politik gemacht hatten, die weit reichende Folgen für alle Beteiligten haben sollten. Dass Napoleon III. und vor allem Eugénie den schönen Versprechungen und wünschenswerten Zukunftsvisionen eines Hidalgo und eines Don José Maria Gutierrez de Estrada, der das Haupt der monarchistischen Partei gewesen war, Glauben schenkten, war nur durch ihre innere Macht- und Profitgier zu erklären. Sie wollten da sein, wenn dieses reiche Land aufs Neue ausgebeutet werden sollte.
Keiner, außer den Mexikanern, hatte wirklich genaue Kenntnis von der tatsächlichen politischen Situation in Mexiko, von den unüberbrückbaren Gegensätzen zwischen Arm und Reich, zwischen den Analphabeten und der kleinen Schicht der Gebildeten, zwischen den Millionen von Indianern, Schwarzafrikanern, Mestizen und Mulatten und der hauchdünnen weißen Oberschicht. Die Kirche stand in ihrer Bestechlichkeit und Verkommenheit dem Militär und seinen Angehörigen in nichts nach.
Das Land war von den Spaniern jahrhundertelang ausgebeutet und ausgeblutet worden, niemand hatte sich wirklich um das Wohl der breiten Bevölkerung gekümmert, jeder Machthaber hatte nur ein einziges Ziel gehabt: noch mehr aus dem Land herauszupressen. Auch die USA waren in den letzten Jahren nicht untätig gewesen. Nach dem Sezessionskrieg, der zu einer Einigung der Staaten geführt hatte, hatte sich dieser neue Machtfaktor in der Welt sofort in seiner ganzen Stärke gezeigt. Man hatte die chaotische Lage im Süden für

sich genützt und ganz einfach einige Teile Mexikos annektiert: Kalifornien, Arizona, Teile von Utah, New Mexiko und Texas, denn man wusste ganz genau, dass sich Mexiko nicht gegen diese Raubzüge zu wehren vermochte, da man bei dem allgemeinen Chaos, das im Lande herrschte, nicht über eine Armee verfügte, die die USA hätte in die Schranken weisen können.

In dieser verworrenen Situation war die Stimme eines Mannes immer lauter geworden, in dem man anfangs den Retter Mexikos erblickte: Benito Juárez schien plötzlich der »starke« Mann zu sein, der das Land aus dem Chaos führen konnte. Und vielleicht wäre es ihm tatsächlich geglückt, auch internationalen Anklang zu finden, wären seine Handlungen nicht von Anfang an von einer unglaublichen Brutalität geprägt gewesen. Seine Vorfahren waren größtenteils Azteken gewesen, deren Grausamkeit in all seinen politischen Entscheidungen zum Ausdruck kam. Der gerissene Aufsteiger, dem jedes Mittel recht gewesen war, um an die Macht zu kommen, ließ jedes Mittelmaß in seinem Charakter vermissen. Viel hatte er dabei von den Methoden der Kirche gelernt, denn nach einer späten Schulbildung studierte er zunächst Theologie, um dann nach dem Studium der Rechtswissenschaften Advokat zu werden.

Benito Juárez war in allem das genaue Gegenteil seines späteren Kontrahenten Maximilian. Er verfolgte mit unglaublicher Konsequenz und Ausdauer die Ziele, die er ins Auge gefasst hatte, und scheute vor keiner Intrige, vor keiner Tücke und keinem Mord zurück, um das zu erreichen, was er sich vorgestellt hatte. Listig wie er war, fand er immer die richtigen Handlanger für seine Aufträge, ohne selbst allzu sehr in Erscheinung zu treten. Mit legalen und illegalen Mitteln erreichte er im Jahr 1861 sein Ziel: Er wurde zum Präsidenten von Mexiko ernannt.

Diese Wahl galt international als Sensation. Und da man sich von seinen Ambitionen nur wenig Vorstellungen machte, trachtete man danach, Benito Juárez entweder gar nicht zu beachten oder ihn zu boykottieren. Der neue Präsident allerdings zeigte den ausländischen Regierungen schon sehr bald, dass er nicht gewillt war, weiterhin sein Land zur allgemeinen finanziellen Ausbeutung zur Verfügung zu stellen. Er strich kurzerhand die Auslandsschulden und erklärte von sich aus die Zahlungsverpflichtungen seines Landes für null und nichtig.

Die geänderte Situation in Mexiko zwang Frankreich dazu, nach monatelangen Debatten nun tatsächlich die Initiative zu ergreifen, wollte man den Einfluss in und auf Mexiko nicht ganz verlieren. Nachdem England und Spanien Frankreich gegenüber signalisiert hatten, dass man mit von der Partie sein würde, wenn es galt, einen eigenen Kaiser in Mexiko einzusetzen, diskutierte man in Paris die Frage des geeigneten Kandidaten. Der zukünftige Kaiser sollte möglichst neutral, möglichst ohne eigene Meinung, daher leicht lenkbar und beeinflussbar sein, er sollte Wachs in den Händen des französischen Kaisers sein. Jeder andere, der seine eigenen Interessen verfolgen würde, schied als Kandidat von vornherein aus.

Manchmal geht das Schicksal die seltsamsten Wege. Denn ausgerechnet die Vorsteherin des erzherzoglichen Haushaltes auf Miramare, Josepha von Lützow, brachte den Stein um die Kaiserkandidatur Maximilians ins Rollen. Denn sie machte ihren mexikanischen Schwiegersohn Gutierrez de Estrada, der als Monarchist im Exil in Rom lebte, auf den kaltgestellten habsburgischen Erzherzog aufmerksam. Gutierrez war von einem Kaiser Maximilian für Mexiko begeistert! Er würde all die Vorzüge mitbringen, die man sich für einen Herrscher dieses Reiches erwünschte: Er war jung, hispanophil, stammte aus einem der ältesten Herrscherhäuser Europas, besaß politisches Fingerspitzengefühl und war – und das war das größte Plus, das man für Maximilian in die Waagschale werfen konnte – mit seiner augenblicklichen Situation äußerst unzufrieden. Zwar hatte sich Charlotte in einem Brief an ihre frühere Erzieherin, an die Gräfin d'Hulst ganz anders geäußert, als sie meinte, sie seien mit ihrem gegenwärtigen Leben durchaus zufrieden. Allerdings fügte sie noch folgende Zeilen hinzu:

»… Ich weiß nicht, was die Zukunft bringen wird, aber sollte die Situation wieder normal werden, dann glaube ich – ich lasse mich dabei nicht vom Ehrgeiz blenden – wird der Tag kommen, an dem der Erzherzog wieder eine führende Rolle in den Geschicken der Welt spielt, denn er ist zum Herrschen geschaffen, begnadet mit allen Eigenschaften, die Menschen glücklich machen. Es scheint mir unmöglich, dass alle diese Gaben vergeudet sein sollen, nachdem sie sich in weniger als drei Jahren so glänzend bewährten …«

Man hatte mit Maximilian den idealen Kandidaten für den mexikanischen Thron gefunden. Als jüngerer Bruder des habsburgischen Kaisers erweckte er in keiner Weise den Verdacht, dass andere europäische Länder wie England, Frankreich oder Spanien ihre Interessen in Mexiko wahrnehmen wollten. Außerdem kannte man die politischen Ambitionen des Erzherzogs, der sich ein Leben lang seinem kaiserlichen Bruder gegenüber hintangesetzt fühlte, nur zu genau.

Durch einen Hinweis des ehemaligen französischen Außenministers Alexandre Florian Walewski – er war ein unehelicher Sohn Napoleons I. – wurde der österreichische Gesandte in Paris, Fürst Richard Metternich-Winneburg, mit dem Plan bekannt gemacht, Maximilian als Kaiser für Mexiko zu gewinnen. Und Metternich verständigte den Kaiser in Wien, wo man sich einigermaßen überrascht zeigte. Denn Napoleon III. war keineswegs der Mann, den man an den anderen europäischen Höfen schätzte. Aber Franz Joseph blieb nichts anderes übrig, als diese Pläne seinen Bruder betreffend ernst zu nehmen und Maximilian in Miramare davon in Kenntnis zu setzen. Er schickte seinen Außenminister Graf Rechberg und Rothenlöwen nach Triest, um Maximilian in seinem Schloss Miramare die Vorschläge des französischen Kaisers und der Exilmexikaner zu unterbreiten.

Zunächst schien es, als wäre auch Kaiser Franz Joseph voll und ganz mit diesem Plan einverstanden gewesen. Immerhin wäre der Bruder weit genug weg von Wien, denn man wusste nie, wie sich die Zukunft entwickeln konnte. Andererseits musste sich der Kaiser in einer stillen Stunde sagen – und wurde sicherlich noch durch die Warnungen der eigenen Mutter bestärkt –, dass alles, was auf Maximilian zukam, ein undurchsichtiges, wahrscheinlich auch gefährliches Abenteuer sein würde, das er eigentlich nicht gutheißen konnte. Denn eines stand für ihn von vornherein fest: Er würde nicht einen einzigen seiner Soldaten opfern, um Max in Mexiko militärische Unterstützung zu gewähren. Das Abenteuer Mexiko betrachtete er nicht als politische Aktion, sondern als reine Privatangelegenheit des Bruders!

Dass Maximilian nach einigem Zögern die angebotene Chance wahrnehmen würde, Kaiser von Mexiko zu werden, darüber war sich Kaiser Franz Joseph von vornherein im Klaren. Kannte er doch die Ambitionen seines Bruders nur zu genau. Außerdem stand die

ehrgeizige Charlotte im Hintergrund, die alles daran setzen würde, ihren Mann davon zu überzeugen, die Krone anzunehmen. Denn nachdem Charlotte schmerzlich erkannt hatte, dass sie auf eigenen Kindersegen für alle Zeiten verzichten müsse, hatte sie nur ein Ziel vor Augen: Ihren Mann auf seinem beruflichen Weg bis zur Selbstaufgabe zu unterstützen. Sie hatte schon in den ersten Ehejahren intuitiv gefühlt, dass Maximilian in seiner eher inkonsequenten Art und seiner angeborenen Weichlichkeit nicht der Mann war, der alles daran setzte, um irgendeine erfüllende Aufgabe zu finden. Viel zu schnell warf Maximilian resignierend die Flinte ins Korn und wehleidig bedauerte er sich selbst.
Jetzt war die Möglichkeit für Maximilian gekommen, seinem Leben einen Sinn zu geben. Das erkannte auch der Erzherzog, der seinen Privatsekretär Sebastian Scherzenlechner, einen ungenügend gebildeten Menschen sofort nach Paris schickte, um die Lage zu sondieren. In seiner Naivität, mit welcher er dem durchtriebenen Spiel Napoleons in keiner Weise gewachsen war, ließ sich Scherzenlechner blenden und kam mit den fantastischsten Berichten zurück nach Miramare.
Die Stimmungen wechselten bei Maximilian von Tag zu Tag. Denn in seine Euphorie mischten sich schon sehr bald warnende Stimmen, die nicht zu überhören waren. Seine Mutter Sophie bat ihn flehentlich, von diesem unglückseligen Abenteuer Abstand zu nehmen und der Realität ins Auge zu sehen. Mit ihrem politischen Spürsinn erkannte die Erzherzogin die Gefahren, die in dem unbekannten Land auf ihren vertrauensseligen Sohn lauerten.
Wenn auch Maximilian, aus welchen Gründen auch immer, nicht auf die Warnungen der Mutter hörte, so befielen ihn doch nach einigen Überlegungen Zweifel, ob es richtig sein würde, sich in dieses verlockend erscheinende Abenteuer zu stürzen. Und da er seinen kaiserlichen Bruder kaum um Rat fragen konnte, wandte er sich an seinen Schwiegervater in Belgien. Aber Leopold verhielt sich in dieser Angelegenheit eher zurückhaltend, denn er teilte Maximilian mit, dass er die Lage in Mexiko nicht beurteilten könnte. Außerdem wurden auch innerhalb der belgischen Königsfamilie Meinungen laut, die vor allem von der Sorge um Charlotte getragen waren. Leopold riet dem Schwiegersohn, auf alle Fälle nur mit einer starken Truppe

übers Meer zu ziehen. Woher allerdings Maximilian diese Soldaten nehmen sollte, konnte der belgische König auch nicht sagen.
Um irgendwie doch noch eine kompetente Stimme zu hören, sandte Maximilian Scherzenlechner nach Rom zum Papst. Aber der Kardinalstaatssekretär Giacomo Antonelli, der mit dieser Aufgabe betraut worden war, gab weder eine Zusage für irgendwelche Garantien, noch äußerte er sich gegen die hochfliegenden Pläne Maximilians.
Einzig und allein der langjährige Freund Maximilians, Graf Carl Bombelles, war Feuer und Flamme für das mexikanische Abenteuer. Er war ein Mann, dessen Lebensinhalt aus Hasardieren, dem Glücksspiel und der Suche nach galanten Abenteuern bestand. Bombelles entwickelte sich im Laufe der Zeit zu einem wahren Mephistopheles innerhalb der Kaiserfamilie, denn nicht nur Maximilian konnte sich seinem verhängnisvollen Einfluss nicht entziehen, verführte er ihn doch immer wieder zu unbedachten Handlungen, die ihm viele verübelten, er war auch der böse Geist, den Kaiser Franz Joseph in seiner Unwissenheit als Obersthofmeister für seinen einzigen Sohn Rudolf bestellte. Bombelles rechnete sich nicht nur ein aufregendes Abenteuer aus, wenn Maximilian die Kaiserkrone annahm, er versprach sich auch große Reichtümer.
Zu Weihnachten 1861 meldete sich Don de Estrada in Miramare an und gaukelte dem Erzherzog das mittelamerikanische Land in den buntesten Farben vor, obzwar er, so wie alle anderen Exilmexikaner auch, nicht einmal die blasseste Ahnung von den wahren Zuständen, die im Lande herrschten, hatte. Einzig und allein General Miguel Miramón, der in Paris eingetroffen war, warnte vor falschen Hoffnungen und unüberlegten Handlungen. Er war der Einzige, der berichtete, dass man in Mexiko schon lange keine Monarchie mehr wolle.
Auch die Vertreter der habsburgischen Diplomatie waren über das bevorstehende Abenteuer absolut geteilter Meinung. So suchte Richard Metternich-Winneburg Maximilian eigens in Miramare auf, um ihn zu warnen. Aber er wurde vom Erzherzogspaar nicht in Audienz empfangen, vielleicht fürchtete Maximilian, Metternich könnte ihm die Augen öffnen.
Der Generaladjutant Kaiser Franz Josephs war Maximilian gegenüber keineswegs so wohlmeinend wie Metternich. Denn Graf Cren-

neville schrieb am 7. Oktober 1863 einen Brief an seine Gemahlin, in dem er zum Ausdruck brachte, »dass diese Angelegenheit wegen der Garantien und sonstigen Komplikationen in Rauch aufgehe, obwohl es andererseits ein Glück wäre, diesen hohen Herrn loszuwerden, der unseren armen Kaiser noch viele Verlegenheiten und Verdruß bereiten wird.«
Aber je länger sich Maximilian und Charlotte mit dem Gedanken beschäftigten, die einmalige Chance wahrzunehmen, Kaiser und Kaiserin von Mexiko zu werden, umso euphorischer wurde der Erzherzog. Er sah sich gleichsam als Missionar, der alles daran setzen würde, das Land aus dem Chaos zu reißen und es vor dem sicheren Untergang zu bewahren. Auf der Basis der Gerechtigkeit wollte er die europäische Kultur einführen, wollte einen Musterstaat mitten in Amerika verwirklichen, etwas, das sein Bruder in Wien nie schaffen würde. Für all dies würde er ein schweres Opfer bringen, wie er dies in einem Brief selbst ausdrückte:
»Man wird mich stets und in allen Gelegenheiten des Lebens bereit finden, für Österreich und die Machtstellung meines Hauses jedes, wenn auch noch so schwere Opfer zu bringen …«
Viel später, als die schockierende Nachricht von der Exekution Kaiser Maximilians um die Welt ging, stellten sich viele die Frage, warum der eigene Bruder, Kaiser Franz Joseph, dieses absurde Abenteuer Maximilians nicht verhindert hatte. Dabei wußte so mancher, der am Verhalten des österreichischen Kaisers herbe Kritik übte nicht, dass Franz Joseph dem Ganzen mit äußerster Skepsis gegenüberstand, dass er schon relativ bald klar erkannt hatte, dass der Einfluss Frankreichs in Mexiko keineswegs mehr lange anhalten würde, dass er bei einem Treffen in Venedig Maximilian dezidiert davor gewarnt hatte, die Krone Mexikos anzunehmen, es sei denn, die drei Seemächte England, Frankreich und Spanien würden eine konkrete Garantie zum Schutze des neuen Kaisers abgeben. Allerdings änderte der Kaiser dem Bruder gegenüber die Meinung überraschenderweise, als er den Ehrgeiz und die Ambitionen von Max wieder einmal sehr deutlich erkannte. Vielleicht war die alte Eifersucht auf den in Wien ungemein beliebten Bruder wieder erwacht. Als ihm allerdings Maximilian offiziell mitteilte, dass ihm die Notabelnkonferenz, die sich in Mexiko-Stadt versammelt hatte, die Krone angetragen hatte,

begann Franz Joseph den Bruder von neuem zu warnen. Aus Ischl schrieb er ihm folgende Zeilen:
»Aus Deiner Antwort an die Deputation und aus dem Brief Napoleons ersehe ich, dass Du nicht bestimmt genug an der Garantie der drei Mächte, besonders Englands, festhältst. Ich muß Dir auf das Bestimmteste diese ursprüngliche ausgesprochene Bedingung in Erinnerung bringen. Du kannst Dich doch nicht in die alleinige Abhängigkeit Frankreichs begeben.«
Aber für Maximilian gab es bereits keinen anderen Weg mehr, als nach Mexiko zu gehen. Er schlug alle gut gemeinten Ratschläge in den Wind. Er war nicht Manns genug, die obskuren Machenschaften eines Napoleon und dessen Gemahlin zu durchschauen. Ein Leben lang für Schmeicheleien zugänglich, konnte er sich dem gleißenden Netz, das der französischen Kaiser um ihn gelegt hatte, nicht mehr entziehen. Als er mit Charlotte in Paris mit kaiserlichen Ehren empfangen wurde, verlor er jedweden Realitätssinn. Nicht er verlangte von Frankreich Garantien, sondern er garantierte Napoleon die Finanzierung des französischen Expeditionscorps, wodurch er den Bankrott des mexikanischen Staatshaushaltes schon festlegte, bevor er überhaupt noch den Boden Mittelamerikas betreten hatte.
Auch Queen Victoria, die er ebenfalls wegen eventueller Garantien Englands aufsuchte, fand den habsburgischen Erzherzog zwar charmant, sie bezeichnete ihn allerdings wenig schmeichelhaft als einen Taugenichts, wie alle Erzherzöge, dem man guten Gewissens keine Unterstützung zusagen wollte.
Allmählich nahm die mexikanische Angelegenheit konkrete Formen an und überall in Europa war man in dem Glauben, dass Maximilian in den nächsten Tagen tatsächlich die Annahme der Krone verkünden würde. In dieser Situation trat noch einmal Kaiser Franz Joseph auf den Plan und erklärte, dass Maximilian, sollte er die mexikanische Krone annehmen, alle Rechte des Kaiserhauses für sich und seine Nachkommen aufgeben musste. Dadurch würde er sowohl auf die Thronfolge verzichten, er stand immerhin nach dem Sohn des Kaisers, nach dem Kronprinzen Rudolf, an zweiter Stelle, als auch aus dem Erzhaus ausscheiden. Vielleicht sah Franz Joseph in diesem Mittel die letzte Chance, den Bruder doch noch abzuhalten,

mit offenen Augen ins Unglück zu rennen. Er ließ den Bruder hochoffiziell schriftlich über diese rechtlichen Belange informieren.
»Lieber Herr Bruder Erzherzog Ferdinand!
Da Euer Liebden Ihrer Mir gemachten Mitteilung zufolge gesonnen sind, den Ihnen angebotenen Thron von Mexiko anzunehmen und daselbst mit Gottes Beistand ein Kaiserreich zu gründen, so sehe Ich Mich als Oberhaupt des Erzhauses und nach reiflichster und gewissenhaftester Erwägung der Mir obliegenden Regentenpflichten genötigt, Ihnen zu eröffnen, dass Ich zu diesem wichtigen und folgenschweren Staatsakte Meine Zustimmung nur unter der Bedingung erteilen vermag, dass Euer Liebden vorher die Thronfolge und Erbansprüche in Österreich bezügliche Verzichtsurkunde ausstellen und feierlich bekräftigen. Sollten Euer Liebden sich hiezu nicht entschließen können und es daher vorziehen, die angebotene Krone auszuschlagen, so würde Ich es auf Mich nehmen, die Ablehnung dem Ausland und namentlich dem Französischen Kaiserhof gegenüber zu vertreten.
Wien, den 22. März 1864 Franz Joseph«

Für eine kurze Zeit schien es, als würde Maximilian tatsächlich einen Rückzieher machen. Nach der ersten Empörung über die Forderung des kaiserlichen Bruders ließ er Napoleon mitteilen, er habe es sich doch anders überlegt und würde die mexikanische Krone nicht annehmen. Die Reaktion des französischen Kaisers war überschäumend. In einem Brief an den Erzherzog forderte er ihn geradezu auf, zu seinem einmal gegebenen Wort als Mann zu stehen. Und diese Formulierung war es vielleicht, die Maximilian wiederum umschwenken ließ, und nach schweren Depressionen, die ihn über längere Zeit hinweg befallen hatten, erklärte er sich bereit, die Verzichtserklärung zu unterzeichnen.
Über die Absicht Maximilians, nach Mexiko zu gehen, war man in ganz Europa geteilter Meinung. Vor allem die engsten Familienmitglieder versuchten ihren Einfluss geltend zu machen und den Erzherzog und seine Frau von dem dubiosen Abenteuer abzuhalten, allen voran die Mutter Maximilians und die Großmutter Charlottes, die um die Zukunft der Enkelin im fernen Mittelamerika fürchtete. Auch auf diplomatischer Ebene war man denkbar skeptisch und alle,

die sich nur einigermaßen in der mittel- und südamerikanischen Politik auskannten, sahen nichts Gutes auf den neuen Kaiser zukommen. Aber die Stimme der Warner war zu leise gewesen, zu groß war die Verlockung für Maximilian!

Dabei hätte er selbst in Europa Chancen auf einen Thron gehabt. Denn England machte sich erbötig, den habsburgischen Erzherzog auf den griechischen Königsthron zu hieven. Nachdem der bayerische König Otto von den Griechen vertrieben worden war und sie selbst nicht in der Lage zu sein schienen, einen König aus ihren Reihen zu küren, suchte man wieder einmal nach einem geeigneten Herrscher für dieses Land. Aber Maximian war schon so in seinem Traum von einem neu erstarkten habsburgischen Weltreich nach dem Muster seiner Ahnen gefangen, dass für ihn weder die griechische noch die polnische Krone, die man ihm ebenfalls antrug, eine Verlockung darstellten. Schon als junger Mann war er bewundernd an den prachtvollen Renaissance-Sarkophagen seiner Vorfahren in Granada gestanden, hatte sich in die Geschichte Isabellas von Kastilien und Ferdinands von Aragon vertieft und war berührt vom Schicksal Philipps des Schönen und der unglücklichen Johanna gewesen. Es war für ihn faszinierend gewesen, so nahe den Menschen zu sein, durch die das habsburgische Weltreich entstanden war.

In seinem Schloss Miramare, das er ganz nach seinen Plänen erbauen ließ, findet man noch heute seine Träume versinnbildlicht. Nicht nur, dass sein persönliches Schlafzimmer wie eine Schiffskajüte eingerichtet war, auch die übrigen Räume spiegeln die Vorstellungen Maximilians wieder. Jahre später schrieb seine Nichte Erzherzogin Marie Valerie, die den Onkel nicht mehr persönlich gekannt hatte, folgende Zeilen in ihr Tagebuch:

»31. Oktober 1889

Endlich auf der Reise! Miramar-Onkel Maximilians schönstes Gedicht, wie Mama sagte, das einem so recht zeigt, welche eine poetische, von einem Schönheitstraum, aber leider auch von Sehnsucht nach Macht und Ruhm erfüllte Seele die seine war, denn überall sind die Insignien und Allegorien der neuen Stellung angebracht, die von einem mächtigen Reich erzählen sollten, das die Habsburger jenseits des Ozeans gegründet.«

Am 9. April 1864 teilte Charlotte offiziell dem Vater nach Brüssel mit:

Kaiser Maximilian I. von Mexiko mit seiner Gattin Charlotte, Prinzessin von Belgien.

»... Max hat angenommen. Gib uns Deinen Segen. Charlotte« Schweren Herzens hatte Maximilian die Forderung des Kaisers nach seinem Ausscheiden aus dem Erzhaus unterzeichnet. Franz Joseph war selber nach Miramare gereist, um ein letztes Mal unter vier Augen mit dem Bruder zu sprechen und alle Für und Wider zu diskutieren. Was die beiden allerdings damals ziemlich lautstark beratschlagten, denn man konnte ihre erregten Stimmen durch die massiven

Eichentüren deutlich vernehmen, entzieht sich jeder Kenntnis, da keiner von beiden jemals auf dieses Gespräch zurückkam. Der Abschied der beiden Brüder schien genauso formell zu sein, wie alles im Leben Franz Josephs. Aber zur allgemeinen Verblüffung drehte er sich, bevor er den bereitstehenden Wagen bestieg, spontan noch einmal um, ging auf Maximilian zu und schloss den Bruder mit Tränen in den Augen in die Arme. Er ahnte vielleicht, dass dies ein Abschied für immer werden sollte.

Maximilian erklärte sich nun offiziell bereit, die Krone Mexikos anzunehmen. In einer Ansprache vor versammelten Würdenträgern wies Maximilian darauf hin, dass er auf Grund des Ausspruches der Notabeln von Mexiko den Titel eines Kaisers dieses Landes angenommen habe und alles zum Wohle dieses seines Landes in der Zukunft tun würde. Nachdem er noch auf die Rolle Frankreichs bei seiner Bestellung hingewiesen hatte, erhob er die Finger zum Schwur auf die mexikanische Verfassung. Alle, die bei diesem inoffiziellen Staatsakt anwesend waren, empfanden den guten Willen, von dem Maximilian beseelt war. Vielleicht würde es ihm trotz aller Unkenrufe doch gelingen, dieses mittelamerikanische Land aus dem Sumpf zu ziehen.

Als sichtbares Zeichen der neuen Würde des habsburgischen Erzherzogs wurde die mexikanische Flagge am Schlossturm von Miramare aufgezogen. Dann wollte man sich dem gesellschaftlichen Teil dieses Ereignisses widmen.

Einladungen zu den bevorstehenden glanzvollen Festen waren an die Kaiser- und Königshofe in ganz Europa ergangen, das neue Kaiserpaar wolle sich der europäischen Gesellschaft einerseits auf diese Weise präsentieren, zugleich aber auch Abschied nehmen. Alles war bestens vorbereitet, alle Eventualitäten hatte man einkalkuliert. Nur die labile psychische Verfassung des neuen Kaisers hatte man nicht eingeplant. Die Aufregungen der letzten Wochen und Monate waren zu viel für Maximilian gewesen, er brach zusammen und war nicht in der Lage, an den Banketten, bei denen ihm gehuldigt werden sollte, teilzunehmen.

Auch die Reise nach Rom musste verschoben werden, bis sich Maximilian einigermaßen erholt hatte. Als dann der Tag des endgültigen Abschieds von Miramare kam, ging Maximilian mit Tränen in den

Aufbruch nach Mexiko: Maximilians Abfahrt aus Miramare.

Augen an Bord, während Charlotte ruhigen Schrittes die Gangway emporschritt. Der Bruder Maximilians, Ludwig Viktor, der Zeuge der Szene war, schrieb an die Mutter nach Wien:
»... Vielleicht 60 000 Menschen waren im Schloss und Garten, wo auch die Ehrenkompanie mit Musik aufgestellt war, die zuerst die Volkshymne und dann ein mexikanisches Lied spielte (es war schrecklich). Max ging rechts und führte Charlotte links; er war in Tränen aufgelöst, sie eben vom Gabelfrühstück gekommen, seelencontent (empörend). Ich hab's ihr auch gesagt. Denn ich selbst ging von dem Moment an beinahe zu Grunde. So seine Heimat, seinen gnädigen Kaiser, alle Lieben zu verlassen, ist ja schrecklich; er fühlte das auch sehr ...«
Das erste Ziel der Reise war Rom, wo das Paar zum ersten Mal mit kaiserlichen Ehren empfangen wurde, aber nur kurzen Aufenthalt nahm, um vor seiner endgültigen Abreise noch den Segen des Papstes zu empfangen.
Maximilian hatte sich schon längst intensive Gedanken über die politische Struktur seines Reiches gemacht, über die sozialen Veränderungen, die er durchführen lassen, über die bildungspolitischen

Neuerungen, die er einführen wollte. Alles sollte von Grund auf erneuert und verändert werden. Was er während der sechs Wochen auf See bei seinen Plänen, die er ausarbeitete, nicht bedachte, war, dass alles nur Theorie sein musste, solange er die Zustände in Mexiko nicht mit eigenen Augen und aus eigener Erfahrung her kannte. Wie die Gegebenheiten in diesem Land tatsächlich waren, konnte er sich nicht einmal vorstellen.

Maximilian wollte ein moderner Herrscher in seinem neuen Reich sein. Umso mehr verwundert es in der Nachschau, dass er und Charlotte auf einer geradezu absurden Idee beharrten: Sie wollten in ihrem Palast, der ihrer Stellung als Kaiser eines so großen Landes entsprechend repräsentativ ausgestattet sein sollte, das veraltete »Spanische Hofzeremoniell« einführen, gegen das Maximilian seinerzeit in Wien Sturm gelaufen war. Aber jetzt – als Kaiser – sah er die Notwendigkeit, sich vom Volk dadurch abzuheben, indem er eine starre Barriere zwischen sich und der Allgemeinheit errichten wollte. Dass gerade dieses Hofzeremoniell es war, das ihm viele wichtige Sympathien kosten sollte, hätte er damals, in den Wochen auf See, schon ahnen können.

Die Ankunft in seinem neuen Land gestaltete sich keineswegs so, wie sich das Kaiserpaar dies vorgestellt hatte. Immerhin hatte ihm Napoleon III. vorgegaukelt, dass 60 % der Bevölkerung ihn gewählt hätten – eine Absurdität, bedenkt man, dass die Masse des mexikanischen Volkes absolute Analphabeten waren und noch nie etwas von einer Wahl oder von einem Kaiser gehört hatte, der von jenseits des Meeres kam.

Als Maximilian und Charlotte an Land gingen, sah man in dem neuen Monarchen einen Kaiser von Napoleons Gnaden und kam ihm mit äußerstem Misstrauen entgegen. Nach wie vor witterte man eine Finte des verhassten Frankreich. Die wenigen Menschen, die sich zur Begrüßung eingefunden hatten, verhielten sich mehr als zurückhaltend. Einzig und allein die einfachen Indianer, die die Straßenränder säumten, sahen gebannt auf den blonden Mann, der nun ihr neuer Herrscher sein sollte. Vielleicht war dies endlich der Erretter Mexikos, so wie ihn alte Überlieferungen angeblich ankündigten!

Die ersten Eindrücke von dem mittelamerikanischen Land waren für beide nicht sehr verheißend, alles erschien ihnen herabgekommen, schmutzig und desolat. Schon bald erkannte Maximilian, dass es schwer sein würde, Fuß zu fassen. Denn wer hatte ihn eigentlich hier haben wollen? Er und Charlotte waren absolute Fremde, was man sie auch spüren ließ. Obwohl Maximilian während der langen Überfahrt begonnen hatte, Spanisch zu lernen, merkte er auf Schritt und Tritt, dass er ohne grundlegende Kenntnis der Landessprache keine Chancen hatte, Einblick in die Mentalität des mexikanischen Volkes zu bekommen.

So war es nicht verwunderlich, dass er von Anfang an von einem Fettnäpfchen ins andere schlitterte. Er beschloss daher, um seine persönliche Bescheidenheit zu demonstrieren, wie ein einfacher Mann im Straßenanzug in der Landeshauptstadt einzuziehen, ohne Prunk und Pomp und auch Charlotte sollte nur ein unauffälliges Reisekleid tragen. Aber das war alles andere als nach dem Geschmack der einfachen Mexikaner und ihren Vorstellungen von einem Kaiser. Deshalb hielt sich der Jubel der Bevölkerung, die zum Empfang des Kaisers meist aus Neugierde erschienen war, dementsprechend in Grenzen.

Die Reise auf den schlechten Straßen bei glühender Hitze durch das Landesinnere bedeutete auch für junge Leute, wie Maximilian und Charlotte es waren, eine gehörige Strapaze. Als sie endlich am Ziel angekommen waren und sich darauf freuten, sich ausgiebig auszuruhen, war ihr Entsetzen groß. Der Palast, den man ihnen zur Verfügung gestellt hatte, wirkte schon von außen herabgekommen und beinahe baufällig. Die muffeligen Räume starrten vor Schmutz, die Tapeten, die seinerzeit die Zimmer geschmückt hatten, hingen in Fetzen von den Wänden und dazwischen krochen Scharen von Ungeziefer. Es war nicht daran zu denken, die Betten zu benützen. Todmüde verbrachte der neue Kaiser die erste Nacht auf einem Billardtisch, denn dieser war wenigstens frei von Kakerlaken.

Maximilian ließ sich jedoch von diesen ersten Eindrücken nicht entmutigen. Er hatte genügend Ideen und die feste Absicht, in kürzester Zeit alles auf ein anderes Niveau zu bringen. Europäische Zustände schwebten ihm vor, das Land sollte endlich aus seinem jahrhundertelangen Dornröschenschlaf erwachen und sich der neuen Zeit anpassen. Dazu mussten natürlich die größtenteils desolaten Zustände sowohl in sozialer als auch in kultureller Hinsicht zum Wohle aller geändert werden. Und er würde dies mit seinem Elan durchsetzen, dessen war sich Maximilian sicher. Er wollte ein echter Volkskaiser werden! In seinem Idealismus schätzte er die Situation freilich völlig falsch ein. Er bedachte nicht, dass ein großer Teil des Volkes nach wie vor in Benito Juárez den rechtmäßigen Präsidenten erblickte, dessen Rechte es zu verteidigen galt. Auch als Maximilian den Vertrag über die Schürfrechte mit den Franzosen für null und nichtig erklärte, konnte er die eingefleischten Anhänger von Juárez nicht für sich gewinnen.

Schon nach wenigen Wochen war es für Maximilian klar, dass sich die allgemeine Lage in Mexiko nur dann bessern konnte, wenn dieses reiche Land tatsächlich selbst seine Bodenschätze ausnützen konnte. Durch diese Überlegung geriet er zwangsläufig in krassen Gegensatz zu seinem Gönner und Mentor Napoleon III., der allmählich zu zweifeln begann, ob er mit Maximilian tatsächlich den richtigen Mann nach Mexiko geschickt hatte. Maximilian brachte die finanziellen Interessen Frankreichs in Gefahr und das war das Letzte, was Napoleon III. sich auch innenpolitisch leisten konnte.

Schon bald nach seiner Ankunft in Mexiko begann Maximilian das Land zu bereisen. Dabei blieben ihm die schier unüberbrückbaren Gegensätze zwischen Arm und Reich nicht verborgen. Nächtelang grübelte er darüber nach, wie diesem gewaltigen Problem beizukommen wäre. Vielleicht hätte er tatsächlich eine Lösung gefunden, hätte er bei all seinen Unternehmungen mehr auf sein eigenes politisches Gespür vertraut als auf die Meinungen seiner Berater. Denn keiner von den einheimischen neuen Ratgebern hatte tatsächlich die Absicht, dem Kaiser die Augen zu öffnen. Im Gegenteil, jeder wollte sein Süppchen bestmöglich weiter kochen. Die wahre Tragik im Leben Maximilians lag wahrscheinlich darin, dass er immer von Schmeichlern und Heuchlern umgeben gewesen war, die ihm mit schönen Worten alles einzureden vermochten. Und obwohl Maximilian als junger Erzherzog sich bestimmte Lebensregeln zurechtgelegt hatte, war er auch als Erwachsener nicht Manns genug, sich an diese Maximen zu halten. »Jeden hören, wenigen trauen« hatte er sich als junger Mann vorgenommen. Aber dies entsprach in keiner Weise seinem Charakter. Er hörte wenige und traute allen.

Maximilian stürzte sich mit wahrem Feuereifer auf seine neue Aufgabe. Unermüdlich ließ er sich Berichte über die Zustände im Land

Kaiser Maximilian in mexikanischer Tracht.

vorlegen, wobei diese natürlich auch schon gefärbt und teilweise in eine bestimmte Richtung zielend ausgearbeitet waren. Eines aber konnte der neue Kaiser kaum übersehen, dass überall nach wie vor Unruhen herrschten und es äußerst schwierig sein würde, diese Unruheherde zu bekämpfen. Aber er wollte versuchen, den Staat von Grund auf neu zu regeln. Daher entschied er, dass im Rahmen einer Generalamnestie alle zu enthaften wären, die wegen politischer Vergehen in den Gefängnissen schmachteten. Hätte man nun geglaubt, dass diese Maßnahme Begeisterung im Lande hervorrufen würde, so täuschte man sich gründlich. Denn die Konservativen, die zunächst den neuen Kaiser unterstützt hatten, sahen in dieser Aktion den revolutionären Elementen Tür und Tor geöffnet. Und als Maximilian gar eine Landreform ins Auge fasste, verärgerte er die Konservativen und damit die wohlhabende Oberschicht vollends. Denn keiner der reichen Großgrundbesitzer war daran interessiert, Teile seines Besitzes abtreten zu müssen, noch dazu, wo es schon sehr bald publik wurde, dass Maximilian die liberal gesinnten Bürger in sein Regierungskonzept mit einbeziehen wollte. Der Kaiser war schlecht beraten, überhaupt auf so eine Idee gekommen zu sein, denn die liberalen Mexikaner standen beinahe alle auf der Seite von Benito Juárez. In Wirklichkeit fürchtete jeder, seine Pfründe und die ererbten oder eroberten Rechte zu verlieren, keiner wollte auf irgendetwas verzichten, um den Staat zu konsolidieren.

Es gab in Mexiko kaum eine Gruppe von Menschen, auf die Maximilian wirklich bauen konnte, am allerwenigsten auf die Vertreter der Geistlichkeit. Er war entsetzt über die Zustände, die in der mexikanischen Kirche herrschten, über die Verkommenheit und Korruption von den Bischöfen angefangen bis hinunter zum niederen Klerus. Um hier Licht ins Dunkel zu bringen, wandte sich der neue Kaiser hilfesuchend an den Papst, aber auch dieser konnte keine Änderung der Zustände herbeiführen.

Überall, wohin er kam, und mit allem, was er anordnete, heizte er die Stimmung gegen sich im Lande an. Es gab schon bald keinen mehr in Mexiko, der mit dem neuen Kaiser wirklich einverstanden gewesen wäre. Am allerwenigsten mit den kulturellen Plänen Maximilians. Bisher war man ohne Bibliotheken ausgekommen und amüsierte sich in einfachen Theatern. Wozu das viele Geld verschwenden, um hier in Mittelamerika plötzlich eine Kultur zu haben wie im fernen Europa?

Vielleicht war es die große Eile, mit der Maximilian alles vorantrieb, die ihn die Sympathien aller kostete, vielleicht waren es aber die unüberschaubar vielen Einflüsterer, die überall im Land die bösartigsten Gerüchte über die Geldverschwendung des Kaisers ausstreuten. Und das war etwas, das gerade der kleine Mann nicht verstehen, noch weniger akzeptieren und schon gar nicht verzeihen konnte. Warum war es notwendig, ganze Teile des Schlosses Chapultepec umzubauen,

Kaiser Maximilian I. von Mexiko.

um hier Luxus zu installieren, den das Kaiserpaar von Wien gewohnt war? Und obwohl der Kaiser bei jeder Gelegenheit in einfacher Kleidung auftrat und nichts an ihm nach Verschwendungssucht aussah, berichtete man weiter über die ungeheuren Ausgaben auf Kosten des Volkes. Der Verleumdung war Tür und Tor geöffnet.
Maximilian sah alles mit ganz anderen Augen. Er schrieb in einem Brief an seinen Bruder Karl Ludwig im Juli 1864 folgende Zeilen:

»Dass ich mit Arbeiten aller und jeder Art überhäuft bin, kannst Du Dir, lieber Bruder, denken; aber man arbeitet gern, wenn man Zweck und Dank sieht und die Hoffnung hat, seinem Nebenmenschen nützlich zu werden. Ich fand das Land viel besser, als ich erwartete … Unser Empfang war überall ein ungemein herzlicher und offener, bar jeder Komödie und jenes ekelhaften Servilismus, den man bei solchen Gelegenheiten sehr oft in Europa findet.«

Aus den Worten Maximilians spricht einerseits die Sehnsucht, tatsächlich von der Bevölkerung akzeptiert zu werden, andererseits seine weltfremde Einstellung. Er ließ sich hier, wie schon so oft, von Äußerlichkeiten blenden.

Vielleicht wollte er sich durch die Schilderung seines neuen Lebens selbst beruhigen, wenn er weiters schrieb:

»Wir sind jetzt abwechselnd in der Stadt und auf dem Lande. In Chapultepec sind wir ganz allein und sehr zurückgezogen und leben noch stiller und einfacher als in Miramar. Übrigens geben wir auch in der Stadt sehr selten Diners, speisen fast immer allein und sehen abend nie jemanden, dies fordert Gott sei Dank der ernste Charakter der Mexikaner, eine Eigenschaft, die mir sehr behagt und mir viel Zeit zu wahrer Arbeit läßt.« Maximilian erkannte dabei nicht, dass die mexikanische Gesellschaft sehr wohl an Geselligkeit interessiert war, dies aber unter ihresgleichen geschah. Um sich zu unterhalten brauchte man um Himmels willen keinen Kaiser aus Österreich!

Aber Gottvertrauen und der Glaube in das Gute im Menschen ließen Maximilian noch ruhig schlafen. Auch Charlotte schien mit dem neuen Leben durchaus zufrieden zu sein. Endlich hatte sie die Aufgabe gefunden, die sie schon seit Jahren gesucht hatte. Waren ihr auch Kinder vom Schicksal versagt worden, so stand sie jetzt an der Seite ihres Mannes und erteilte ihm so manchen, wie sie glaubte, guten Ratschlag. Was sie allerdings nicht wusste, war die Tatsache, dass Maximilian hinter ihrem Rücken Liebesabenteuern mit feurigen Mexikanerinnen keineswegs abgeneigt war. Und da es für ihn selbst viel zu gefährlich gewesen wäre, sich die Frauen für so manche schwache Stunde persönlich auszusuchen, übernahm sein Jugendfreund Graf Bombelles diese galante Aufgabe.

Charlotte erfuhr von den geheimen Affären ihres Mannes nichts, obwohl sich das Liebesleben des neuen Kaisers schon bald herum-

gesprochen hatte, denn die Gerüchte ließen sich, wenn sie vor allem böswillig ausgestreut waren, kaum aufhalten.
Dazu kam, dass sich die politische Situation auch außerhalb Mexikos drastisch änderte. Die Monroe-Doktrin forderte nach dem Sieg der Nordstaaten über die Südstaaten mit aller Eindeutigkeit: Amerika den Amerikanern! Österreich war im deutschen Bruderkrieg 1866 von Preußen besiegt worden und musste froh sein, nicht einen schmählichen Frieden unterzeichnen zu müssen, Napoleon III. war durch das Erstarken Preußens in Besorgnis versetzt worden, da er nicht wissen konnte, welches Ziel König Wilhelm I. und im Hintergrund dessen Kanzler Bismarck anstreben würden. Plötzlich hatte man ganz andere Absichten, als dem neuen Kaiser in Mexiko unter die Arme zu greifen, ihn gegen die unüberschaubare Schar von Feinden zu schützen. Je prekärer die Situation in Frankreich wurde, vor allem, da die finanzielle Lage sich weiter verschlechterte, umso nachdrücklicher fragte man sich, warum eigentlich nach wie vor französische Truppen um viel Geld in Mexiko stationiert sein sollten. Sollte Maximilian doch alleine zurechtkommen, schließlich hatte niemand ihn gezwungen, die Krone Mexikos anzunehmen!
Beinahe unmerklich vollzog sich ein Wandel im ganzen Land. Ganz allmählich verschwanden in dem einen Teil die französischen Soldaten, dann in einem anderen. Sofort gab Benito Juárez seinen Leuten, die überall verstreut waren, Order, die frei gewordenen Gebiete einzunehmen. Es war kein gewöhnlicher Machtwechsel von einem Tag auf den anderen. Denn die Männer von Juárez übten blutigste Rache an der Bevölkerung, die die Franzosen wohl oder übel akzeptiert hatte. Die Einwohner ganzer Dörfer wurden niedergemetzelt, ohne dass der Kaiser nur einen Finger für sie rühren konnte. Denn meist wusste er von den Truppenbewegungen im Inneren des Landes gar nichts, und wenn er informiert wurde, dann war es gewöhnlich viel zu spät und er stand vor vollendeten Tatsachen, die Guerilla-Armee Juárez' schien allgegenwärtig zu sein.
Viel zu spät wurde sich Maximilian über den Verrat Frankreichs im Klaren, denn er hatte es in seiner gutgläubigen Art nicht wahrhaben wollen, dass der Freund – wie er meinte – und Partner wortbrüchig geworden war. Dass er die französischen Truppen durch österreichische und belgische Freiwillige ersetzen könnte, schien selbst

einem Illusionisten wie Maximilian äußerst unwahrscheinlich. Außerdem forderten die USA, die als neuer politischer Machtfaktor nicht mehr zu übersehen waren, eindeutig, dass die Expeditionskorps von österreichischer und belgischer Seite zu unterbinden seien. Kaiser Franz Joseph wollte keinen Konflikt heraufbeschwören und stellte die inoffiziellen Truppenlieferungen an den Bruder ein.

Lange, bevor Maximilian die Augen aufgingen, berichtete der österreichische Botschafter nach Wien, dass die Anhänger von Juárez überall im Vormarsch seien, dass sich um den Kaiser kaum noch vertrauenswürdige Personen scharten, die ihm den Rücken stärken könnten, dass die Liberalen nach wie vor die erbittertsten Feinde Maximilians seien, die nur von einer einzigen Idee beseelt wären, ihn zu jeder Stunde hinterrücks zu verraten.

Ob Maximilian die lebensgefährliche Situation, in der er sich befand, durch das Schreiben Napoleons III. – in dem der Kaiser folgende niederschmetternde Nachricht erhielt – endlich zu Bewusstsein kam, ist ungewiss:

»Mein Herr Bruder!

Ich schreibe Euer Majestät nicht ohne peinliches Gefühl, denn ich bin gezwungen, Ihnen den Entschluss bekannt zu geben, den ich angesichts all der Schwierigkeiten, die mir die mexikanische Frage bereitet, fassen musste. Die Unmöglichkeit, vom corps législatif neue Hilfsgelder für den Unterhalt des Armeekorps in Mexiko zu erlangen und die Erklärung Eurer Majestät, außerstande zu sein, selbst noch dazu beizutragen, zwingen mich, endgültig einen Schlußstrich für die französische Besetzung zu bestimmen … Wenn Sie, woran ich nicht zweifle, die in diesen schwierigen Verhältnissen notwendige Energie zeigen, wenn Sie Ihre nationale und ausländische Armee festgefügt organisieren und durch Verwirklichung aller denkbaren Einsparungen Mittel finden, um die Hilfsquellen Ihres Kaiserreiches zu entwickeln, glaube ich, dass sich Ihr Thron festigen wird, denn der Abgang unserer Truppen wird zwar eine momentane Schwäche bedeuten, aber den Vorteil haben, den Vereinigten Staaten jeden Vorwand für eine Intervention zu nehmen …

Euer Majestät guter Bruder Napoleon.«

Der französische Kaiser hatte selbst gewusst, wie absurd seine Vorschläge waren und dass seine Entschuldigungen und Beschwichtigungsversuche auf Maximilian wie Hohn wirken mussten. Denn durch die französischen Generäle, die die Situation in Mexiko genau kannten, war er über die Zustände bestens informiert und wusste, dass Maximilian nicht die geringste Chance mehr in diesem Land hatte. Auch der verzweifelte Versuch des Kaiserpaares, den Enkel des letzten mexikanischen Kaisers Agustín de Iturbide, der nur kurz das Land regiert hatte, den Knaben Salvador, beinahe mit Gewalt an Kindes statt anzunehmen, brachte keinen Erfolg mehr.

Niemand wollte sich im Hinblick auf die zukünftige politische Entwicklung, die sich abzeichnete, mit dem habsburgischen mexikanischen Kaiser solidarisch erklären. Denn durch die neu geschaffene Situation nach dem Abzug der Franzosen konnte man abwarten, wann es Benito Juárez gelingen würde, das ganze Land für sich zurückzuerobern. Das weitere Schicksal Kaiser Maximilians konnte niemand vorhersehen.

Der Einzige, der nach wie vor beinahe blind erschien, war Maximilian selbst. Er hatte sich in eine Position hineinlaviert, aus der er nur schwer herausfinden konnte. Immer mehr war er von einem inneren Zwiespalt befallen, den er alleine nicht bewältigen konnte. Einerseits spürte er mit jedem Tag, der ins Land zog, dass er keine Zukunft mehr in Mexiko hatte, und erkannte, dass es sicherlich das klügste wäre, so schnell wie möglich alles liegen und stehen zu lassen, um in die Heimat zurückzufahren, andererseits konnte er sich nicht entschließen, von heute auf morgen alles aufzugeben. Wenn er aber blieb, so musste er handeln! Vielleicht hätte er noch eine Chance gehabt, hätte er den Rat befolgt, der ihm von einigen wenigen wohlmeinenden Männern gegeben wurde, gegen die überall im Land herumziehenden Banden Benito Juárez' mit aller Härte durchzugreifen, aber auch dazu fehlte ihm die letzte Konsequenz.

Charlotte war ihm in dieser verzweifelten Situation alles andere als eine Hilfe, denn sie war es, die ihm eindeutig zu verstehen gab, dass es keine größere Schande für einen Kaiser gäbe als abzudanken. In einem Memorandum an ihren eigenen Mann fand sich der verhängnisvolle Satz: »Ich kenne keine Lage, wo Abdankung etwas anderes wäre als ein Fehler oder Feigheit.« Beinahe dieselben Worte gebrauchte ein halbes Jahrhundert später Kaiserin Zita, um ihren Gemahl Kaiser Karl I. von der Unmöglichkeit einer Abdankung

zu überzeugen. Beiden, Maximilian und auch Karl, sollte die starre Haltung ihrer Ehefrauen letztlich das Leben kosten.
Das, was Maximilian nicht wissen konnte, als er sich dem Diktat seiner Frau beugte, war, dass Charlotte schon in einigen Wochen wahnsinnig werden sollte. Er selbst hatte die ersten Anzeichen einer Geisteskrankheit wahrscheinlich nicht wahrgenommen, denn Charlotte hatte sich erbötig gemacht, nach Europa zu fahren, um an den einzelnen Höfen um Hilfe für den bedrängten Kaiser von Mexiko zu bitten. Ihre Argumentationen mussten für Maximilian einleuchtend gewesen sein, denn er war einverstanden, dass Charlotte allein übers Meer fahren sollte, während er versuchen würde, die Lage noch ein letztes Mal in den Griff zu bekommen. Beide ahnten in ihrer Verblendung den gewaltigen Fehlschlag dieser Bittaktion nicht voraus. Überall, wohin Charlotte kam, stieß sie mit ihren Vorschlägen auf taube Ohren. Man erklärte ihr allgemein, dass niemand am Schicksal eines Kaisers von Mexiko mehr Interesse hätte, ja, dass man nicht gewillt wäre, nur einen einzigen Soldaten zu riskieren, um Maximilian aus seiner tristen Lage zu befreien. Je mehr Ablehnung Charlotte erfuhr, umso mehr verbohrte sie sich in den Gedanken, dass es doch irgendwo eine Möglichkeit geben musste, ihrem fernen Gemahl zu helfen. Um einigermaßen ihr inneres Gleichgewicht zu finden, verbrachte sie ein paar kurze Tage am Comer See, wo sie mit Maximilian in den ersten Ehejahren glückliche Stunden verbracht hatte, um dann weiter nach Rom zu reisen. In Papst Pius IX. sah sie einen Hoffnungsschimmer. Ihn wollte sie auf Knien anflehen, wenigstens der mexikanischen Kirche Order zu geben, damit sie sich endlich hinter ihren Gemahl stellte.
Aber auch diese letzte Hoffnung verschwand im Nichts, denn der Papst erklärte Charlotte rundheraus, dass er keine Möglichkeiten hätte, in die innermexikanischen Angelegenheiten einzugreifen. Diese klare Absage war zu viel für die labile Frau. Von einem Moment auf den anderen verlor Charlotte jeden Realitätssinn, sie wurde ganz plötzlich von den schrecklichsten Alpträumen befallen, verweigerte jede Nahrungsaufnahme, da sie glaubte, dass die Speisen, die man ihr reichte, vergiftet wären. Mit allem Nachdruck verlangte sie, in den Vatikan gebracht zu werden, fiel, als sie vor dem Papst stand, auf die Knie und bat ihn flehentlich, er möge sie in den Räumen

des Vatikan beherbergen, da sie rundherum von Meuchelmördern umgeben sei.
Schon sehr bald erkannte ihre engere Umgebung mit Schrecken, dass Charlotte wahnsinnig geworden war. In diesem Zustand konnte man sie keinesfalls zurück nach Mexiko schicken. Man verständigte daher ihren Bruder, den Grafen von Flandern, die unglückliche Schwester abzuholen, um sie nach Miramare zu bringen. Als man sie in den Wagen setzen wollte, schlug sie wild um sich und nur mit Mühe gelang es schließlich, die Tobende in den Griff zu bekommen.
Ob sie am 1. Oktober ihre geistige Umnachtung schon geahnt hatte, als sie ihr Testament machte, lässt sich nicht mit Sicherheit feststellen. Daneben schrieb sie einen Abschiedsbrief an ihren Mann, in dem sie sich in liebevoller Form von ihm verabschiedete.
Man brachte Charlotte in ihre belgische Heimat, wo sie auf Schloss Bouchout völlig abgeschieden von der Welt nichts mehr wahrnahm, was um sie herum vorging. Mit Klavierspielen und Sticken füllte sie ihre eintönigen Tage aus. Auch von dem tragischen Tod ihres geliebten Mannes, den man ihr selbstverständlich mitteilte, nahm sie keine Notiz.
Charlotte wurde uralt – sie überlebte ihren Mann um 60 Jahre.
Als Maximilian in der für ihn aussichtslosen Situation von der schrecklichen Erkrankung seiner Frau erfuhr, brach er beinahe zusammen. Mit ihr fühlte er sich seiner letzten Stütze beraubt, auf ihr Urteil hatte er gehört, ihre Ratschläge hatte er blindlings umgesetzt. Freilich hatte er noch Männer in seiner Umgebung, die ihm die schönsten Zukunftsaussichten vorgaukelten, wie Pater Fischer, der sich erbötig gemacht hatte, in Rom das Konkordat zum Abschluss zu bringen. Aber er war genauso gescheitert wie Charlotte, denn Pius IX. konnte sich mit diesem Gedanken einfach nicht anfreunden.
Pater Fischer war ein ausgesprochener Glücksritter, der die Situation des Kaisers für seine Zwecke nutzen wollte. Und Maximilian war nicht der Mann, der einen Heuchler und Schmeichler durchschauen konnte. Ihm zuliebe stieß er so manchen seiner wenigen aufrichtigen Freunde vor den Kopf, um sie dadurch für immer zu verlieren. Dies war das Ziel, das der Pater vor Augen gehabt hatte.
Das Netz um Maximilian wurde immer enger. Die Truppen Benito Juárez' zogen unaufhaltsam nach Süden, meist waren es ungeordnete

Banden, die ganze Dörfer überfielen, die Bevölkerung bei Nacht und Nebel niedermetzelten und dann wieder weiterzogen. Furcht und Schrecken hatten sich im ganzen Lande verbreitet und die unterdrückte Bevölkerung wusste nicht mehr, wie sie sich verhalten sollte. Einerseits hatte Juárez ein Terrorregime errichtet, auf der anderen Seite zeigte sich der Kaiser, den man eigentlich nicht akzeptierte, völlig untätig.
Als Maximilian erkannte, dass er sich unbedingt zu irgendwelchen Taten aufraffen musste, war es längst zu spät, er hatte jeglichen Kredit im Lande verloren. Es war nur noch eine Frage der Zeit, wann Benito Juárez der eigentliche Herr in Mexiko sein würde.
Die Armee des Kaisers bestand aus einem Häuflein treuer Soldaten, die von der Stadt Querétaro zu Hilfe gerufen wurden, da die Bevölkerung nicht den Forderungen Juárez' nachkommen wollte. In ihrer Bedrängnis wandte man sich doch noch an den Kaiser.
Maximilian hatte sich selbst an die Spitze seiner Truppen gestellt und ging in dem Kampf um die Stadt mit heldenhaftem Beispiel voran. Als man erkannte, dass die Übermacht der Feinde zu groß und die Situation für die kaiserlichen Truppen aussichtslos geworden war, riet man dem Kaiser, die letzte Chance zur Flucht zu ergreifen. Aber dies kam für Maximilian auf keinen Fall in Betracht. Er wollte sich nicht wie ein Dieb davonschleichen, lieber ehrenhaft in Gefangenschaft geraten.
Es war für ihn aus vielerlei Gründen unmöglich, zu fliehen. Eine Flucht hätte für ihn bedeutet, dass er wieder einmal versagt, dass er auch diese Chance in Mexiko verspielt hatte. Sein Stolz als Habsburger versagte ihm diese Möglichkeit, seine Freiheit oder gar sein Leben im letzten Moment zu retten. Er war der Bruder des Kaisers einer der mächtigsten Monarchien, eines der ältesten Staaten in Europa. Er konnte sich vor einem Juárez nicht verstecken!
Maximilian ging der Vollendung seines Schicksals entgegen. 71 Tage hatte die Belagerung von Querétaro gedauert. In dieser schlimmen Zeit hatte der Kaiser die Herzen aller gewonnen, die in seiner Umgebung waren. Mit Bestürzung erkannte man, dass dieser redliche Mann an einem Traum gescheitert war.
General Escobedo war es, der Maximilian gefangen nahm. Zunächst zeigte sich der Sieger dem Besiegten gegenüber überraschenderweise

ritterlich. Maximilian wurde ehrenhaft behandelt und es schien, als könnte er die Hoffnung hegen, mit seinen Truppen abziehen und außer Landes gehen zu dürfen. Aber Maximilian hatte nicht mit dem rachsüchtigen Charakter des Aztekenabkömmlings Benito Juárez gerechnet. Maximilian dachte in europäischen Dimensionen, wo der besiegte Gegner immer noch als Mensch galt.

Nicht so für Juárez. Er hatte Maximilian als europäischen Eindringling gehasst, ohne ihn persönlich zu kennen, hatte seine Ausgleichspolitik mit scheelen Augen verfolgt und hatte ihn immer nur als Handlanger Frankreichs gesehen. Niemand wollte Gesetze von einem Mann, der weder das Wesen der Mexikaner noch das Land wirklich kannte und dem es in der Vorstellung von Juárez nur darum ging, Mexiko wie eine Zitrone auszupressen.

Jetzt war der Augenblick gekommen, wo er als Vertreter des Volkes blutige Rache nehmen konnte. Maximilian hatte bei einem Mann wie Juárez keine Chance. Ihm würde der Prozess als Hochverräter gemacht werden.

Am 12. Juni 1867 begann das Verfahren gegen den – wie es hingestellt wurde – selbst ernannten mexikanischen Kaiser im städtischen Theater, wie in einem richtigen Schauprozess. Der Gerichtshof, der aus sechs jungen Hauptleuten und einem Stabsoffizier bestand, hatte auf der Bühne Platz genommen, um in spektakulärer Weise die Anklage gegen Maximilian und seine letzten Gefolgsleute vorzutragen.

Die Nachricht von der Gefangennahme Maximilians hatte in Europa empörte Reaktionen hervorgerufen. Ein halb indianischer Emporkömmling wagte es, Hand an einen Vertreter einer der ältesten Monarchien zu legen und ihn wie einen Verbrecher abzuurteilen. Franz Joseph hatte sofort den österreichischen Gesandten in Paris zu Napoleon III. geschickt und Garantien von ihm für seinen Bruder verlangt. Aber wie zu erwarten war, gab der französische Kaiser nur eine ablehnende Antwort. Auch im amerikanischen Außenamt trat der österreichische Auslandsbeauftragte an den Außenminister mit der Bitte heran, sich für den unglücklichen Habsburger zu verwenden. Überraschenderweise nahm dieser tatsächlich Kontakt mit Juárez auf, erhielt aber die erschreckende Antwort, dass Maximilian ein Usurpator sei, der kein Anrecht auf Schonung habe. Die Protestnoten, die aus aller Welt eintrafen, waren für Juárez nicht einmal das

Papier wert, auf dem sie geschrieben waren. Das Aufsehen, das sein Handeln in der Welt hervorrief, kam ihm gerade recht, er stand wie ein Triumphator im Hintergrund seiner Leute und zog die Schlingen um Maximilian immer enger zusammen. Juárez zeigte der gesamten Welt wie machtlos man gegen ihn war!
Als Maximilian die volle Tragweite seiner Situation erkannte, verfasste er mehrere Abschiedsbriefe. So schrieb er an Kaiser Franz Joseph nach Wien, der trotz seiner scheinbaren Teilnahmslosigkeit seinem Bruder einen letzten Rettungsanker ausgeworfen hatte, indem er die Verzichtserklärung Maximilians als Erzherzog rückgängig gemacht hatte, da er hoffte, Benito Juárez würde es nicht wagen, einen Mann zu töten, der in der österreichischen Thronfolge an zweiter Stelle stand, folgenden Brief:
»Lieber Bruder!
Durch die Fügung des Schicksals gezwungen, schuldlosen und unverdienten Tod zu erleiden, sende ich Dir noch diese Zeilen, um Dir für Deine brüderliche Liebe und Freundschaft aus vollem Herzen zu danken. Möge Gott sie Dir durch Glück, Freude und Segen für Dich, die Kaiserin und die lieben Kinder reichlich vergelten. Für Fehler, die ich begangen, für Kummer und Verdruß, die ich Dir im Leben bereitet, bitte ich Dich aus ganzem Herzen um Verzeihung. Eine einzige Bitte richte ich noch an Dich, dass Du der treuen belgischen und österreichischen Militärs, die mit Anhänglichkeit und Aufopferung bis zum Schluß meiner Laufbahn gedient haben, in Liebe gedenken mögest, umso mehr, als ich mit tiefem Schmerz einsehen musste, dass das hiesige Land nichts für sie getan hat. Indem ich Dich mit Liebe umarme, die Kaiserin und die lieben Kinder, grüße und Euch bitte, meiner armen Seele stets in Eurem Gebete zu gedenken, verbleibe ich bis ans Lebensende Dein Dir ewig threuer Bruder

Max«

Und dennoch gab es Leute, die Maximilian auch jetzt noch, in dieser aussichtslosen Situation, zur Flucht verhelfen wollten. Die Gräfin Salm, eine allseits bekannte Schönheit, wollte sich zu einer Liebesnacht mit einem Wachesoldaten hergeben, damit Maximilian aus dem Gefängnis entfliehen konnte. Aber der Kaiser, der alles verloren

hatte, konnte und wollte dieses persönliche Opfer nicht annehmen. Alles, was ihm geblieben war, war seine Ehre. Und die konnte ihm auch kein Benito Juárez nehmen!
Wahrscheinlich hatte sich Maximilian durch die vielen Enttäuschungen, die ihn immer wieder im Laufe seines Lebens begleiteten, in diese Denkweise hineinlaviert, sodass er lieber sterben als fliehen wollte. Sein Leben schien ihm sinnlos geworden. Und da er immer schon zu Depressionen neigte, konnte er sich in dieser letzten, entscheidenden Phase aus dieser psychischen Krise nicht mehr befreien.

Der Prozess, bei dem Maximilian infolge einer schweren Ruhrerkrankung nicht anwesend war, dauerte vier Tage, dann stand das Urteil fest: Tod durch Erschießen. Noch am selben Tag sollte die Hinrichtung erfolgen. Juárez hatte es eilig. Man konnte nie wissen, ob es nicht doch noch eine Möglichkeit für den verhassten Kaiser geben könnte, zu entkommen. Im letzten Moment war der erste Termin für die Hinrichtung verschoben worden, nachdem das Urteil in aller Welt bekannt gemacht worden war. Selbst Preußen schaltete sich jetzt ein und bat Juárez auf Grund der hohen europäischen Verwandtschaft des Todeskandidaten von dieser Strafe abzusehen. Aber je mehr Bittgesuche kamen, umso weniger Chancen hatte Maximilian. Juárez fühlte sich dem Habsburger gegenüber als Herr über Leben und Tod. Und sein Urteil lautete nun einmal: Tod!
In den wenigen Stunden, die ihm bis zur Hinrichtung blieben, verfasste Maximilian noch sein Testament, in dem er bestimmte, was mit seinem Leichnam zu geschehen hätte:
»Meine letzten Wünsche betreffen nur noch meinen Körper, der bald von allen Schmerzen befreit sein wird, und dann meine Anhänger, die mich überleben werden. Der Arzt Dr. Basch wird meine Leiche nach Vera Cruz überführen lassen. Es ist mein Wille, dass dies ohne Feierlichkeit und Prunkentfaltung vor sich gehe und dass auf dem Schiff, das meine Leiche nach Europa bringen soll, keine besonderen Zeremonien stattfinden. Ich erwarte den Tod mit Ruhe und wünsche deshalb, dass auch meinem Sarg Ruhe ist. Sollte sich das Gerücht über das Ableben meiner armen Frau nicht bewahrheiten, so soll meine Leiche vorläufig irgendwo beigesetzt werden, bis die Kaiserin mit mir im Tod vereint ist ...«

Für den preußischen Gesandten Anton von Magnus bedeutete die Verschiebung der Exekution eine allerletzte Chance. Vielleicht hatte Juárez doch genug Rache geübt, indem er Maximilian den Schrecken einer Verurteilung zum Tode eingejagt hatte. Er unternahm noch einen verzweifelten Versuch, um den Delinquenten zu erretten, und verfasste folgende Zeilen an Juárez:

»Herr Präsident!

Die Verurteilten sind, da sie unmittelbar vor der Hinrichtung zu stehen glaubten, nun moralisch schon zum Tode geführt worden. Ich bitte Sie, lassen Sie sie nicht zum zweitenmal sterben. Ich beschwöre Sie im Namen der Menschlichkeit und des Himmels, anzubefehlen, dass man nicht mehr an ihr Leben gehe, und wiederhole Ihnen nochmals, dass ich gewiss bin, dass mein Souverän, Seine Majestät der König von Preußen, und alle Monarchen Europas, durch die Bande des Blutes mit dem gefangenen Fürsten verwandt, nämlich sein Bruder, der Kaiser von Österreich, seine Cousine, die Königin von Großbritannien, sein Schwager, der König der Belgier, und seine Cousine, die Königin von Spanien, wie die Könige in Italien und Schweden, sich leicht verständigen werden, um Seiner Exzellenz dem Herrn Benito Juárez alle Garantien zu geben, dass keiner der Gefangenen je zurückkehren und mexikanisches Gebiet betreten wird.«

Aber alle Gnadengesuche stießen bei dem Aztekenabkömmling auf taube Ohren und entlockten ihm höchstens ein wohlgefälliges Lächeln des Triumphes.

Der letzte Brief des Todgeweihten galt seiner unglücklichen Mutter Sophie:

»Liebe beste Mama!

Fest im Glauben und treu meiner Ehre gehe ich mit ruhigem Bewußtsein dem unverdienten Tod entgegen. Nicht Schuld, sondern Unglück hat mich nach Gottes Rathschluß in diese Verhältnisse gebracht; ich bin ehrenhaft unterlegen der Übermacht der Feinde und dem Verrathe ... Durch Freunde werden Sie, beste Mutter, die näheren Details erfahren. Im Augenblick der Gefangennehmung war ich an Dissenteria schwer krank; in den verschiedenen Gefängnissen, in welche man uns brachte, litt ich noch viel. Meine letzten Gedanken auf dieser Welt sind für meine gute, arme Charlotte und für Sie,

Erschießung von Kaiser Maximilian I. und zweier Gefolgsleute am 19. Juni 1867.

geliebte Mutter, der ich so viel Gutes zu danken habe ... Papa küsse ich in Ehrfurcht die Hände, den Brüdern, Verwandten und Freunden sende ich die herzlichsten Grüße. Sie, beste Mutter, Charlotte und die früher Erwähnten bitte ich aus ganzem Herzen um Verzeihung für Kränkungen und Unrecht, die ich ihnen allenfalls angethan habe. Ich sterbe ruhig und mit dem wahren Trostgefühle das Gute gewollt und angestrebt zu haben und mit der Genugthuung viele wahre Freunde in diesem Lande zurückzulassen, denen mein Andenken theuer sein wird.-
Ein Freund bringt Ihnen, beste Mutter, mit diesen letzten Zeilen als Andenken für Sie den Ring mit den Haaren der seligen Amalie von Bragança, den ich täglich trug, und für meine arme, geliebte Charlotte den Ehering. Sie heißgeliebte Mutter um Ihren Segen und Ihre Gebethe bittend, verbleibe ich Ihr Ihnen ewig threuer Sohn Max«.

Ohne Furcht blickte Maximilian dem Tod ins Auge. Mit seinen beiden Generälen, mit Miramón und Mejía stieg er – bekleidet mit einem schwarzen Anzug – den Hügel hinauf, wo schon das Erschießungskommando wartete. Er ging auf die Soldaten, die ihre Gewehre geladen hatten, zu und schenkte jedem von den sieben Schützen eine Münze, indem er sie bat, gut zu zielen und sicher zu treffen. Noch einmal trat er vor und rief auf Spanisch: »Ich vergebe allen, bitte, dass auch mir alle vergeben, und wünsche, dass mein Blut, das nun vergossen wird, dem Lande zum Wohle gereichen werde. Viva Mexiko! Viva Independencia!«

Dann erwartete er den Tod. Von fünf Schüssen durchbohrt fiel er zu Boden, war aber nicht auf der Stelle tot, da die Hände der Soldaten doch etwas gezittert hatten, als sie auf den ehemaligen Kaiser anlegten. Ein Schuss aus nächster Nähe mitten ins Herz beendete das Leben des Kaisers von Mexiko, während er noch »Hombre« (Mensch!) flüstern konnte. Die Schüsse hatten das Leben eines Menschen ausgelöscht, der einem Traum nachgejagt war, der sich als unerfüllbar erwiesen hatte.

Der Leichnam Maximilians wurde unmittelbar nach den tödlichen Schüssen einbalsamiert, obwohl sich Juárez dagegen ausgesprochen hatte, Maximilian nach Österreich überführen zu lassen. Zunächst hatte man nur die blutbefleckte Decke, in die der Tote gewickelt worden war, der unglücklichen Mutter in Wien überbracht. Der Tod des geliebten Sohnes brach den Lebenswillen dieser starken Frau.

Der Leichnam Maximilians wurde schließlich von Juárez freigegeben, da er die Befürchtung hegte, der tote Kaiser könnte im Laufe der Zeit in Mexiko zu einem Heiligen hochstilisiert werden. Um dieser Gefahr von vornherein zu begegnen, entschloss er sich, dem Ansuchen der Habsburger nachzukommen und die Leiche Maximilians auf der Fregatte »Novara« nach Europa zu schicken. Ganz Wien war am 18. Januar 1868 auf den Beinen, als der Leichenzug eintraf. Unter großer Anteilnahme der Bevölkerung wurde Maximilian in der Begräbnisstätte seiner Ahnen, in der Kapuzinergruft, beigesetzt.

Die Tragödie eines anständigen Menschen

KARL I. – LETZTER KAISER VON ÖSTERREICH

Als der Erstgeborene des Zweitgeborenen eines Drittgeborenen das Licht der Welt erblickte, konnte niemand im Hause Habsburg vorhersehen, dass dieser Knabe einmal der letzte regierende Kaiser von Österreich werden sollte. Noch lebte im Jahr 1887 Kronprinz Rudolf, der einzige Sohn Kaiser Franz Josephs und seiner Gemahlin Elisabeth, und keiner ahnte, dass nicht er, sondern der Enkel von Erzherzog Karl Ludwig, des Bruders von Franz Joseph, den Thron besteigen würde. Aber die Wege des Schicksals sind auch in Herrscherfamilien manchmal verschlungen, drei Männer mussten ihr Leben lassen, bevor der junge Karl offizieller Thronfolger werden konnte.

Die erste Tragödie hatte sich mit dem überraschenden Tod des dreißigjährigen Kronprinzen Rudolf angebahnt, den man im Januar 1889 zusammen mit seiner Geliebten Mary Vetsera in seinem Jagdschloss Mayerling mit einer Schusswunde im Kopf tot aufgefunden hatte. Das Habsburgerreich war in seinen Grundfesten erschüttert, es stand plötzlich ohne eigentlichen Thronfolger da, denn die strengen Hausgesetze, die unter dem regierungsunfähigen Kaiser Ferdinand erlassen worden waren, schlossen die beiden Töchter des Kaiserpaares Gisela und Marie Valerie von der Erbfolge aus.

Dabei konnte sich die habsburgische Familie keineswegs über einen Mangel an Erzherzögen beklagen, sodass kaum die Gefahr bestand, dass das Haus Habsburg-Lothringen aussterben würde. Immerhin hatte der Kaiser drei Brüder gehabt, von denen zwei noch am Leben waren: Karl Ludwig, Vater von drei Söhnen, und Ludwig Viktor, von dem allerdings kaum Nachkommen zu erwarten waren, da dem jungen Erzherzog die Entscheidung zwischen Männlein und

Weiblein schwer fiel. Nachdem in Wien einige skandalöse Vorfälle um den Kaiserbruder ruchbar geworden waren, verbannte ihn Franz Joseph nach Salzburg, wo Ludwig Viktor weiter ungeniert seinen Vergnügungen nachging.

Wäre Erzherzog Karl Ludwig nicht nur wenig jünger als Franz Joseph gewesen, hätte er sicherlich Chancen gehabt, Thronfolger zu werden. Aber mit ihm als Kaiser konnte niemand mehr rechnen, wenn man auch nicht annehmen konnte, dass Franz Joseph so uralt werden sollte. Karl Ludwig starb tatsächlich lange vor seinem Bruder 1896. Daher war es ein Glück gewesen, dass man sich gleich auf seinen ältesten Sohn Franz Ferdinand als späteren Nachfolger des Kaisers einigte.

Diese Entscheidung war Franz Joseph sicherlich nicht leicht gefallen, denn wenn er auch selbst nicht gerade ein sonniges Gemüt besaß, so empfand er die schroffe, wenig einnehmende Art des jungen Mannes alles andere als sympathisch. Ganz anders war da schon sein jüngerer Bruder Otto, das genaue Gegenteil von Franz Ferdinand – ein Charmeur und Herzensbrecher, ein Bonvivant und erzherzoglicher Lebemann, dem Sitte und Moral wenig bedeuteten und der sich über alle Konventionen hinwegsetzte. Freilich war Otto auch nicht das Idealbild für einen zukünftigen Kaiser, aber Franz Joseph ließ sich doch immer wieder von der liebenswürdigen Art seines Neffen einfangen, obwohl er dann und wann beinahe erzieherisch eingreifen musste, wenn das Treiben Ottos da und dort einen Skandal hervorgerufen hatte. Das Machtwort des Kaisers wirkte bei dem Leichtfuß Wunder, sodass sich Ottos überaus sittenstrenge Gemahlin Maria Josepha von Sachsen des Öfteren Hilfe suchend an Franz Joseph wandte, der dann dem Neffen nicht nur die Leviten las, sondern ihn einmal nach einem stadtbekannten Skandal sogar ohrfeigte – eine Reaktion des Kaisers, die für die meisten geradezu unvorstellbar war. Selbst Franz Joseph sah ein, dass so ein charakterschwacher Mann unmöglich Kaiser werden konnte! Da war der spröde Franz Ferdinand noch immer das kleinere Übel, obzwar er, von seinem Wesen abgesehen, neben einer höchst labilen Gesundheit sich noch in eine unstandesgemäße, etwas überstandene Gräfin verliebt hatte und sie ohne auf die Einwände des kaiserlichen Onkels zu hören zu heiraten gedachte. Aber eine andere Möglichkeit einer Nachfolge für Franz

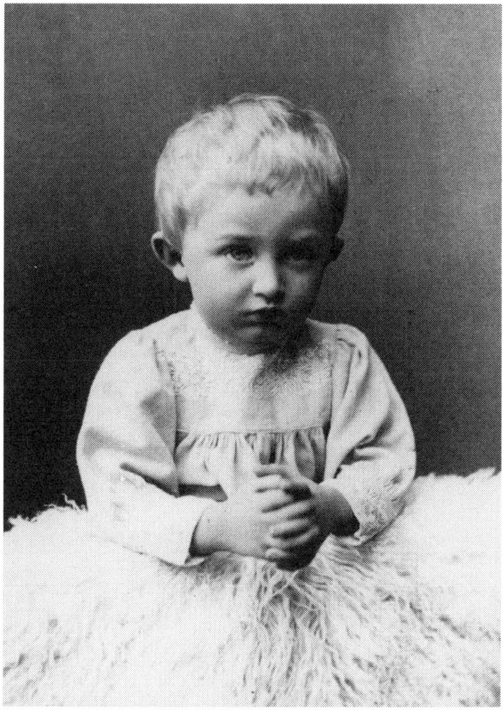

Karl im Alter von zwei Jahren.

Joseph ergab sich nun einmal nicht, daher blieb dem Kaiser nichts anderes übrig, als sich mit den Gegebenheiten wohl oder übel abzufinden. Der Kaiser hatte zwar mit dem Erzherzog einen direkten Nachfolger, wie es aber dann weitergehen sollte, stand immer noch in den Sternen, da Franz Joseph die Ehe von Franz Ferdinand und Sophie Chotek nur für »morganatisch« erklärte, das heißt, die Kinder aus dieser Verbindung, die den Namen »Hohenberg« zu führen hatten, sollten nicht erbberechtigt sein. Dass auch er dereinst nicht einmal eine Gräfin zum Traualtar geführt hatte, als er Sisi ehelichte, daran konnte sich der alte Kaiser anscheinend nicht mehr erinnern. Für den auch schon in die Jahre gekommenen neuen Thronfolger taten sich große Schwierigkeiten an der Seite des Kaisers auf. Denn

Franz Joseph war nicht der Mann, der seinen Nachfolger nur irgendwie aufbauen wollte. Er sah sich nämlich nicht nur als Kaiser, er gefiel sich in der Rolle des ersten Beamten in der großen Donaumonarchie, bei dem alle Fäden zusammenliefen. Da sich Franz Ferdinand weitgehend auf verlorenem Posten erblickte, suchte er nach eigenen Wegen, Einblick in die Politik zu bekommen und für die spätere Zeit seiner Regierung internationale Kontakte zu knüpfen, wobei seine starre Art nichts Gutes verhieß. Im Schloss Belvedere baute er eine Art Schattenregierung auf, die ganz andere Interessen verfolgte als es die kaiserlichen waren. Dabei waren viele seiner Sympathien und die meisten seiner Antipathien davon abhängig, wie man international seiner unstandesgemäßen, über alles geliebten Gemahlin entgegenkam, die nach wie vor auf Schritt und Tritt bei Hofe brüskiert wurde.
Ob und wie sich die Situation verändert hätte, ob Franz Ferdinand sich tatsächlich daran gehalten hätte, seine Söhne nicht als Erben einzusetzen, wäre er Kaiser geworden, darüber kann man nur Spekulationen anstellen. Realistisch aber war, dass Kaiser Franz Joseph auch einen Nachfolger Franz Ferdinands schon im Auge hatte: den Sohn seines Neffen Otto, den jungen Karl.
Die Erbfolge schien wunderbar geregelt zu sein, es gab zwar keinen Kronprinzen, aber trotzdem einen Thronfolger und für diesen auch wieder einen Thronfolger, der sich in aller Ruhe auf sein hohes Amt als Kaiser hätte vorbereiten können. Aber das politische Schicksal wollte es anders und so fielen die Schüsse von Sarajewo in einer Zeit, in der der junge Karl gerade begonnen hatte, sich im Leben eigenständig zu orientieren. Jetzt wäre ein politischer Lehrer für den Erzherzog dringend vonnöten gewesen, der ihn in einer Art Schnellsiedekurs über alles hätte informieren müssen, was für Karl lebensnotwendig gewesen wäre. Aber weder der alte Kaiser entschied sich dafür, Karl in die neue politische Situation einzuweihen, noch er selbst suchte Kontakte mit führenden Männern in der Donaumonarchie. Der junge Erzherzog, der bis dahin ein beschauliches Dasein geführt hatte, war kein Mann mit Weitblick und noch viel weniger mit Durchblick. In seiner redlichen Art hätte er wahrscheinlich ein ruhiges, aufregungsloses Leben irgendwo in Niederösterreich, nicht allzu weit weg von Wien im Kreise seiner zahlreichen Familie bevor-

zugt, dort wäre er wahrscheinlich von allen geschätzt und glücklich geworden. Karl fehlte der weite Geist eines Kronprinzen Rudolf, der mit seinem Charisma und seinem diplomatischen Geschick viele Unstimmigkeiten in Europa ausgeglichen hätte, dem es wahrscheinlich gelungen wäre, die Monarchie aus einem großen Krieg herauszuhalten.

Obwohl man wusste, dass Karl der übernächste Kaiser sein sollte, wurde er weder von Franz Joseph noch von Franz Ferdinand bei politischen Entscheidungen herangezogen. Seine Meinung war für beide Männer uninteressant, obwohl Franz Ferdinand am Abend vor der verhängnisvollen Reise nach Sarajewo Karl und dessen Gemahlin zu sich bestellte, um ihm nach einem gemütlichen Abendessen geheime Dokumente zu zeigen, die in seinem Schreibtisch lagen. Er bat den Neffen im Falle seines Ablebens, die Papiere an sich zu nehmen, die wichtige Informationen enthielten.

Als die Schüsse des serbischen Nationalisten Gavrilo Princip Karls Oheim und dessen Gemahlin tödlich trafen, setzte sich die Kriegsmaschinerie beinahe automatisch in Bewegung. Die internationalen Bündnisse, die in Europa ausgehandelt worden waren und deren Einhaltung man als Ehre ansah, führten zu einem Kampf der Völker, von dem man schon nach kurzer Zeit nicht mehr wusste, wie er eigentlich zustande gekommen war. Denn dass auf dem Balkan der österreichische Thronfolger erschossen worden war und Serbien daraufhin die österreichischen Forderungen ablehnte, war noch lange kein triftiger Grund, dass französische, russische oder englische Soldaten auf Österreicher, Deutsche, Ungarn und Böhmen schossen, um nur einige Angehörige der Völker zu nennen, die Soldaten für die Monarchie in den Krieg schickten. Der Domino-Effekt der internationalen Verpflichtungen hatte zu erbitterten Schlachten und schließlich zu einem Stellungskrieg geführt, in dem sich die Soldaten in den Schützengräben fragen mussten, warum sie am Isonzo, bei Verdun oder in den russischen Steppen ihr Leben ließen.

Der junge Erzherzog Karl stand der Lage, die auf ihn zugekommen war, völlig hilflos gegenüber. Obwohl er von heute auf morgen zum tatsächlichen Thronfolger avanciert war, hatte er dennoch keinen Einfluss auf den alten Kaiser, als dieser mit zitternder Hand die Kriegserklärung an Serbien in Ischl unterzeichnete. Niemand wagte

es, Franz Joseph nur den geringsten Ratschlag zu geben, der alte Kaiser war innerhalb der Familie sakrosankt, keiner hatte seine Handlungen weder zu kommentieren und schon gar nicht zu kritisieren!
Als Karl im November 1916 das Erbe, das er nicht ablehnen konnte, antrat, stand die österreichisch-ungarische Monarchie in Flammen, der Krieg drohte zum Weltkrieg auszuufern. Selbst mit allerbestem Willen und hervorragenden Verbindungen war es dem jungen Kaiser nicht mehr möglich, die Zeit aufzuhalten und entscheidend einzugreifen. Seine erste Proklamation spiegelte deutlich die innere Verfassung des jungen Monarchen wider:
»Ich will alles tun, um die Schrecknisse und Opfer des Krieges in ehester Frist zu bannen, die schwervermissten Segnungen des Friedens Meinen Völkern zurückzugewinnen, sobald es die Ehre unserer Waffen, die Lebensbedingungen Meiner Staaten und ihrer treuen Verbündeten und der Trotz der Feinde gestatten werden.«
Mit der neuen, schweren Bürde, die bleiern auf ihm lastete, war das nahezu sorgenfreie Leben, das Karl bisher hatte führen können, mit einem Schlag zu Ende gewesen. Was ihm in der Zukunft blieb, waren schöne Erinnerungen an seine Jugendzeit, obwohl der Haussegen in der Familie des Öfteren schief hing, da sein schöner Vater Erzherzog Otto seine berühmt-berüchtigten Eskapaden, unter denen die Mutter ständig zu leiden hatte, nicht lassen konnte. Aber Karl hatte, wie die übrigen Erzherzöge auch, seine Erzieher und Lehrer, zu denen er einen beinahe engeren Kontakt gehabt hatte als mit den Eltern. Obwohl ihm Hauslehrer das Nötigste beigebracht hatten, war es ihm vergönnt, eine öffentliche Schule zu besuchen, das berühmte Schottengymnasium in Wien, freilich ohne dort die Matura abzulegen. Er war bei seinen Mitschülern beliebt gewesen und liebevoll hatte man ihm den Beinamen »Erzkarl« gegeben.
Kaiser Franz Joseph zeigte sich dem am 17. August 1887 geborenen Großneffen von allem Anfang an gewogen, jedes Mal wieder war er – oft auch nur bei flüchtigen Begegnungen über den Witz des jungen Mannes überrascht und fühlte sich durch dessen Charme in einen eigenartigen Bann gezogen. Deshalb machte sich der Kaiser höchstpersönlich schon früh Gedanken darüber, wen Karl wohl eines nicht allzu fernen Tages zum Traualtar führen sollte. Im Laufe der Zeit hatte Franz Joseph nämlich eine ganz besondere Vorliebe

Karl als Rittmeister im k. u. k. Dragonerregiment.

entdeckt: Es machte ihm ausgesprochenes Vergnügen, Ehen zu stiften und junge Leute zu verkuppeln. Deshalb hatte er auch den jungen Großneffen Karl ins Visier genommen: Kaum hatte dieser seine schulische Ausbildung absolviert und seinen Heeresdienst abgeleistet, erging an ihn die kaiserliche Order, sich nach einer passenden – dies bedeutete vor allem – standesgemäßen Braut in den höchsten Familien umzuschauen. Nicht noch einmal sollte der Zufall Schicksal spielen wie bei Franz Ferdinand!
Karl war in der internationalen Gesellschaft ein gern gesehener Gast, nicht nur auf Grund seines liebenswürdigen Wesens und seines einnehmenden Äußeren, er war vor allem für alle Schwiegermütter in

spe ein Mann, der eine große Zukunft zu erwarten hatte. Daher flatterten ihm von allen Seiten Einladungen zu Diners und Bällen ins Haus, von denen er natürlich nur einige wenige annehmen konnte, wollte er nicht eine kaiserliche Rüge wegen Vernachlässigung des Militärdienstes riskieren.

Allerdings nach Franzensbad, wo sich alljährlich die Familie zur Kur traf, konnte er ohne Skrupel reisen, da er nicht allzu weit entfernt in Brandeis an der Elbe stationiert war. Karl freute sich auf die heitere, zwanglose Atmosphäre, die in den böhmischen Salons und auf der Promenade herrschte, er hatte herzlich wenig für das herkömmliche Zeremoniell am Wiener Kaiserhof übrig.

Als Karl nach Franzensbad aufbrach, konnte er natürlich nicht ahnen, dass ihm in diesem Kurort das Schicksal über den Weg laufen würde. Denn unter den alten Tanten und Onkeln befand sich auch ein entzückendes junges Mädchen aus dem Hause Bourbon-Parma, das auf dem Weg nach Hause kurze Einkehr in Franzensbad gehalten hatte. Und wie es der Zufall oder Gott Amor wollten, begegnete Karl hier der schönen Zita, die er zwar schon seit Kindertagen kannte, die er aber jetzt mit ganz anderen Augen ansah. Karl war mit einigen Brüdern Zitas als Kind befreundet gewesen, zu einer Zeit, da auch adelige Buben noch Fensterscheiben einwarfen und die Mädchen keines Blickes würdigten. Jetzt war mit einem Schlag alles ganz anders: Seltsam scheu standen die beiden jungen Menschen einander gegenüber und merkten, dass ein Funke von einem zum anderen übergesprungen war, der ein Feuer fürs Leben entzünden konnte.

Die junge Zita kam aus der richtigen Familie: Ihre Eltern waren nach Österreich ins Exil gegangen, so wie einige andere hochadelige Familienangehörige sich in der Donaumonarchie niederließen, als man sie aus ihrem Land vertrieben hatte, nicht nur die Bourbonen. Es lebte sich sicher und angenehm im Kaiserreich. Zudem behielt man hier noch seinen Nimbus, denn der traditionsbewusste Kaiser achtete darauf, dass die vertriebenen Herrscher in der neuen Heimat standesgemäß lebten und zu den diversen gesellschaftlichen Ereignissen geladen wurden. Die Vielzahl der Zacken der Krone war wichtig für Franz Joseph, denn nur wer aus den höchsten Familien Europas stammte, konnte damit rechnen, vom alten Kaiser als standesgemäß und gesellschaftsfähig angesehen zu werden.

Zu den jungen Mädchen, die das Wohlwollen Franz Josephs in jeder Hinsicht besaßen, gehörte allen voran Zita. Ihre Eltern hatten viel dazu beigetragen, dass ihre Tochter alle Voraussetzungen mitbrachte, um eventuell einmal in die allerhöchste Familie einheiraten zu können. Da die beinahe unüberschaubare Familie – Herzog Robert besaß aus zwei Ehen 24 Kinder – während der Sommermonate in der Villa Pianore in der Nähe von Lucca, im Winter aber auf Schloss Schwarzau in Niederösterreich lebte, war es notwendig, die Kinder in Internate zu geben, damit sie eine geregelte Schulausbildung erhalten konnten. Für Zita hatten die Eltern das vornehme Zangberg in Bayern auserwählt, wo man neben der Vermittlung einer guten Allgemeinbildung besonderen Wert auf Sprachen legte, wobei allerdings seltsamerweise das Deutsche zu kurz kam. So fließend die spätere Kaiserin auch die anderen Sprachen der Monarchie beherrschte, mit dem Deutschen hatte sie immer ihre liebe Not, eine Tatsache, die ihr in späteren Jahren sehr oft von Übelwollenden angekreidet wurde.

Die Eltern Zitas waren streng katholisch und so war es nicht verwunderlich, dass auch die vielen Kinder im christlichen Glauben erzogen wurden. Als sich die Großmutter Zitas, die ehemalige Königin von Portugal Adelheid, entschloss, dem Luxus-Leben den Rücken zu kehren und als Nonne in das Benediktinerinnenkloster auf der Isle of Whight einzutreten, da schickte man Zita nach ihrer Ausbildung in Zangberg auf die englische Insel, damit sie dort den letzten religiösen Schliff bekommen sollte. Das feuchte, nebelige Klima und wahrscheinlich auch die karge englische Kost schadeten der Gesundheit Zitas so sehr, dass die Eltern sich beinahe Hals über Kopf entschieden, ihre Tochter heimzuholen. Und auf dem Rückweg, der von England nach Niederösterreich über Böhmen führte, kam es in Franzensbad zu der alles entscheidenden Begegnung.

Die jungen Leute verbrachten unbeschwerte Tage in dem böhmischen Kurort, dann musste Karl wieder zu seiner Kompanie und Zita kehrte endlich nach Hause zurück.

An diese Zeit der ersten Liebe erinnerte sich die Kaiserin viel später:

»Wir befreundeten uns sehr und waren natürlich froh, einander immer wieder zu treffen. Meine Gefühle für ihn entwickelten sich allmählich während der nächsten zwei Jahre. Erzherzog Karl dagegen scheint sich viel rascher entschieden zu haben. Jedenfalls wurde er nur noch eifriger, als ihm Herbst 1910 ein Gerücht umlief, daß ich mit einem entfernten spanischen Verwandten, Don Jaime, dem Herzog von Madrid, verlobt sei.«

Karl hatte zwar nicht die Fama um einen Nebenbuhler benötigt, um zu wissen, wie er sich entscheiden würde, er hatte längst erkannt, dass Zita für ihn die Frau fürs Leben sein würde. Daher konnte er auch dem alten Kaiser, der ihn zur Audienz befohlen hatte, um die Pläne des Großneffen dezidiert zu erfahren, frank und frei antworten, dass für ihn Zita als zukünftige Ehefrau in Frage käme und sonst keine!

Nachdem Karl offiziell bei Herzog Robert um die Hand seiner Tochter angehalten und man den jungen Leuten Gelegenheit gegeben hatte, allein unter vier Augen diese wichtige Frage eines gemeinsamen Lebens zu besprechen, wurde im engeren Familienkreis am 13. Juni 1911 in der Villa Pianore bei Lucca Verlobung gefeiert.

Da man nicht nur die Zustimmung des Kaisers, sondern auch den offiziellen Segen des Papstes für diese Verbindung einholen wollte, fuhr Zita mit ihrer Mutter nach Rom, wo beide Damen von Papst Pius X. in Audienz empfangen wurden. Nachdem Zita und ihre Mutter den Hl. Vater in aller Ehrfurcht begrüßt hatten, wandte sich der Papst an Zita und meinte: »Nun heiraten Sie also den Thronfolger.« Verblüfft über diese Worte versuchte Zita den Papst zu korrigieren, da sie dachte, er wäre nicht eingehend über die Erbfolge informiert. Aber Pius blieb bei seiner Aussage und fügte noch hinzu: »Nein, Carl wird der Erbe sein … Ob das ein Rücktritt ist, das weiß ich nicht. Aber etwas weiß ich: Carl wird der Nachfolger von Kaiser Franz Joseph sein.« Kryptische Worte, die später, als die Frage der Seligsprechung Karls diskutiert wurde, als göttliche Vorhersehung ausgelegt wurden!

Für den 21. Oktober 1911 war die Hochzeit auf Schloss Schwarzau geplant, an der neben hohen und höchsten Gästen auch der alte Kaiser teilnahm. Obwohl er wieder einmal an einer schlimmen Erkältung litt, hatte er die Absicht, den beiden jungen Leuten, auf die er insgeheim die allergrößten Hoffnungen setzte, nicht nur persönlich Glück zu wünschen, sondern der jungen Braut ein prächtiges,

Der erste offizielle Besuch Kaiser Karls I. und Zitas nach ihrer Hochzeit im Augarten-Palais.

äußerst wertvolles Brilliantdiadem zu schenken. Was hätte Franz Joseph, der ein Leben lang ein großer Schmuckliebhaber war, seiner neuen Großnichte auch Schöneres verehren können?
Das erste Jahr ihrer jungen Ehe war ein wahres Wanderjahr, wobei es sich Zita nicht nehmen ließ, ihren Mann selbst bis Ostgalizien zu begleiten, wo Karl vorübergehend stationiert war. Hier führten die beiden ein einfaches bürgerliches Leben, denn in dem beinahe eher unwirtlichen Gebiet nicht am Ende der Welt, aber doch am Rande der Monarchie gab es nicht den geringsten Komfort – auch nicht für ein Erzherzogpaar. Und doch zählten diese Tage und Wochen zu den glücklichsten in ihrer Ehe.
Mitte des Jahres 1912 wurde Karl nach Wien zurückbeordert. Er hatte einen Schiunfall erlitten und sich dabei erheblich verletzt, sodass das Ende seiner Kavallerielaufbahn gekommen war. Auf allerhöchsten Befehl wechselte der Erzherzog zum Infanterieregiment Nr. 39, wo er als Oberkommandierender freudig begrüßt wurde, da

Karl es überall verstand, die Sympathien selbst des einfachsten Soldaten zu erwerben. Er hatte so gar nichts Abgehobenes an sich, plauderte gern mit den Leuten rundherum und erfuhr auf diese Weise so manches, was anderen Erzherzögen ein Leben lang verborgen geblieben war.

In Wien war schon vor dem Eintreffen von Karl und Zita, die ihr erstes Kind erwartete, festgelegt worden, dass die kleine Familie vorübergehend in der Villa Wartholz in Reichenau Quartier nehmen sollte, bis der eigentliche Wohnsitz, Schloss Hetzendorf, entsprechend wohnlich adaptiert worden war. Das Kind sollte natürlich in Wien zur Welt kommen, immerhin konnte der Sprössling einmal in fernen Zeiten der zukünftige Kaiser sein. Und der sollte in der Hauptstadt der Donaumonarchie das Licht der Welt erblicken. Dass alles ganz anders kommen sollte, wie es sich der alte Kaiser ausgemalt hatte, das konnte Franz Joseph damals im November 1912, als Otto, der Sohn Karls und Zitas, in der kaiserlichen Wiege lag, nicht ahnen.

Die Schüsse von Sarajewo veränderten nicht nur die Welt, sondern auch das Leben des jungen Ehepaares. Als Offizier zog Karl an die Front und hoffte genau wie die meisten anderen Soldaten, die voller Euphorie und mit Sang und Klang zu den Waffen geeilt waren, dass man die Feinde bald besiegen würde. Dass aus den zunächst überschaubaren Kriegsschauplätzen ein Völkermorden werden würde, das konnte auch Karl, der der Sache von Anfang an skeptisch gegenüberstand, nicht vorhersehen. Er hatte freilich andere Einblicke als die meisten, die für Kaiser und Vaterland kämpften, wobei der Begriff des Vaterlandes sehr weit gesteckt war.

Der Erzherzog schrieb an seine Frau am 16. Oktober 1914, in einer Zeit, in der der Krieg noch in den Kinderschuhen steckte, folgende Zeilen:

»Liebstes Pusserl!

Ich habe doch Deine liebe Stimme gehört und bin so froh darüber. Ich kann Dir auch einiges erzählen.

Was die Lage anbelangt, ist sie bei den Deutschen gar nicht so rosig, wie man glaubt. Bei Warschau geht es ihnen gerade gar nicht sehr gut. Die ganze Sache ist die, die Russen haben 250.000 Mann mehr als wir und solange der Krieg in Frankreich nicht fertig und

die Deutschen noch Kräfte hinüberziehen, ist ein großer Erfolg ausgeschlossen.
Die Leute daheim glauben auch noch immer, daß eine große Schlacht in wenigen Tagen beendet ist, wie seinerzeit in Königgrätz. Aber heute dauern die Schlachten Wochen und Wochen, wie jetzt in Frankreich.
Ich hoffe jetzt schon bald, daß die Franzosen und Engländer rechte Schläge kriegen, damit unsere Truppen endlich für ihre Tapferkeit und Mühe belohnt werden und siegen können. Im Antransport gegen uns ist schon schwere japanische Artillerie, mit japanischer Mannschaft. Die Portugiesen werden uns und Deutschland nächster Tage den Krieg erklären, solche blöden Viecher.
Ich muß sagen, wir sind mit dem ganzen Gesindel der Welt im Krieg.
Bei den Franzosen kämpfen Neger, die aber so böse sind, daß sogar die eigenen weißen Soldaten sich vor ihnen fürchten. Die Engländer haben auch alle möglichen solchen Völker in ihren Heeren.
Ich hoffe nur, daß all diese Wilden sich dann gegen die Völker kehren werden, die sie in diesen Krieg hineingehetzt haben.
Ich liebe Dich sehr mein Herzl und umarme Dich von ganzem Herzen
Dein
Karlicku

Erzähl nichts von den Deutschen, von den Japanern und Portugiesen!«

Dass sich der offizielle Thronfolger an der Front befand, erstaunte so manchen, denn immerhin waren die Einsatzorte alles andere als sicher. Karl riskierte fast täglich sein Leben, vor allem an der Ostfront. Aber er und auch Zita hielten es für politisch notwendig, dass der zukünftige Kaiser mit den Soldaten, die aus allen Teilen der weiten Donaumonarchie für Kaiser, Volk und Vaterland kämpften, persönlichen Kontakt hatte. Darüber berichtete Karl an seine Gemahlin von der Front:

»3. November 1914:

Liebstes Pusserl!
Ich freute mich heute so, wieder Deine liebe Stimme zu hören, es war das so schön. Ich danke Dir und den Kindern von ganzem, ganzem Herzen für die angekündigten Veilchen, es hat mich so gerührt und gefreut. Ich habe Euch alle so lieb, mein Katzerl, pardon Schatzerl. Ich war heute früh beim Telefonieren nicht sehr gut aufgelegt, weil es leider nicht glänzend geht. Wir müssen den so mühsam blutig erkauften San wieder aufgeben und uns nach rückwärts begeben, weil halt immer zu viel Russen da sind ... Das 10. Korps wurde nach heldenmütiger Gegenwehr zurückgeworfen und machte dennoch 2400 russische Mannschaft und 20 russische Offiziere zu Gefangenen. Da haben uns wieder einmal diese S...preußen im Stich gelassen.
Überhaupt, der Heldenmut unserer Truppen ist einzig dastehend, so groß und einige war Österreich noch nie. Es tut einem nur so leid, dass all diese Todesverachtung und der Mut zu gar keinem positiven Resultat führt ...
Die Russen haben keinen großen Schaden angerichtet. Sie haben sehr viel gestohlen, die Offiziere kaufen oder stehlen Wein und Branntwein und verkaufen ihn an die Mannschaft für viel teures Geld. Kavaliere ... Zu Mittag aß ich bei den Herren des Armeekommandos. Nachher empfing ich Zivilfunktionäre, einen Bezirkshauptmann, der nach Aussage aller Herren ein Esel ist, ich belobte ihn aber doch, weil die Stadt so schön beflaggt war, schwarzgelb, und viele mit Lorberreis geschmückte Kaiserbilder.
Dann war ein Jud, dem sagte ich, dass die Juden überall so kaisertreu gewesen wären, was auch entschieden wahr ist, denn die einzig Verläßlichen sind doch die Juden.
Dann war ein katholischer Geistlicher, der hat immer geweint, konnte aber nicht sagen, was ihm die Russen angetan hätten, nur immer sagte er ›Russen so bees, so bees‹. Er hat halt auch nicht gut Deutsch gekonnt ...
Verzeih, daß ich jetzt mitten in der Erzählung schließen muß, aber ich hatte heute zu viel zu tun, um weiterzuschreiben. Morgen kommt die Fortsetzung. Ich umarme Dich von ganzem Herzen, mein Schatzi.
Dein Dich innig und heiß liebender Karlicku«

Es war für den alten Kaiser keineswegs leicht, den Thronfolger an der Front zu wissen. Besorgt äußerte er sich: »Ich bin ein Greis und Otto ist ein Kind. Was geschieht, wenn dir etwas passiert?«
Es war nicht das Leben an der Front, das Karl in der Zukunft schlaflose Nächte bereiten sollte, es war vielmehr seine Rolle als plötzlicher Kaiser, die er nach dem schon längere Zeit erwarteten Tod von Kaiser Franz Joseph übernehmen musste. Zita berichtete über diesen schweren Schritt:
»Dann entließ er (Kaiser Franz Joseph, Anm. d. Verf.) uns mit viel Herzlichkeit und es war das letzte Mal, dass wir ihn lebend, dass wir ihn bei Bewusstsein gesehen haben. Am selben Abend dann erlosch langsam das Leben Kaiser Franz Josephs. Erzherzog Karl und ich waren zugegen.
Im gleichen Augenblick war die ganze Last, die bis dahin Kaiser Franz Joseph getragen hatte, übergegangen auf die Schultern von Kaiser Karl. Wenn dieser ihm auch sehr geholfen hatte, so war die Verantwortung doch die des alten Kaisers gewesen.
Als wir aus dem Sterbezimmer herauskamen, trat Prinz Lobkowicz, der Kammervorsteher von Kaiser Franz Joseph gewesen war, mit Tränen in den Augen auf Kaiser Karl zu, machte ihm das Zeichen des Kreuzes auf die Stirn und sagte:
›Gott segne Eure Majestät.‹ Es war das erste Mal, dass Kaiser Karl mit diesem Titel angesprochen wurde. Unser Leben veränderte sich nun vollkommen.«
Vieles wurde unter dem jungen Kaiser ganz anders, nicht nur, weil der Krieg auch von der Kaiserfamilie seine Opfer forderte. Obwohl Karl nun nach Schönbrunn übersiedelte, bestand er nicht mehr auf der strengen Einhaltung des »Spanischen Hofzeremoniells«, das ihm, einem Mann, der auch auf die einfachen Menschen zugehen konnte, antiquiert und unsinnig vorkam. Was sollten alte Traditionen in einer Zeit, in der die Menschen unter dem Verlust ihrer Angehörigen litten, wo die Siegeseuphorie schon einer allgemeinen Depression gewichen war, wo die rationierte Nahrung täglich karger wurde und wo man nur den einen Wunsch hegte, endlich wieder in Frieden schlafen zu können.
Auch die Kaiserfamilie nahm Einschränkungen auf sich. Karl wollte mit gutem Beispiel vorangehen und der Bevölkerung demonstrie-

ren, dass auch die erste Familie im Reich nicht in Saus und Braus lebte, während rundum allmählich der Hunger seinen Einzug hielt. Freilich hatten die kaiserlichen Köche, die gewohnt waren aus dem Vollen zu schöpfen, auch wenn der alte Kaiser ein genügsamer Mann gewesen war, ihre liebe Not, schmackhafte Speisen auf die Teller zu bringen. Vor allem Fleisch war Mangelware geworden. Der älteste Sohn des Kaisers, Dr. Otto Habsburg, erinnerte sich nach vielen Jahren noch an eine markante Episode: Er hatte den Generalissimus Arz von Straußenburg getroffen, der den Buben fragte, ob er Gulasch essen wollte. Worauf ihn Otto ganz erstaunt fragte: »Ein Gulasch? Aber das ist doch Fleisch! Bist du denn ein reicher Mann?«

Als Karl die Last der Krone aufgebürdet bekam, hatte er von Anfang an nur ein Ziel: die Wiederherstellung des Friedens. Er unternahm alles Menschenmögliche, um dieses Ziel zu erreichen. Auch die in diesem Kapitel weiter vorne abgedruckte erste Proklamation, die er als Kaiser erließ, drückt seine Absichten klar aus:

»Ich will alles tun, um die Schrecknisse und Opfer des Krieges in ehester Frist zu bannen, die schwervermissten Segnungen des Friedens Meinen Völkern zurückzugewinnen, sobald es die Ehre unserer Waffen, die Lebensbedingungen Meiner Staaten und ihrer treuen Verbündeten und der Trotz der Feinde gestatten werden.«

Wer waren eigentlich die Feinde des jungen Kaisers? Könnte man ihn heute noch fragen, so könnte er wahrscheinlich keine dezidierte Antwort darauf geben: die Feinde, die sich aus den Bündnissen ergeben hatten, die man vor geraumer Zeit geschlossen hatte. Eine unselige Konstellation, wobei man immer noch nicht sagen konnte, warum eigentlich England und Frankreich gegen die Monarchie kämpften, waren die Beziehungen namentlich zu Frankreich in den letzten Jahrzehnten doch keineswegs negativ gewesen. Mit Deutschland sah die Sache schon ganz anders aus: Immerhin hatte das Reich Elsass-Lothringen und nach dem Krieg von 1870/71 hohe Kontributionszahlungen kassiert, was die Franzosen selbstverständlich nicht verschmerzen konnten. Auch die Engländer waren Wilhelm II. nicht gerade gut gesinnt gewesen, hatte er doch mit dem Aufbau der Flotte ernsten Grund zur Besorgnis für die britische Marine gegeben. Einzig und allein der Krieg auf dem Balkan hatte auch in den Augen Karls eine Berechtigung, wenngleich auch für diese Region

Karl I. mit Kaiser Wilhelm II.

mit einigem diplomatischem Geschick eine andere Lösung hätte gefunden werden können.
Ob Kaiser Karl von Anfang an die Idee hatte, einen Separatfrieden mit den Westmächten anzustreben, ist Spekulation. Fest steht, dass er schon sehr bald nach seiner Krönung in Budapest zum König von Ungarn am 30. Dezember 1916 seine Fühler ausstreckte, um die Absichten Frankreichs und England zu ergründen. Eine Reform im Heer der Donaumonarchie sollte ein Übriges tun, um die Generalität von der Notwendigkeit eines baldigen Friedens zu überzeugen. Das Armeeoberkommando wurde von Teschen nach Baden bei Wien verlegt und Generalfeldmarschall Conrad von Hötzendorf erhielt sein Entlassungsdekret. Der Kaiser selber übernahm das Oberkommando über das Heer.

Es konnte nicht ausbleiben, dass gerade die Demission des Generalfeldmarschalls in Armeekreisen böses Blut machte. Was verstand schon der junge Kaiser von der komplizierten Kriegsführung? Aber Karl konnte keine verkrusteten Strukturen im Heer brauchen, kein Kriegführen um der Kriegführung willen, bei dem die Steine im Spiel lebendige Menschen waren, die tagtäglich zu tausenden in den verschiedensten Teilen Europas verbluteten!

Es war wahrscheinlich die größte Tragik im Leben Kaiser Karls, dass er das Gute wollte, aber die falschen Mittel einsetzte. Er erkannte nicht, dass man in der Situation, in der es um Sieg oder Niederlage, um Triumph oder Schmach ging, nicht blauäugig den anderen vertrauen konnte. Wäre er kritischer und vorsichtiger gewesen, wäre ihm viel üble Nachrede erspart worden.

Denn so sehr sein persönliches Schicksal auch nach langer Zeit noch berührt, so blieb mit seinem Namen die Sixtus-Affäre verknüpft, der unzulängliche Versuch, einen Separatfrieden mit Frankreich und England zu erreichen.

Karl hatte sich in seinen intensiven Bemühungen um den Frieden im Westen der beiden Brüder seiner Gemahlin Sixtus und Xavier bedient, denen beste Beziehungen zur französischen Regierung nachgesagt wurden. Die beiden waren wie die anderen Kinder von Herzog Robert auch in Schwarzau in Niederösterreich aufgewachsen, fühlten sich aber – immerhin floss in ihren Adern bourbonisches Blut – nicht als Österreicher, sondern als Franzosen. Bei Ausbruch des Krieges war es zu einem Bruch innerhalb der Familie gekommen, denn Felix und René traten ins kaiserliche Heer ein, während Sixtus und Xavier zwar nicht für die Fahne Frankreichs kämpfen durften, da dies für Angehörige der Familie der Bourbonen nicht erlaubt war, wohl aber im belgische Heer ihren Dienst versahen, was sie nicht daran hinderte, engen Kontakt mit der französischen Regierung zu pflegen. Daher boten Sixtus und Xavier an, als sie von den Friedensplänen des kaiserlichen Schwagers in Wien erfuhren, in Paris zu sondieren, wie man über einen Separatfrieden mit der Donaumonarchie dachte. Nachdem sie von Seiten der französischen Regierung keine Ablehnung erfahren hatten, teilten sie dies über Mittelsmänner Karl und ihrer Schwester Zita mit. Was der Kaiser allerdings nicht wusste, war die Tatsache, dass Italien, das mittlerweile die Seiten gewechselt hatte, große Versprechungen von England und Frankreich durch den Vertrag von London im Frühjahr 1915 erhalten hatte. Die Donaumonarchie sollte bei einem Sieg der Alliierten an Italien weite Gebiete abtreten, wie Dalmatien, Südtirol, um die wichtigsten zu nennen.

Nur teilweise über die wahren Vorgänge auf internationaler Ebene informiert, schrieb der Kaiser an Sixtus einen für seine Reputation verhängnisvollen Brief, von dem er freilich nicht ahnen konnte, dass er auf Grund von beabsichtigter Indiskretionen an die Öffentlichkeit gelangen würde. Folgende Zeilen ließen den österreichischen Kaiser vor allem in den Augen der Deutschen als Verräter erscheinen:

»Mein lieber Sixtus!

Das Ende des dritten Jahres dieses Krieges, der so viel Trauer und Leiden in die Welt gebracht hat, naht heran. Alle Völker meines Reiches sind enger als je vereinigt in dem gemeinsamen Willen, die Integrität der Monarchie auch auf Kosten der schwersten Opfer zu verteidigen …

Frankreich hat ebenfalls großartige Beweise seiner Widerstandskraft und seines Elans geliefert. Wir bewundern alle rückhaltlos die traditionelle Tapferkeit seiner Armee und den Geist der Aufopferung des ganzen französischen Volkes. Es ist mir daher, obwohl wir augenblicklich Gegner sind, besonders erfreulich zu sehen, daß mein Reich von Frankreich durch keine wirklichen Interessensgegensätze getrennt ist und daß meine lebhaften, in der ganzen Monarchie geteilten Sympathien für Frankreich wohl zu der Hoffnung berechtigen, die Wiederkehr eines Krieges, für den ich nicht verantwortlich bin, in Zukunft zu vermeiden. Deshalb und zur Kundgebung der Aufrichtigkeit meiner Gefühle in präziser Form bitte ich Dich, dem Präsidenten der französischen Republik, Herrn Poincaré, geheime und inoffizielle Mitteilung zu machen, daß ich mit allen Mitteln und mit meinem ganzen persönlichen Einfluß bei meinen Verbündeten die gerechte französische Zurückforderung (les justes revendications) Elsaß-Lothringen unterstützen werde.

Belgien muß als souveräner Staat wiederhergestellt werden und seine sämtlichen afrikanischen Besitzungen behalten, ungeachtet der Entschädigungen, die es für die erlittenen Verluste erhalten sollte. Die Souveränität Serbiens wird wiederhergestellt werden und wir

sind, um unseren guten Willen zu beweisen, erbötig, ihm einen der Billigkeit entsprechenden natürlichen Zugang zum Adriatischen Meere und weitgehende wirtschaftliche Zugeständnisse zu garantieren. Österreich-Ungarn wird dagegen als unerläßliche Vorbedingung fordern, daß das Königreich Serbien sich in Zukunft von jeder Gesellschaft oder Vereinigung mit der politischen Tendenz der Zerstückelung der Monarchie losmacht und sie unterdrückt, besonders die ›Narodna Odbrana‹, daß es loyal und mit allen ihm zu Gebote stehenden Mitteln jede derartige politische Agitation in Serbien und außerhalb seiner Grenzen verhindert und daß es dafür unter Garantie der Ententemächte bürgt. – Die jüngsten Ereignisse in Rußland nötigen mich, die endgültige Bildung einer gesetzlichen Regierung abzuwarten, ehe ich mich über diesen Punkt äußere.
Nachdem ich Dir so meine Gefühle auseinander gesetzt habe, möchte ich Dich bitten, mir zuvörderst die Ansicht Frankreichs und Englands nach Aussprache mit beiden Mächten mitzuteilen, damit auf diese Weise eine Grundlage für offiziellen, allgemein befriedigende Verhandlungen geschaffen wird. – In der Hoffnung, daß wir so beiderseits den Leiden so vieler Millionen Menschen und so vieler in Trauer und Angst lebender Familien ein Ziel setzen werden, bitte ich Dich, an meine lebhafteste brüderliche Zuneigung zu glauben.

Karl«

Ein Brief, dessen Inhalt kaum brisanter hätte sein können und der weder in falsche Hände noch an die Öffentlichkeit hätte gelangen dürfen. Und beides war der Fall. Inwieweit Sixtus nicht der richtige Mann für diese diplomatisch höchst schwierige Situation war, ob vielleicht ein anderer der Brüder der Kaiserin, der im kaiserlichen Heer kämpfte, dieses Friedensangebot an Frankreich hätte überbringen sollen, um nicht in den Geruch des Verrats zu kommen, lässt sich in der Nachschau und nach dem Scheitern der Mission schwer sagen. Fest steht, dass der Kaiser auch versucht hatte, bei einem Treffen in Homburg vor der Höhe Kaiser Wilhelm II. von der Notwendigkeit eines Friedensschlusses zu überzeugen. Was Karl nicht wusste, war, dass der deutsche Kaiser ganz unter dem Einfluss seiner Generäle stand, vor allem Ludendorff bestimmte die Linie, die Deutschland in

diesem Krieg verfolgte. Und für Ludendorff waren die Österreicher ohnedies ein schwacher und unzuverlässiger Partner.
Es gab vieles, was Karl in seiner Absicht, den Frieden zu suchen, nicht durchschaute: Weder die geheimen Forderungen Italiens waren ihm bekannt, noch nach dem Regierungswechsel in Frankreich die Einstellung Clemenceaus, der keineswegs ein Freund Österreichs war. Gutgläubig wie er war, bemerkte er auch nicht, welch dubiose Rolle David Lloyd George spielte, genauso konnte er nicht die Abneigung des amerikanischen Präsidenten Wilson nachvollziehen, den vor allem der Erzkatholizismus der Familie Habsburg störte. Daher musste er, vielleicht auch von seiner Gemahlin in mancherlei Hinsicht falsch beraten, den Feinden ins offene Messer laufen. Eigentlich konnte der Kaiser nur ganz wenigen Männern in seiner unmittelbaren Umgebung vertrauen, denn selbst sein eigener Außenminister Graf Czernin hatte zwei Gesichter.
Aus Unwissenheit und in gutem Glauben beging der Kaiser alle Fehler, die er hatte begehen können. Und dies führte nicht nur dazu, dass sein Brief an Sixtus in Paris auf perfide Art und Weise veröffentlicht wurde, sondern auch, dass er, da er seine Glaubwürdigkeit als Kriegspartner verloren hatte, keinen Einfluss mehr auf das Ende des mörderischen Krieges hatte. Und das Schlimmste an der Angelegenheit rund um den Prinzen Sixtus war, dass man vereinbart hatte, alles abzuleugnen, sollte irgendetwas aus dem Schriftwechsel an die Öffentlichkeit gelangen.
Des Kaisers Ruf war nicht nur in Österreich-Ungarn stark angeschlagen, in Deutschland wurde Karl von Ludendorff und dessen Gefolgschaft als Verräter bezeichnet und man hatte sogar die Absicht, mit Waffengewalt in Österreich einzumarschieren. Das internationale Ende des jungen Kaisers war nicht erst durch die Beendigung der Kampfhandlungen im Oktober 1918 gekommen, seine Reputation als ehrlicher Verhandlungspartner hatte er schon früher eingebüßt. Diese unrühmliche Lage wurde noch dadurch verschärft, dass man hinter den Kulissen vielfach Kaiserin Zita – eine Frau aus dem Hause Bourbon- Parma, also keine gebürtige Österreicherin, die noch dazu der deutschen Sprache nicht ganz mächtig war – als Drahtzieherin vermutete. Vor allem in Wien wurden die Stimmen in der Bevölkerung immer lauter, die die »Italienerin« als Verräterin beschimpften.

Wäre die Geschichte anders verlaufen, hätte man die Kaiserin wahrscheinlich mit Hosianna-Rufen bedacht, so wie menschliche Reaktionen nicht nur in der Politik vom Erfolg oder Misserfolg abhängen. Einen Vorwurf kann man Zita allerdings nicht ersparen: sie als hochintelligente Frau hätte ihren Mann warnen müssen, sich in dieser gefährlichen Art und reichlich undiplomatischen Weise nicht nur seinem Schwager, sondern vor allem auch den Politikern der Entente auszuliefern, die die redlichen Absichten des Kaisers von Österreich-Ungarn entweder als Schwäche auslegten oder sie ganz einfach nicht wahrhaben wollten.

Die Friedensmission war gescheitert, tausende und abertausende junger Männer sollten in den folgenden Monaten weiterhin ihr Leben an den sinnlosen Fronten lassen müssen, bis endlich im Oktober 1918 die Waffen schwiegen. Am 16. Oktober wurde eine Proklamation Kaiser Karls veröffentlicht:

»An Meine getreuen österreichischen Völker!

Seitdem Ich den Thron bestiegen habe, ist es Mein unentwegtes Bestreben, allen Meinen Völkern den ersehnten Frieden zu erringen sowie den Völkern Österreichs die Bahnen zu weisen, auf denen sie die Kraft ihres Volkstums, unbehindert durch Hemmnisse und Reibungen, zur segensreichen Entfaltung bringen (…) können. Das furchtbare Ringen hat das Friedenswerk bisher gehemmt. Heldenmut und Treue, opferwilliges Ertragen von Not und Entbehrungen haben in dieser schweren Zeit das Vaterland ruhmvoll verteidigt. Die harten Opfer des Krieges mussten uns den ehrenvollen Frieden sichern, an dessen Schwelle wir heute mit Gottes Hilfe stehen.«

Der »ehrenvolle Frieden« wurde in den Pariser Vororten St. Germain, Versailles und Trianon geschlossen. Seine Bestimmungen sahen wohl ganz anders aus, als sie sich der österreichische Kaiser vorgestellt hatte. Neben großen Gebietsverlusten, die Österreich hinnehmen musste, zerfiel die Donaumonarchie. Das Ende der ältesten Dynastie in Europa war gekommen, eine politische und wirtschaftliche Großmacht hatte aufgehört zu bestehen. Die Präsidenten der Nachfolgestaaten, die teilweise durch die politische Amnestie, die Karl noch unmittelbar vor dem Zusammenbruch des Reiches unterzeichnet hatte, aus den Gefängnissen direkt an die Macht gekommen waren, versuchten in den kommenden Jahren alles, um

die Spuren der jahrhundertelangen Habsburger-Herrschaft zu verwischen.
Der Krieg war für die Mittelmächte verloren, die Länder waren ausgeblutet, Millionen Tote lagen auf den Schlachtfeldern überall in Europa. Und in der Heimat stand ein kalter Winter bevor. Heizmaterial war schon längst Mangelware geworden, vor allem in den Städten machte sich der Hunger breit, während ganze Scharen heimkehrender Soldaten auf der Suche nach etwas Essbarem vor allem die Dörfer überfielen und vor nichts zurückschreckten. Die Moral war auf einem Tiefpunkt angelangt, jeder war sich selbst der Nächste ohne Rücksicht auf andere, der Krieg hatte das Unterste zuoberst gekehrt.
Was bedeutete es schon in dieser Situation für den Einzelnen, dass Kaiser Karl die Idee hatte, die österreichischen Länder in einen Bundesstaat umzuformen! Für jede Frucht bringende Aktivität von seiner Seite war es ohnehin viel zu spät. Nachdem auf Grund der Unabhängigkeitserklärungen die Kroaten, Serben und Slowenen sich in Zagreb von Österreich losgesagt hatten, erklärten auch die Polen ihre Unabhängigkeit, am 6. Oktober trennten sich die Ungarn von Österreich und am 28. Oktober wurde in Prag die Tschechoslowakei ausgerufen.
Chaos und Unsicherheit ließen in Wien ähnliche Unruhen wie in München befürchten, sodass der Kaiser, der die Familie nach Gödöllő gebracht hatte, eilends in die Hauptstadt zurückkehrte, um zu retten, was zu retten schien. Aber selbst Ungarn war kein sicherer Hort mehr für die Kaiserkinder, da auch in Budapest an allen Ecken und Enden Revolten ausbrachen. Niemand konnte vorhersagen, wie es mit dem Kaiser weitergehen sollte, nachdem republikanische Staatssekretäre die Verwaltung der deutsch-österreichischen Gebiete übernommen hatten und eine provisorische Nationalversammlung mit 216 Mitgliedern entstanden war, deren Präsidenten der Deutschnationale Franz Dinghofer, der christlich-soziale Jodok Fink und der Sozialdemokrat Karl Seitz waren. Der Kaiser war immer mehr zu einer Marionette herabgestuft worden, der zwar noch in Schönbrunn Audienzen gab und eine Konferenz nach der anderen abhielt, aber die Teilnehmer, die halbe Nächte in Schönbrunn zubrachten, erkannten schon sehr bald, dass die Rolle Karls als Kai-

ser ausgespielt war. Obwohl einzelne kaisertreue Männer wie Prinz Lajos Windisch-Graetz in letzter Minute die Siegermächte in Bern davon zu überzeugen suchten, dass man »die Dienste des Kaisers für eine ordentliche Liquidierung der Vergangenheit« akzeptieren sollte, änderte dies alles doch nichts an der Einstellung der Entente-Mächte und der USA. Am 7. November wurde folgende Erklärung abgegeben, dass »die Völker der einstigen österreichisch-ungarischen Monarchie sich für die Auflösung des Donaustaates entschieden haben«, und sich daher »die Mächte der Entente an weiteren Verhandlungen mit der Regierung seiner kaiserlichen und königlich Majestät verhindert sehen«. Der amerikanische Präsident Wilson unterstrich die Bedeutungslosigkeit des österreichischen Kaisers in der Zukunft noch dadurch, dass er dem Vorsitzenden des Staatsrates Karl Seitz ein Grußtelegramm schickte, um seiner Freude über das Ende der Monarchie zum Ausdruck zu bringen.

Alles, was Kaiser Karl in den nächsten Tagen unternehmen sollte, war somit international zum Scheitern verurteilt, er hatte keine Chancen mehr, der Familie Habsburg den Thron zu erhalten.

Die Frage Kaiser oder Nicht-Kaiser wurde von Seiten der österreichischen Bevölkerung wahrscheinlich in diesen Novembertagen nicht allzu intensiv diskutiert, denn die Versorgung der Menschen mit dem Lebensnotwendigsten war vollständig zusammengebrochen. Dazu kam, dass Kaiser Karl trotz seines Bemühens um Popularität bei weitem nicht den Nimbus hatte wie sein Vorgänger. Und obwohl Kaiser Franz Joseph die Kriegserklärung an Serbien unterzeichnet hatte und Karl am Krieg keine Schuld beizumessen war, schob man ihm die Niederlage in die Schuhe. Außerdem fanden sich genügend Agitatoren, die Karl als Pantoffelhelden hinstellten, der angeblich mehr als ihm gut tat zur Flasche griff. Man streute das Gerücht aus, dass er nicht in der Lage war, eine Entscheidung ohne seine Frau, die in Wien denkbar unbeliebt war, zu treffen. Wozu brauchte man dann überhaupt noch einen Kaiser?

Nachdem am 9. November der deutsche Kaiser Wilhelm II. aus Berlin geflohen war und abgedankt hatte, hatte man daraufhin sofort in Berlin die Republik ausgerufen. Auch in Österreich schien es nur eine Frage von Tagen zu sein, wann der Habsburger-Kaiser offiziell eine Verzichtserklärung auf den Thron unterzeichnen würde. Eine Konferenz jagte in Schönbrunn die andere, wobei dem Kaiser von allem Seiten diverse Vorschläge unterbreitet wurden. Dabei ging es einzig und allein um die Tatsache, dass der Kaiser möglichst rasch abdanken sollte, damit endlich der Weg zur Republik offen stünde. Aber die vielfältigen Ratschläge stießen sowohl bei Karl als auch und vor allem bei Zita auf taube Ohren. Diese Frage der Verzichtserklärung auf den Thron stand für das Kaiserpaar niemals zur Diskussion. Die Kaiserin berichtete über das letzte Wochenende in Schönbrunn:

»Ein Vorschlag, dem aber der Kaiser auch nicht einmal einen Augenblick lang Gehör schenkte, lautete, er solle sofort abdanken. Damals wurde verschiedentlich behauptet, der Kaiser habe darauf ›vielleicht‹, ich aber hätte ›nein‹ gesagt. Das ist ein Irrtum. Seit jeher war es die unerschütterliche Überzeugung des Kaisers, und er wiederholte dies auch jetzt, da alles zusammenstürzte: ›Die Krone ist eine Verantwortung, die mir Gott übertragen hat und auf die ich nicht verzichten kann.‹ … Abzudanken wäre, so sagte er, dasselbe, wie an der Front zu desertieren.«

In seiner tiefen Gläubigkeit sah sich Karl als von Gott gesandter Herrscher und dies konnte in keinem Augenblick seines Lebens in Frage gestellt werden.

Am 11. November verließ Kaiser Karl mit seiner Familie Schloss Schönbrunn. Die Macht der Habsburger, in deren Reich einstmals die Sonne nicht untergegangen war, war damit unwiederbringlich zu Ende. Am 12. November 1918 wurde offiziell die Republik proklamiert.

Bei Nacht und Nebel schlich die Kaiserfamilie über einen Nebenausgang aus dem Schloss ihrer Ahnen und musste froh sein, mit heiler Haut Eckartsau in Niederösterreich zu erreichen. Denn die Stimmung in der Bevölkerung war aufs Äußerste angespannt, wie leicht hätte es sein können, dass revolutionäre Banden den Kaiser und seine Familie an einer der vielen Straßensperren und Barrikaden, die errichtet worden waren, erkannten, sodass das grausige Schicksal der russischen Zarenfamilie auch für den ehemaligen österreichischen Kaiser nicht auszuschließen war.

In Wien schien die Lage allmählich völlig außer Kontrolle zu geraten. Plünderer zogen am helllichten Tag durch die Straßen, und machten auch vor dem Schloss Schönbrunn nicht Halt, als sie bemerkten, dass die Tore geöffnet waren, aber von etwaigen Wachen weit und breit keine Spur war. Zielstrebig drangen sie bis in die Kaisergemächer vor und in ihrer Gier, wertvolle Juwelen zu finden, begannen sie, nicht nur das Unterste zuoberst zu kehren, auf der Suche nach Schätzen brachen sie auch die Wandvertäfelungen in den Zimmern der Kaiserin auf. Dabei bedachten sie nicht, dass sich in Zitas Schlafzimmer eine Klingelanlage befand, die mit dem ganzen Haus verbunden war. Zum Schrecken der Einbrecher begannen unvermutet mit einem Mal sämtliche elektrischen Glocken im Schloss zu läuten, sodass die üblen Burschen Fersengeld gaben und fluchtartig Schönbrunn verließen.

Wie durch ein Wunder unbehelligt, erreichte die Kaiserfamilie das kleine Schloss Eckartsau in Niederösterreich, wo dereinst in längst vergangenen, besseren Tagen der ehemalige Thronfolger Franz Ferdinand in großem Stil seine Jagden abgehalten hatte. Jetzt war das Schloss keineswegs mehr komfortabel, es fehlte am Nötigsten, vor allem an der entsprechenden Beleuchtung, da die vorhandenen Zündhölzer schon bald ausgingen und man abendelang im Dunkeln sitzen musste. Dazu kam der Mangel an ausreichender Verpflegung, denn die Lastautos, die die Kaiserfamilie mit Nahrungsmitteln aus Wien versorgen sollten, wurden beinahe regelmäßig von Plünderern überfallen und ausgeraubt. Es war eine fatale Situation für den Kaiser und seine Familie, vor allem, weil keiner wusste, was der nächste Tag eigentlich bringen würde. Man war zum Warten verurteilt und fragte sich ständig, worauf eigentlich?

In dieser Krise traten wieder einmal die beiden Brüder der Kaiserin Sixtus und Xavier auf den Plan, die um Leib und Leben der Schwester und ihres Gatten bangten. Sie wandten sich an den englischen König George V., den sie inständig um Hilfe für das bedrängte Kaiserpaar baten. Dabei stellten sie dem König das Schicksal der russischen Zarenfamilie vor Augen, das jederzeit auch dem Kaiser von Österreich-Ungarn widerfahren konnte. George V., der sich noch an den sympathischen jungen Habsburger erinnern konnte, der bei seiner Krönung vor etlichen Jahren die Dynastie vertreten hatte, ließ sich überzeugen und veranlasste britischen Schutz für den von allen Seiten bedrängten Kaiser. Nachdem zunächst der britische Oberst Sir Thomas Cunninghame – der britische Militärrepräsentant bei

der gemeinsamen Entente-Mission in Wien – mit der Aufgabe betraut worden war, für den Schutz des Kaisers zu sorgen, wurde der in Saloniki stationierte Oberst Strutt beauftragt, sich persönlich um das Wohl der kaiserlichen Familie zu kümmern. Was keiner ahnen konnte, war die Tatsache, das der englische gebildete und kultivierte Oberst mit Haut und Haar der Habsburger-Familie verfallen würde, sodass er zu deren Sicherheit Aktionen durchführte, die kaum abenteuerlicher hätten sein können. Vom ersten Augenblick des Zusammentreffens mit Karl an entwickelte Strutt eine Schwäche für den Kaiser, der ihm nach einer schweren Grippeerkrankung schutz- und hilfebedürftig erschien. Strutt beschrieb in seinen Tagebuchaufzeichnungen die erste Begegnung mit dem österreichischen Kaiser:
»Der Kaiser war von mittlerer Größe, sehr zart gebaut, mit einem hübschen, gute Rasse zeigenden, aber weichen Gesicht. Er war 31 Jahre alt. Er trug die volle Uniform eines Feldmarschalls mit einem hübschen Säbel, einer Menge von Medaillen, Auszeichnungen und Plaketten … Er war sehr gnädig und sprach seinen Dank an die Alliierten aus. Ich blieb etwa zwanzig Minuten bei ihm. Seine Herzlichkeit war geradezu unübertrefflich. Hier kann ich sagen, dass ich meistens mit dem Kaiser französisch sprach, er aber deutsch erwiderte. Sein Englisch, so sagte er mir, war eher mittelmäßig, aber sein Französisch war ausgezeichnet hinsichtlich der Aussprache, wenn es ihm auch an Vokabular fehlte. Das Äußere des Kaisers beschreibt auch seinen Charakter. Es war unmöglich, ihn nicht zu lieben. Er war ein unerhört liebenswerter, wenn auch schwacher Mann, aber durchaus klug; bereit, seinem Ende so tapfer ins Gesicht zu sehen wie seine Vorfahrin Marie Antoinette …«
Wäre nicht die ständige Angst vor den marodierenden Banden gewesen, die beinahe täglich mit ihren Autos, auf denen Maschinengewehre montiert waren, vor Schloss Eckartsau auftauchten und Drohbriefe an den dicht verbarrikadierten Toren anbrachten, wäre nicht die Unsicherheit der Zukunft gewesen und hätte man genug zu essen gehabt, hätte die Kaiserfamilie ein durchaus beschauliches Leben hier auf dem Land führen können. Denn die Bauern rundum brachten dem Kaiser nach wie vor ihre Achtung entgegen und fühlten sich geehrt, wenn das Kaiserpaar auf einem der wenigen Spaziergänge das Wort an sie richtete. Denn nur ab und zu wagte sich

Karl, oft in Begleitung des englischen Obersten, aus dem Schloss, um während der Nacht auf die Jagd zu gehen. Die Hirsche und das Niederwild in den Donauauen waren zwar in der letzten Zeit durch die hungernde Bevölkerung stark dezimiert worden, aber ab und zu gelang es dem Kaiser oder Strutt doch, einen Bock zu schießen, der dann für die Kaiserfamilie die einzige Möglichkeit einer geregelten Mahlzeit bot. Saß man dann bei Tische, ergaben sich oft überraschende Gespräche, an denen sich der meist schweigsame Kaiser nur dann beteiligte, wenn es sich um brisante Themen handelte. Sein Sohn Otto erinnerte sich noch nach langer Zeit an eine dieser Diskussionen, die die humane Einstellung des letzten österreichischen Kaisers dokumentiert:

»Einmal sind wir bei Tisch gewesen mit meinem Vater und da hat jemand ziemlich scharf gegen Juden und Sozialdemokraten gesprochen. Mein Vater war gewöhnlich ein sehr ruhiger Mensch. Aber das war einer der ganz seltenen Augenblicke seines Lebens, wo ich ihn wirklich in Erregung und Zorn gesehen habe, als er dem Betreffenden gesagt hat, er soll schweigen, denn solche generellen Urteile dürfe man überhaupt nie fällen, und wenn man sie fälle, so auf keinen Fall vor Kindern, denn gerade Kinder müssten verstehen, in dem Betreffenden nicht den Parteigänger, nicht die Rassengruppe, sondern den Menschen zu sehen.«

Es waren nur einige wenige Personen, die mit der Kaiserfamilie nach Eckartsau gekommen waren, aber alle wussten, dass man hier nicht bleiben konnte. Das Schloss befand sich fast im Dreiländereck, sodass von allen Seiten Gefahr drohte. Trotz des englischen Schutzes vermochte niemand vorherzusagen, was der nächste Tag bringen würde. Dazu kam, dass allgemein bekannt war, dass der Kaiser nach wie vor unter keinen Umständen willens war, auf den Thron zu verzichten und abzudanken. Auch Oberst Strutt gegenüber sprach er dies in aller Deutlichkeit aus: »Ich habe mich am 4. November 1918 zurückgezogen, um die Wiederherstellung der Ordnung abzuwarten. Ich bin immer noch Kaiser.«

Es gab sicherlich in Wien zu dieser Zeit noch getreue Anhänger des Kaisers, aber der Großteil der Bevölkerung wollte – zermürbt durch Krieg, Not und vor allem Hunger – nichts mehr von einer Herrschaft der Habsburger wissen. Immer noch war nicht gesichert, dass die neu gebildete Koalitionsregierung unter Kanzler Karl Renner tatsächlich das Land zur Ruhe bringen und dass es nicht doch noch zu einem Putsch der Kommunisten kommen würde. Für viele war der Kaiser im Hintergrund suspekt, der mit Spanien Beziehungen aufgenommen hatte, die wiederum am Londoner Hof endeten. Es war für Karl wahrscheinlich ein Glück, dass diese geheimen diplomatischen Missionen nicht an die Öffentlichkeit drangen, zu groß wäre eine Empörung des Volkes gewesen, wenn es erfahren hätte, dass der Kaiser mit Hilfe der Engländer seinen Thron zurückzugewinnen suchte.

Die neue Regierung musste sich daher in erster Linie mit dem Status des Kaisers beschäftigen. Wobei folgende Forderungen an Karl gerichtet wurden:

»a) Wenn der Kaiser und die Kaiserin auf all ihre Rechte zu verzichten bereit seien, so könnten sie in Österreich als einfache Bürger leben.

b) Falls er sich weigere abzudanken, müsse er ins Exil gehen.

Sollte er sich weigern sowohl abzudanken als auch das Land zu verlassen, so werde er interniert werden.«

Oberst Strutt wusste, dass es auf Grund dieser Forderungen von Seiten der Regierung nur eine einzige Möglichkeit für den Kaiser und seine Familie gab: das Exil. Und deshalb schritt er – aktiv wie er war –, ohne die Wenn und Abers von Karls Seite abzuwarten, sofort zur Tat: Er veranlasste, dass ein Sonderzug für die Kaiserfamilie zusammengestellt wurde und nahm Kontakt mit der Schweizer Botschaft auf. Erst jetzt instruierte Strutt den Kaiser, aber es bedurfte erst eines Gespräches mit der Kaiserin, um Karl zu überzeugen, dass ihm keine andere Wahl bleiben würde. Was der Oberst geahnt und befürchtet hatte, war die Tatsache, dass der österreichische Kanzler Renner zwar erleichtert sein würde, als er erfuhr, dass sich der Kaiser endlich entschlossen hatte, das Land zu verlassen, aber dennoch in kleinlicher Weise auf allen möglichen unwesentlichen Dingen beharren wollte. So sollte die Kaiserfamilie vor der Ausreise im Salonzug leibesvisitiert werden, damit nicht womöglich irgendwelche wertvollen Kulturgüter heimlich ins Ausland transportiert wurden. Unter allen Umständen suchte Oberst Strutt diese demütigende Aktion zu verhindern, indem er bei Renner in britischer Uniform erschien, den

Kanzler wie einen wirklich besiegten Feind anbrüllte und ihn vor vollendete Tatsachen stellte: Der Kaiser würde als Kaiser das Land verlassen und nicht wie ein dahergelaufener Taschenspieler!
Als der Salonzug mit der kaiserlichen Familie durch Österreich fuhr, erregte er ungeheures Aufsehen. So mancher bedauerte das Ende einer Ära und betrauerte den am Krieg unschuldigen Monarchen, der nun in der neutralen Schweiz, im eigentlichen Stammland der Habsburger, eine neue Heimat finden sollte.

Kein Geringerer als der Dichter Stefan Zweig schrieb über die Ausreise Karls in Feldkirch am 24. März 1919:

»Langsam, ich möchte fast sagen, majestätisch rollte der Zug heran, ein Zug besonderer Art, nicht die abgenutzten, vom Regen verwaschenen gewöhnlichen Passagierwaggons, sondern schwarze, breite Wagen, ein Salonzug. Die Lokomotive hielt an. Eine fühlbare Bewegung ging durch die Reihen der Wartenden, ich wußte noch immer nicht warum. Da erkannte ich hinter der Spiegelscheibe des Waggons hoch aufgerichtet Kaiser Karl, den letzten Kaiser von Österreich und seine schwarzgekleidete Gemahlin, Kaiserin Zita. Ich schrak zusammen: der letzte Kaiser von Österreich, der Erbe der habsburgischen Dynastie, die siebenhundert Jahre das Land regiert, verließ sein Reich! Obwohl er die formelle Abdankung verweigert, hatte die Republik ihm die Abreise unter allen Ehren gestattet oder sie vielmehr von ihm erzwungen. Nun stand der hohe ernste Mann am Fenster und sah zum letztenmal die Berge, die Häuser, die Menschen seines Landes. Es war ein historischer Augenblick, den ich erlebte – und doppelt erschütternd für einen, der in der Tradition des Kaiserrreiches aufgewachsen war …
Die ruhmreiche Reihe der Habsburger, die von Jahrhundert zu Jahrhundert sich Reichsapfel und Krone von Hand zu Hand gereicht, sie war zu Ende in dieser Minute. Alle um uns spürten Geschichte, Weltgeschichte in dem tragischen Anblick. Die Gendarmen, die Polizisten, die Soldaten schienen verlegen und sahen leicht beschämt zur Seite, weil sie nicht wußten, ob sie die alte Ehrenbezeigung noch leisten dürften, die Frauen wagten nicht recht aufzublicken, niemand sprach, und so hörte man plötzlich das leise Schluchzen der

alten Frau in Trauer, die wer weiß wie weit gekommen war, noch einmal »ihren« Kaiser zu sehen. Schließlich gab der Zugführer das Signal. Jeder schrak unwillkürlich auf, die unwiderrufliche Sekunde begann. Die Lokomotive zog mit einem starken Ruck an, als müßte auch sie sich Gewalt antun, langsam entfernte sich der Zug. Die Beamten sahen ihm respektvoll nach. Dann kehrten sie mit jener gewissen Verlegenheit, wie man sie bei Leichenbegräbnissen beobachtet, in ihre Amtslokale zurück. In diesem Augenblick war die fast tausendjährige Monarchie wirklich zu Ende. Ich wußte, es war ein anderes Österreich, eine andere Welt, in die ich zurückkehrte. (Stefan Zweig: Die Welt von Gestern)
Während der Zug österreichischen Boden verließ, stellte der Kaiser resignierend fest:
»Vor 700 Jahren sind meine Vorfahren von der Schweiz nach Österreich gekommen, nun nach 700 Jahren nehme ich den gleichen Weg zurück.«
Obwohl Karl in der Villa Wartegg in Rohrschach ein ruhiges Leben hätte führen können, ließ ihn der Gedanke an die politischen Verhältnisse weder in Österreich noch in Ungarn los. Als am 3. April vom Wiener Nationalrat einstimmig die Habsburger-Gesetze erlassen wurden, konnte er ahnen, dass seine Chancen, in Österreich noch einmal die Krone zu tragen, gering sein würden. Denn in den Gesetzen wurden die Privilegien des Adels vollständig abgeschafft, die Vorrechte des Hauses Habsburg-Lothringen waren für alle Zeiten aufgehoben, die Mitglieder, die nicht verzichten wollten, sollten des Landes verwiesen werden. Außerdem wurde das Führen sämtlicher Adelstitel verboten und die beweglichen und unbeweglichen Güter der Familie Habsburg zog man von staatswegen ein.
Durch den Verlust ihrer Besitzungen wäre die Kaiserfamilie beinahe mittellos dagestanden, wären nicht die Familienjuwelen gewesen, die Oberst Strutt in einem Koffer schon vor der Abreise der Familie vorsorglich in die Schweiz hatte bringen lassen. Aber in den allgemeinen Wirren des Aufbruches hatte man zu wenig Augenmerk auf diese Kostbarkeiten gelegt, was sich in der Zukunft als verhängnisvoll herausstellen sollte.
Im europäischen Ausland konnte man sich die finanzielle Situation der Kaiserfamilie nach der Veröffentlichung der Habsburger-Gesetze

vorstellen. Von allen Seiten kamen Hilfsangebote, die allerdings eine Voraussetzung hatten: Karl sollte auf alle Thronrechte verzichten. Aber auch angesichts des augenblicklichen finanziellen Engpasses war diese Forderung für den Kaiser unerfüllbar, denn für ihn war die Habsburgerkrone nicht Gegenstand eines Schachers.

Eine kleine Hoffnung war Karl in diesen Schweizer Tagen geblieben: Er wollte versuchen, den ungarischen Thron für sich und die Familie zu retten, denn der nach den revolutionären Wirren eingesetzte Reichsverweser Horthy hatte ihm vor gar nicht allzu langer Zeit kniefällig die Treue geschworen. Durch geheime Verhandlungen, die wiederum Schwager Sixtus führte, gaben die Franzosen zu erkennen, dass sie die Zerschlagung der Monarchie schon fast bedauerten, und ließen vernehmen, dass sie eine Restitution Karls in Ungarn unterstützen würden.

Was der Kaiser bei diesem schlecht geplanten und durch unzureichende diplomatische Mittel vorbereiteten 1. Restitutionsversuch nicht bedachte, war, dass die Moral mancher Menschen auf dem Nullpunkt anlangt, wenn es um Macht und Geld geht. Horthy hatte schon lange nicht mehr die Absicht, hinter Karl zurückzutreten und den ehemaligen König als Regierungschef anzuerkennen. Er setzte alle Hebel in Bewegung und ließ in Budapest sogar das Gerücht verbreiten, dass der tschechische Präsident Benesch seine Truppen gegen Ungarn schicken würde, käme Karl als König zurück. Mit allen nur erdenklichen hinterhältigen Mitteln hatte der Reichsverweser das erste große Desaster für Karl in Ungarn sorgfältig vorbereitet. Der ahnungslose König hatte keine Chance, denn von den wahren Zuständen in Budapest hatte Karl nicht die geringste Ahnung, als er sich allein, ohne jeglichen Begleitschutz und unter falschem Namen aufmachte, den ungarischen Königsthron zurückzugewinnen.

Am Gründonnerstag erreichte er den alten Bischofsitz Szombathely, wo er einige Gefolgsleute traf, die ihm aber auch nicht die Augen öffneten.

Die zweistündige Aussprache mit Horthy von Nagybanya Miklós wurde für Karl zur einzigen Katastrophe. Nicht nur, dass sich der Reichsverweser weigerte, dem König die Macht zu übergeben, er behandelte ihn auch absolut despektierlich. Völlig deprimiert hätte Karl das Land verlassen, auf das er so große Hoffnungen für sei-

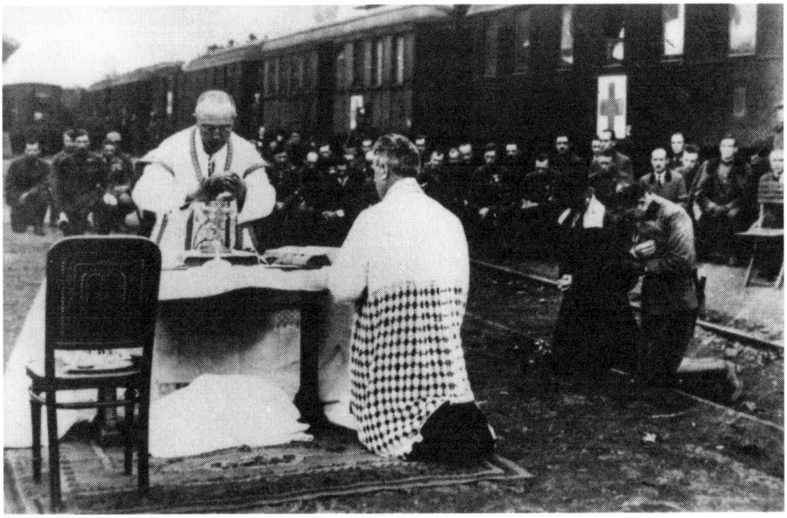

Zweiter Restaurationsversuch Kaiser Karls I. Feldmesse vor dem Gefecht bei Buda-Oers. Karl und Zita knien vor dem stehenden Zug auf einem Schienenstrang.

ne politische Zukunft gesetzt hatte, hätte er nicht die Begeisterung der ungarischen Bevölkerung auf Schritt und Tritt hautnah erlebt, als bekannt wurde, dass der König sich in Ungarn aufhielt. In seiner Freude über den Enthusiasmus der Bevölkerung erkannte Karl nicht, dass nicht der kleine Mann auf der Straße politisch von Bedeutung war, sondern dass sein Schicksal in den Händen dubioser Emporkömmlinge lag. Gutgläubig schätzte er die Lage falsch ein und beschloss, noch einen weiteren Versuch, die Macht in Ungarn zurückzugewinnen, zu unternehmen. Diesmal wollte er die Sache ganz anders vorbereiten, vor allem aber sollte auch die Kaiserin mit von der Partie sein. In ihrer Nähe fühlte er sich sicher und stark, sie würde ihm Kraft und Mut geben, sich gegen die Hinterhältigkeiten eines Horthy zu behaupten.

In Hertenstein am Vierwaldstätter See, wo die Familie mittlerweile lebte, wurden alle Pläne sorgfältig ausgearbeitet. Karl sollte zusammen mit Zita nach Sopron fliegen, wo Truppen, von Oberst Lehár geführt, das Kaiserpaar erwarten sollten. Aber das Schicksal mischte die Karten für Karl und Zita ganz anders: Alles, was nur schief laufen konnte, lief schief, der Oberst hatte das Telegramm zu spät erhalten, sodass zunächst weder Soldaten noch der bestellte Zug zur Verfügung standen, daneben erfuhr zu allem Überfluss die Presse von der Anwesenheit des Königs. Wie ein Lauffeuer gingen die Berichte am 23. September durch Ungarn und Horthy, der überrascht werden sollte, hatte Zeit, in Windeseile alle Maßnahmen zu inszenieren, die zeigen sollten, dass eine Rückkehr des Königs das Land in ein Chaos stürzen würde. Er ließ unter den Budapester Studenten das Gerücht verbreiten, tschechische Truppen seien in Ungarn eingefallen, um das Land zu unterwerfen, sollte ein König Karl hier wieder auf dem Thron sitzen.

Aber trotz all dieser Missgeschicke schien sich für den König alles noch zum Guten zu wenden, denn der königstreue Oberst Lehár war schließlich doch mit einem Truppenkontingent eingetroffen, das Leib und Leben für ihren König einsetzen wollte. Die Reise durch die vielen kleinen Ortschaften in Ungarn, die der Zug mit dem Königspaar passierte, wurde zu einem Triumphzug. Denn kaum hatte man erfahren, dass Karl sich auf dem Weg nach Budapest befand, da gab es für die monarchistisch gesinnten Ungarn kein Halten mehr. Überall erschollen die Hochrufe: Eljen a király, Mützen flogen in die Luft und mancherorts fielen die Menschen auf die Knie, um so ihre Untertänigkeit auszudrücken. Für das Königspaar, welches der begeisterten Menge freundlich zuwinkte, schien das Schicksal in Ungarn endlich einen Sonnenplatz bereitzuhalten. Und in all der Euphorie dieser wenigen Stunden übersahen sowohl Karl als auch Zita die düsteren Wolken, die sich am politischen Horizont innerhalb von nur kurzer Zeit zusammenzogen. Vielleicht war es die Demut eines einzigen Mannes, die dazu führte, dass alles ganz anders kam, als viele Ungarn es sich erträumten. Denn nach ersten Erfolgen, die Oberst Lehár mit seinen Leuten erzielt hatte, bat er den König, der ihn zum General ernannt hatte, den Oberbefehl abzugeben und in die Hände General Hegedüs' legen zu dürfen. Ungern erfüllte ihm Karl den Wunsch, nicht wissend, dass Hegedüs der Mann war, der ein für den König verhängnisvolles Doppelspiel spielte. Denn genauso wie er Karl umschmeichelte, umwarb er auch den Reichsverweser und informierte Horthy über jede einzelne Ak-

tion der Königstreuen, sodass es dem Reichsverweser nicht schwer fiel, die Soldaten des Königs zu bluffen. Aber nicht nur er verstand es, die Truppen Karls unschädlich zu machen, auch die Alliierten der Kleinen Entente ließen durch Geheimbotschaften mitteilen, dass sie – indem sie sich auf die Entscheidungen der Pariser Konferenz vom 3. April beriefen – eine Rückkehr des Habsburgers als König von Ungarn niemals dulden würden. Verrat auf beiden Seiten, denn immerhin hatte Briand vor nicht allzu langer Zeit ganz andere geheime mündliche Aussagen getätigt. Aber jetzt, da der König seinem Ziel so nahe war, hatte sich der Wind vollständig gedreht.
Nachdem Karls kleine Truppenverbände in dieser aussichtslosen Situation und in dem schrecklichen Chaos, das entstanden war, nicht mehr in der Lage waren, zu kämpfen, konnte Horthy diktieren, wie und was er wollte. Nur noch für eine Nacht waren Karl und Zita freie Menschen, denn Graf Esterházy hatte ihnen seinen Landsitz zur Verfügung gestellt, damit sie sich in Sicherheit bringen konnten. Wie gefährdet sie allerdings auf Schloss Totis gewesen waren, erfuhren sie erst durch die entsetzten Berichte des Grafen. Er hatte nämlich in der Nacht höchstpersönlich sechs bewaffnete Männer in den Gängen des Schlosses aufgegriffen, die die Absicht und wohl auch den Auftrag gehabt hatten, das Königspaar zu ermorden. Esterházy machte mit ihnen allerdings kurzen Prozess, indem er den Rädelsführer die Treppe hinunterwarf und die anderen vertrieb, indem er lauten Alarm schlug. Schon am nächsten Morgen musste der König erkennen, dass sein ferneres Wohl und Wehe nicht nur in den Händen von Horthy lag, sondern dass vor allem die Siegermächte seinen weiteren Weg gnadenlos bestimmen würden. Der Reichsverweser hatte das Königspaar auf die Halbinsel Tihany am Nordufer des Plattensees bringen lassen, wo es bis zum Eintreffen weiterer Instruktionen von Seiten der Alliierten in der Abtei bleiben sollte. Karl und Zita waren so gut wie gefangen, denn rund um die Uhr kontrollierten Wachmannschaften die Halbinsel, von der es kein Entrinnen gab. Auch ihrer Bitte nach täglichen hl. Messen, auf die das fromme Kaiserpaar zu jeder Zeit größten Wert legte, wurde nur ganz unregelmäßig entsprochen.
Am 4. November 1921 verkündete die ungarische Nationalversammlung: »Die souveränen Rechte des Königs Karls IV. sind erloschen.«

In den folgenden Wochen, in denen die Odyssee des Kaiser- bzw. Königspaares durch Südosteuropa, übers Schwarze Meer, das Mittelmeer und schließlich einen Teil des Atlantik führte, war die größte Sorge aller Bewacher, Karl und Zita könnten einen Fluchtversuch unternehmen. Dabei war das Spiel für das Kaiserpaar längst ausgespielt; wohin hätten Karl und Zita fliehen sollen, welche Zukunftschancen hätten sich ihnen wo in der Welt geboten?
Zunächst wusste keiner der Kapitäne der Schiffe, die sie beförderten, wohin die lange Reise eigentlich gehen sollte. Denn weder Kapitän Snagge von der »Glowworm«, mit dem sich das Kaiserpaar recht gut verstand, nachdem Karl dem Kapitän das Ehrenwort gegeben hatte, er würde keinen Fluchtversuch unternehmen, konnte dem Paar sagen, was für Pläne die englische Regierung verfolgte, noch wusste man auch später in Gibraltar Bescheid, welche Insel als Exilort gedacht und angesteuert werden sollte. Es tauchten im Laufe der Wochen widersprüchlichste Gerüchte auf. So sollte das Kaiserpaar auf die kleine, unwirtliche Insel Ascensión gebracht werden, was beinah einem Todesurteil gleichgekommen wäre. Das unerträgliche tropisches Klima und die fehlenden zivilisatorischen Einrichtungen wären nicht nur für die kaiserliche Familie unzumutbar gewesen, dieser Exilort hätte noch St. Helena übertroffen, wohin Napoleon einst verbannt und wo er auch gestorben war. Erst als Madeira feststand, das von der britischen Regierung vorgeschlagen worden war, konnte sich das Kaiserpaar innerlich auf ein Ende der schrecklichen Reise über das sturmgepeitschte Meer im November einstellen.
Am 19. November gingen Kaiser Karl und Kaiserin Zita in Funchal, der Hauptstadt von Madeira, an Land. Ohne Geld, ohne Kinder, ohne Hoffnung betraten sie die Insel des ewigen Frühlings. Damals konnten sie freilich noch nicht ahnten, dass das gemeinsame Leben hier mitten im Atlantik für sie nur sehr kurz sein würde.
Man hatte zwar das Kaiserpaar nach Madeira gebracht, aber man hatte sich von Seiten der Entente-Mächte wenig Gedanken darüber gemacht, wie es mit dem Kaiser und seiner Familie weitergehen und wer ihr Leben hier auf der Insel finanzieren sollte. Wahrscheinlich vertraten die maßgeblichen Politiker die Meinung, dass Karl und Zita über beträchtliche Geldmittel verfügten, die nur aus der Schweiz transferiert werden mussten, denn der Kaiser von Ös-

terreich konnte unmöglich ein armer Mann sein. Dass man diesem aber all seine Besitzungen weggenommen hatte und ihm auch kein ständiges Einkommen von Seiten der neuen Republik Österreich zugesichert worden war, daran dachte man anscheinend nicht. Die Kaiserfamilie stand nahezu mittellos da, denn die Juwelen, die zur finanziellen Absicherung der Familie aus Wien in die Schweiz gebracht worden waren, waren auf Grund der Betrügereien des Anwalts der Familie Bruno Steiner nicht mehr auffindbar. Es war der unwiederbringliche Familienschatz, den der Anwalt veruntreute, darunter die mit kostbarsten Edelsteinen besetzte Königinnenkrone, die Zita bei ihrer Krönung in Budapest getragen hatte, ferner einer der größten gelben Diamanten, der berühmte »Florentiner« mit 133 ½ Karat, dessen erster bekannter Besitzer der Burgunderherzog Karl der Kühne, der Schwiegervater Kaiser Maximilians I., gewesen war. Beinahe mittellos hatten der Kaiser und seine Gemahlin die Blumeninsel im Atlantik betreten. Karl war nicht in der Lage, den Aufenthalt in der Dependence des Hotels Palace Reids auf die Dauer zu bezahlen, vor allem, nachdem nach großen Schwierigkeiten endlich auch die Kinder aus der Schweiz eingetroffen waren. Der Zufall hatte eine Rolle gespielt, dass es der Kaiserin doch ermöglicht wurde, nach Zürich zu reisen, um die kleinen Kinder, der älteste Sohn Otto war gerade zehn Jahre alt, im Winter übers Meer zu begleiten. Das Kaiserpaar hatte nämlich aus Zürich die erschreckende Nachricht erhalten, dass der kleine Robert sich dringend einer Blinddarmoperation unterziehen müsste. Höchst beunruhigt wandte sich der Kaiser an die Vertreter der Entente-Mächte, um für seine Gemahlin eine Ausreisegenehmigung zu erhalten. Um dies überhaupt zu ventilieren, musste in Paris eine Konferenz der Botschafter einberufen werden, wo entschieden werden sollte, ob man die Kaiserin in die Schweiz zu ihrem kranken Kind reisen lassen sollte oder nicht. Man war nämlich international der Ansicht, dass nicht der Kaiser in der nächsten Zeit eine Gefahr darstellte, sondern seine starke Frau. Ihr war zuzutrauen, dass sie die Gelegenheit nützen könnte, um inkognito bis Ungarn zu kommen, um dort den Reichsverweser Mores zu lehren. Nach langem Hin und Her entschloss man sich aber doch, der Kaiserin zu gestatten, am Bett ihres kranken Kindes zu sitzen, denn eine Blinddarmoperation war zur damaligen Zeit und mit den

vorhandenen Mitteln eine durchaus lebensgefährliche Angelegenheit. Freilich verzichtete man nicht auf größte Vorsichtsmaßnahmen: Man kontrollierte in dem Züricher Spital, wo das kranke Kind lag, alle Nonnen, die die Klinik verließen, ganz genau, damit Zita nicht – als Klosterschwester verkleidet – eventuell fliehen konnte.
Als die Familie endlich zusammengeführt war, war ein längeres Verweilen im Hotel unmöglich geworden war. Der Kaiser musste sich um ein anderes Domizil umsehen. Als man auf Madeira erfuhr, dass das Kaiserpaar eine neuen Bleibe suchte, fanden sich genügend Leute ein, die Karl und Zita alle möglichen Objekte anboten. Sie verkannten in ihrer Geschäftstüchtigkeit vollständig die finanzielle Situation. Es war bei den Offerten natürlich nichts dabei, was sich die kaiserliche Familie nur annähernd hätte leisten können. Schließlich war man froh, dass ihnen ein Sommerhaus in den Bergen, die Villa Quinto do Monte, von einem reichen Portugiesen angeboten wurde. Das Haus war allerdings nur für warmes Wetter eingerichtet, denn in den Hochsommermonaten war es in den Bergen angenehm kühl, wenn die Temperaturen an der Küste unerträglich wurden. Im Winter allerdings war die Situation in der Villa katastrophal, das Haus war feucht und kaum beheizbar, fließendes Wasser gab es nur im ersten Stock, an den Wänden bildete sich Schimmel.
Waren die Räumlichkeiten schon unzumutbar für die kaiserliche Familie, so war die Versorgung mit den nötigsten Lebensmitteln geradezu katastrophal. Eine Kammerzofe der Kaiserin, die ihre Herrschaft ins Exil begleitete, schilderte die Situation folgendermaßen:
»Wir sind von Funchal hier auf den Berg herauf übersiedelt. Es gab kaum Möbel … Unser Möbelwagen mit der Wäsche, den Küchengegenständen und dem Geschirr war noch nicht angekommen und so mußten wir auch all diese Dinge im Hotel ausborgen. Aber die armen Majestäten haben kein Geld … Hier heroben haben wir nur drei warme Tage gehabt. Die übrige Zeit hat es geregnet, gab es Nebel und war immer feucht. Es gibt keine elektrisches Licht, Wasser nur im ersten Stock und unten in der Küche … Oft schauen wir neidisch nach Funchal hinunter, wo die Sonne immer scheint … Das Haus ist so feucht, daß alles nach Moder riecht. Der Nebel durchzieht alles … Um nach Funchal zu Fuß zu gehen, braucht man einschließlich des Rückwegs einen ganzen Tag. Der arme Kaiser bekommt nur drei

Mahlzeiten. Am Abend gibt es nicht einmal für ihn Fleisch, sondern nur Gemüse und Pudding, was uns alle sehr unglücklich macht. Für uns macht es nichts aus. Es fehlt mir nicht, aber wir haben wirklich nicht genug zu essen. Wir hungern … Wir alle tun unser Bestes, um mit dieser schrecklichen Situation fertig zu werden. Manchmal sind wir sehr unglücklich und niedergeschlagen. Wenn wir aber sehen, wie geduldig die Majestäten diese Leiden ertragen, dann halten wir es wieder mutig weiter aus.«

Dabei hätte es nur eines einzigen Schriftzuges bedurft, um dieser menschenunwürdigen Situation, um dem Leiden ein Ende zu machen. Der Kaiser hätte die Verzichtserklärung unterzeichnen müssen und wäre – so garantierten zumindest die Engländer – all seine finanziellen Sorgen los gewesen. Von vielen Seiten wurde Karl nahe gelegt, doch diesen Schritt zu tun, um sich und seine Familie zu retten, aber im Einvernehmen mit der Kaiserin blieb er bei seinem konsequenten »Nein«. Seine Position war gottgewollt, er hatte den Willen des Allmächtigen zu erfüllen, auch wenn ihn dies das Leben kosten sollte.

Weltweit wurde die Haltung des österreichischen Kaisers und ungarischen Königs diskutiert und man fand nicht viele, die das Beharren Karls auf dem Kaiserstatus verstehen konnten. Bedenkt man aber den tiefen Glauben, von dem der Kaiser ein Leben lang beseelt war und aus dem er in schwierigsten Situationen Mut und Kraft geschöpft hatte, so versteht man vielleicht, dass er lieber dem Tod ins Auge blickte als den Gottesauftrag nicht bis zur Neige zu erfüllen.

Bestärkt wurde der Kaiser durch seine Gemahlin, für die es keine Abdankung geben konnte. Karl war und blieb Kaiser, mochten sich die Zeiten im Winde drehen, ihre Auffassung war unverrückbar. Selbst in ihren ureigensten Tagebuchaufzeichnungen bezeichnet sie ihren Ehemann als »Seine Majestät«, und wenn sie von sich selber spricht, schreibt sie: »Ihre Majestät«!

Der Kaiser nahm sein trauriges Schicksal gefasst an, obwohl er schon bald erkennen musste, dass seine Tage unter den Umständen, wie sie lebten, gezählt sein würden. Aber wenigstens in den letzten Wochen wollte er seine Kinder um sich haben, er wollte ihre Nähe spüren, er hatte in den vergangenen Jahren auf Grund seiner vielen Verpflichtungen so wenig Zeit für sie aufbringen können. Den beiden älteren

Kindern Otto und Adelheid erteilte er selbst Unterricht und freute sich über die rasche Auffassungsgabe der beiden. Aus ihnen würden später einmal tüchtige Menschen werden und sollte es der Herrgott wollen, aus Otto vielleicht doch noch einmal Kaiser!

Die ersten schweren Schicksalsschläge ließen allerdings nicht lange auf sich warten. Der Kaiser war zu Fuß nach Funchal marschiert und hatte sich auf dem weiten, steilen Heimweg eine starke Erkältung geholt, die natürlich in den feuchten Räumlichkeiten der Villa keineswegs besser wurde. Im Gegenteil: Nicht nur die Kinder und seine Gemahlin wurden angesteckt, aus der Erkältung entwickelte sich eine fiebrige Grippe, von der sich alle außer dem Kaiser erstaunlich rasch erholten. Zu der schweren Influenza war noch eine Lungenentzündung gekommen, die man damals kaum effizient behandeln konnte, da es keine wirkungsvollen Medikamente gab. Als die Kaiserin ihrem Gemahl vorschlug einen Arzt zu Rate zu ziehen, verwies er auf die katastrophale finanzielle Lage. Viel zu spät entschloss sich Zita doch, ärztliche Hilfe in Anspruch zu nehmen. Die zugezogenen Mediziner aus Funchal versuchten alles, um das Leben des Kaisers zu retten, man verabreichte ihm Terpentininjektionen, um die Krankheitsherde in die Beine zu verlagern, quälte ihn mit Kampfer und Koffeinspritzen, verordnete Senfwickel und setzte Schröpfköpfe im Rücken an, mit dem Erfolg, dass der Kaiser vor Schmerzen in ein Delirium fiel. Am 27. März, in einem lichten Augenblick, erhielt er die Letzte Ölung, bei der sein ältester Sohn anwesend sein sollte, für ein Kind etwas kaum Zumutbares. Aber der Vater meinte:

»Der arme Bub! Ich hätte es ihm gestern gern erspart, aber es war nötig, ihn zu rufen, des Beispiels wegen. Er soll wissen, wie man sich in solchen Lagen benimmt – als Katholik und Kaiser!«

Am 1. April sah Otto seinen Vater zum letzten Mal lebend, weinend stand er vor dessen Bett und beobachtete den Sterbenden. Seine eigene Mutter, eine ungewöhnliche Frau, erklärte die Notwendigkeit der Anwesenheit ihres Ältesten am Totenbett: »Wir holten Otto, weil er erleben sollte, wie ein Kaiser stirbt.«

Die Stunden des Leidens ertrug der Kaiser mit höchster Geduld, ein Kruzifix in der Hand, meistens Gebete auf den Lippen. Seine Gemahlin war Tag und Nacht bei ihm, sie kannte keine Erholung und keine Schonung. In seinen Fieberfantasien konnte sie immer wieder

die Sätze vernehmen, die Karl fast unhörbar flüsterte: »Laß uns nach Hause gehen, laß uns zusammen nach Hause gehen, wir sind doch schon so nah. Warum wollen sie uns nicht nach Hause lassen?«
Der letzte Satz allerdings galt seiner geliebten Frau. Sterbend kamen noch die Worte über seine Lippen: »Ich liebe dich so sehr!« Indem er »Jesus« murmelte, schloss Karl die Augen für immer.
Zur Beisetzung Kaiser Karls war eine große Menschenmenge erschienen. Man hatte den Leichnam nach den habsburgischen Traditionen behandelt, ihn einbalsamiert und das Herz entnommen. Dann verlötete man den Sarg, damit Karl in der Kirche »Nossa Senhora do Monte« seine letzte Ruhe finden sollte. Die Herzurne allerdings wurde in das Kloster Muri in der Schweiz überführt, das die Kaiserin in den letzten Jahren ihres Lebens als Aufenthaltsort gewählt hatte.
Im September 2004 sprach Papst Johannes Paul II. den letzten Kaiser von Österreich selig. Für diesen Akt war nach den Vorschriften der katholischen Kirche ein Actor nötig, die »Kaiser Karl Gebetsliga für den Völkerfrieden«, der namhafte Persönlichkeiten beigetreten waren. Man war überzeugt, dass Karl ein heiligmäßiges Leben geführt und seine von Gott auferlegte Sendung in jeder Hinsicht erfüllte hatte und als Kämpfer für den Frieden, als Einiger der Völker und Wiederhersteller der Ordnung eine maßgebliche Rolle gespielt hatte. Der Vatikan prüfte den Antrag und gab ihm statt – Karl von Österreich wurde in die Reihe der Seligen aufgenommen.
Damit allerdings war die letzte Chance für den Kaiser vertan, wenigstens noch nach seinem Tode nach Wien heimkehren zu können und neben seiner geliebten Gemahlin in der Kapuzinergruft seine letzte Ruhestätte zu finden. Denn in Funchal hätte man sich vielleicht noch entschließen können, den letzten Habsburger-Kaiser nach Österreich überführen zu lassen, aber einen Seligen will man für alle Zeiten behalten!

Kaiserin Maria Theresia (1717-1780)
oo Franz I. Stephan von Lothringen (1708-1765)

Marie Antoinette (2.11.1755-16.10.1793)
oo König Ludwig XVI. von Frankreich
(1754-1793)

1. Marie-Therese-Charlotte (1778-1851)
2. Louis Joseph Xavier (1781-1789)
3. Charles Louis (1785-1795)
4. Sophie Helene (1786-1787)

Joseph II. (1741-1790)
oo 1. Isabelle von Parma
(1741-1763)
oo 2. Maria Ludovica von Bayern
(1745-1792)

Leopold II. (1747-1792)

und andere Töchter
und Söhne

Kaiser Franz II. (I.) (1768-1835)
oo 1. Elisabeth Wilhelmine von Würzburg (1767-1792)
oo 2. Maria Theresia von Neapel-Sizilien (1772-1807)
oo 3. Maria Ludovica (1787-1816)
oo 4. Karoline Auguste von Bayern (1792-1873)

2. Ehe

Erzherzog Franz Karl (1802-1878)
oo Erzherzogin Sophie (1805-1872)

2. Ehe

Leopoldine von Brasilien
(22.1.1797-11.12.1826)
oo Dom Pedro I. (1798-1834)

1. Maria II. da Gloria (1819-1853)
2. Dom Pedro II. (1825-1891)

2. Ehe

Maria Louise
(1791-1847)
oo 1. Napoleon Bonaparte (1769-1821)
oo 2. Adam Albert Graf Neipperg
(1775-1829)

Kaiser Franz Joseph I.
(1830-1916)
oo Elisabeth von Bayern
(1837-1898)

1. Sophie (1855-1858)
2. Gisela (1856-1932)
oo Leopold Prinz von Bayern
(1846-1930)
3. Rudolf (1858-1989)
oo Stephanie von Belgien
(1864-1945)
4. Maria Valerie (1864-1924)
oo Franz Salvator (1866-1939)

Ferdinand Maximilian
(6.7.1832-19.6.1867)
Kaiser von Mexiko
oo Charlotte von Belgien
(1840-1927)

Karl Ludwig (1833-1896)
oo 1. Margarete von Sachsen
(1840-1858)
oo 2. Maria Annunziata von
Neapel-Sizilien (1843-1871)
oo 3. Maria Theresia von Portugal
(1855-1944)

2. Ehe

1. Franz Ferdinand
(1863-1914)
oo Sophie Chotek
(1868-1914)
(morganatische Ehe)

2. Ehe

2. Otto Franz Joseph
(1865-1906)
oo Josepha von Sachsen
(1867-1944)

Karl I. (17.8.1887-1.4.1922)
oo Zita von Bourbon-Parma (1892-1989)

1. Otto von Habsburg (* 1912)
2. Adelheid (1914-1971)
3. Robert (1915-1996)
4. Felix (* 1916)
5. Carl Ludwig (* 1918)
6. Rudolf (* 1919)
7. Charlotte (1921-1989)
8. Elisabeth (1922-1993)

2. Ehe

3. Ferdinand Karl
(1868-1915)
oo Berta Czuber (1879-1916)

Ludwig Viktor (1842-1919)

Literatur

Anders, F. / Eggert, Kl.: Maximilian von Mexiko, St. Pölten-Wien, 1982

Baier, Stephan / Demmerle, Eva: Otto von Habsburg, Wien, 2002

Bankl, Hans: Die kranken Habsburger, Wien, 1998

Bankl, Hans: Woran sie wirklich starben, Wien, 1989

Brook-Shepherd, Gordon: Karl I. – des Reiches letzter Kaiser, Wien-München-Zürich, 1968

Brook-Shehperd, Gordon: Die Opfer von Sarajewo, Stuttgart, 1988

Christoph, Paul (Hg.): Die letzten Briefe Marie Antoinettes, Wien, 1953

Christoph, Paul (Hg.) Maria Theresia und Marie Antoinette – Ihr geheimer Briefwechsel, Wien, 1952

Corti, Egon / Caesar; Conte: Maximilian von Mexiko, Wien, 1978

Corti, Egon / Caesar, Conte: Die Kaiserin – Anekdoten um Maria Theresia, Graz-Wien-Köln, 1953

Corti, Egon / Caesar, Conte: Metternich und die Frauen, Zürich-Wien, 1948

Corti, Egon / Caesar, Conte: Maximilian und Charlotte von Mexiko, 2 Bde., Zürich-Leipzig-Wien, 1924

Demmerle, Eva: Kaiser Karl I. – »Selig, die Frieden stiften …«, Wien, 2004

Feigl, Erich: Kaiser Karl I. – Ein Leben für den Frieden seiner Völker, Wien-München, 1990

Flesch-Brunningen, Hans: Die letzten Habsburger in Augenzeugenberichten, Düsseldorf, 1967

Freyre, Gilberto: Herrenhaus und Sklavenhütte, Köln-Berlin, 1965

Freyreiß, Georg Wilhelm F.: Beiträge zur näheren Kenntnis des Kaisertums Brasilien, Frankfurt, 1824

Görlich, Ernst Joseph: Der letzte Kaiser, Wien-Köln, 1962

Griesser-Pecar, Tamara: Zita – Die Wahrheit über Europas letzte Kaiserin, Bergisch-Gladbach, 1985

Griesser-Pecar, Tamara: Die Mission Sixtus, Wien-München, 1988

Größing, Sigrid-Maria: Schatten über Habsburg, Wien, 1991

Größing, Sigrid-Maria: Amor im Hause Habsburg, Wien, 1990

Hamann, Brigitte (Hg.): Die Habsburger. Ein biographisches Lexikon, Wien, 1988

Hamann, Brigitte: Mit Kaiser Max in Mexiko, Wien-München, 1983

Handelmann, Heinrich: Geschichte von Brasilien, Berlin, 1860

Haslip, Joan: Maximilian Kaiser von Mexiko, München, 1983

Herm, Gerhard: Der Aufstieg des Hauses Habsburg, Düsseldorf, 1991

Herm, Gerhard: Glanz und Niedergang des Hauses Habsburg, Düsseldorf, 1991

Herre, Franz: Maria Theresia – Die große Habsburgerin, Köln, 1994

Holzer, Hans: Der Fluch über dem Hause Habsburg, München, 1981

Kienzl, Florian: Kaiser von Brasilien, Herrschaft und Sturz Pedro I. und Pedro II., Berlin, 1952

Kühn, Joachim: Das Ende des maximilianischen Kaiserreiches in Mexiko, Göttingen-Berlin-Frankfurt, 1965

Leitner, Thea: Habsburgs verkaufte Töchter, Wien, 1987

Lhotzky, Alphons: Das Haus Habsburg, Wien, 1971

Lughofer, Johann Georg: Des Kaisers neues Leben. Der Fall Maximilians von Mexiko, Wien, 2002

Marialva, Marques de: Marie Louise – Nachgelassene Korrespondenz, München, 1958

Maximilian von Mexiko. Ausstellungskatalog, Hardegg, 1974

McGuigan, Dorothy Guis: Familie Habsburg, München-Wien-Zürich, 1967

Middendorff, W.: Maximilian, Kaiser von Mexiko. Sein Leben und sein Prozess in historischer und psychologischer Sicht, Köln, 1979

Mraz, Gerda: Maria Theresia. Ihr Leben und ihre Zeit in Bildern und Dokumenten, München, 1979

Oberacker, Carlos: Leopoldine – Habsburgs Kaiserin von Brasilien, Wien München, 1988

Obry, Olga: Grüner Purpur, Brasiliens erste Kaiserin, Erzherzogin Leopoldine, Wien-Innsbruck-Wiesbaden, 1958

Palmer, Alan: Metternich, London, 1972

Perrig, Severin: »Aus mütterlicher Wohlmeinung« – Kaiserin Maria Theresia und ihre Kinder. Eine Korrespondenz, Weimar, 1999

Praschl-Bichler, Gabriele: Das Familienalbum von Kaiser Karl und Kaiserin Zita, Wien, 1996

Rapp, Friedrich: Die Habsburger – Die Tragödie eines halben Jahrtausends deutscher Geschichte, Stuttgart, 1936

Raithel, Richard: Maria Theresia und Joseph II. ohne Purpur, Wien, 1954

Ratz, Konrad: Maximilian und Juárez, 2 Bde., 1998

Reifenscheid, Richard: Die Habsburger in Lebensbildern, Graz-Wien-Köln, 1982

Rheinholz, Ingolf: Gebrochenes Herz, zerbrochenes Leben. In: »Quick« Nr. 10 vom 26. 2. 1976

Schaeffer, Emil: Habsburger schreiben Briefe, Leipzig, 1935

Schreiber, Hermann: Marie Antoinette – Die unglückliche Königin, München, 1988

Schüler, H.: Dona Leopoldina, Erste Kaiserin von Brasilien, Schutzherrin der deutschen Einwanderer, Porto Alegre, 1954

Schuschnigg, Heinrich / Gutsmann, Dieter: Von der Humanität zur Bestialität – Eine Bilanz der Französischen Revolution, Wien-München, 1989

Thoma, Helga: Liebe, Macht, Intrige: Königinnen und ihre Liebhaber, Wien, 1999

Tritsch, Walter: Metternich und sein Monarch, Darmstadt, 1952

Vallotton, Henry: Kaiserin Maria Theresia – Herrscherin und Mutter, o.O., o.J.

Vogelsberger, H.A.: Kaiser von Mexiko, o.O., 1992

Waldegg, Richard: Sittengeschichte von Wien, Stuttgart-Bad Cannstatt, 1957

Weill, Erwin: Vier Frauen und ein Kaiser, Salzburg-Graz-Wien-Leipzig-Berlin, 1935

Weissensteiner, Friedrich: Die Töchter Maria Theresias, Wien, 1994

Zöllner, Erich: Geschichte Österreichs, 5. Aufl., Wien, 1974

Zweig, Stefan: Die Welt von Gestern, Frankfurt, 1986